천대 축복의 시작

The Start of the Blessing of a Thousand Generations

목회자 자녀들의 증언록

Contents

P. 004
아버지의 수정 목회를 본 증인

이우찬 - 이은성

P. 014
대를 이어온 성전건축의 언약

권길자 - 이영아

P. 030
모든 것이 합력하여 선을 이루는 삶(롬8:28)

천세호 - 천수혜

P. 052
출애굽에서 가나안으로의 여정

최혜경 - 김지선미

P. 076
한 가문을 향한 하나님의 전적인 이끄심

권영원 - 권서인

P. 100
활시위를 떠난 화살 같은 인생

변상택 - 변용의

P. 124
그리스도의 종 된 나의 아버지 이야기

이상환 - 이현희

P. 184
Coram Deo 하나님 앞에서

주영혁 - 주향기

P. 208
단 하나의 레퍼런스를 가진 전도자

김한기 - 김보림

천대 축복의 시작 The Start of the Blessing of a Thousand Generations

P. 234
제주도에서 카렌까지

강군일 – 강반석

P. 264
오직 전도 오직 생명

박왕재 – 박한나

P. 294
그의 하나님이 이제 나의 하나님이 되셨다

정현국 – 정주애

P. 336
하나님이 아시는 사람

이진식 – 이남현

P. 382
PK의 눈물 / 복음칼럼

정현국

전체 흐름을 따라 존칭은 생략된 경우가 많습니다.

목회자 자녀의 증언록

아버지의
수정 목회를 본 증인

이우찬 목사

1980년 고려신학교 졸업
1982년 대한예수교장로회 고려교단 수정교회 개척
1984년 고려신학교신학원 졸업, 강도사 면허 취득
1984년 고려교단 서울남노회 목사안수(39년간 담임)
1993년 9월 다락방전도1차합숙훈련 제14기 수료
1995년 수원야간전도학교 지부장 역임
1997년 고려교단 탈퇴
1997년 수원전도신학원 교무과장 역임
1998년 대한예수교장로회 전도총회 수원노회 제1대 수원노회장 역임
2001년 세계선교연맹 선교총국 태국담당 임명
2007년 렘넌트신학교 목회대학원 졸업, 목회학석사 취득
2020년 수정교회 원로목사로 추대

아내 김평문 사모, 장남 이은성 목사, 차녀 이하은 권사

아버지의 수정 목회를 본 증인

아버지의 영아 시절은 비참했다. 그가 태어난 지 몇 달 못 되어 어머니가 병으로 돌아가셨다. 당시는 해방 이후 가난과 전염병으로 많은 이들이 죽었고, 그의 어머니도 그 중의 한 사람이었다. 태어난 지 일 년도 안 되어 6.25전쟁이 일어났고, 북쪽에 살던 그의 아버지는 그의 두 살 많은 누나와 그를 데리고 남쪽으로 내려왔다. 아사 직전에 여러 차례 살아남은 것이 인간의 눈으로 볼 때는 기적이었고, 하나님의 눈으로 볼 때는 계획이었다.

아버지의 유년 시절은 불행했다. 그의 아버지는 북한과 경계선이 있는 강원도 철원에 거주하며 새 부인을 얻었고, 세월이 지나서 많은 자녀들을 낳게 되었다. 친자식과 차별받음을 느끼며 어린 시절부터 상처받았고, 그로 인해 그는 어린 시절에 또래보다 일찍 그리고 깊이, 외로움을 배웠다.

아버지의 청년 시절은 은혜를 입었다. 그의 아버지는 고생스러운 사회생활 중에 가까운 지인에게 사기를 당한 후 화병으로 앓아 누웠고, 그 병은 점점 위독해져 임종을 기다리게 되었다. 그는 아버지의 병을 고치려고 여러 방법을 강구하다 교회까지 가게 되었다. 교회 생활의 시작은 아버지의 병을 고치기 위함이었다. 그러나 교회 생활을 지속하던 그에게 하나님의 구원의 은혜가 임하게 되었고, 그때 그는 이전의 수많은 고통과 불행과 상처가 씻겨 내려감을 체험했다. 당시 그의 나이 22살이었다. 청년 집사로 교회에 헌신하던 그는 하나님의 부르심을 받아 당시 경기도 문산에 있던 고려신학교에 들어가게 되었고, 고학 끝에 목사가 되었다. 그것이 39년 성역의 시작이었다.

수정, 맑음을 추구한 목회

아버지의 목회는 고결해보였다. 집에서나 교회에서나 아버지의 모습은 한결같았고, 성스러워 보여서, 어린 시절 나는 아버지처럼 목사가 되는 것이 꿈이 되었다. 그때는 아버지와 같은 목사가 세상에서 제일 멋지고 대단하게 보였다.

아버지의 목회는 자녀에게 고통이었다. 율법대로 살아가는 아버지의 모습이 나에게는 어려운 삶이었고, 아버지의 눈에 아들의 모습은 신앙적으로나 행동으로나 부족해보였다. 그로 인해 어릴 때부터 잦은 훈계를 들으며 숱한 매를 맞았다. 그러한 아버지로 인해 아들은 바르고 완벽하게 살지 못함에 대한 죄책감이 뿌리내리게 되었고, 불행하고 고통스런 어린 시절을 살게 되었다. 아버지의 입장에서는 아들을 자신처럼 바르게 키우는 것이 하나님이 가장 원하시는 모습이라고 생각했나보다.

아버지의 목회는 자신을 끝없이 채찍질하였다. 집보다는 교회에서 보내는 시간이 압도적으로 많았고, 늘 말씀 묵상과 기도로 하루하루를 보냈다. 어린 시절 아버지의 삶은 아들의 눈에 청렴결백하게 보였고, 늘 진지함만 보였다. 가족과 교인들에게 율법적인 삶을 강요해도 누구 하나 반박할 수 없었던 것은 아버지가 누구보다도 율법적인 삶을 살고 있음을 알았기 때문이다. 그래서 교회 이름도 수정교회였나보다. 그러한 삶이 하나님 보시기에 가장 좋은 신앙이라고 아버지는 생각했나보다.

수정, 변화를 이루는 목회

아버지의 목회에 변화가 시작되었다. 1992년에 다락방을 접하면서 아버지의 삶은 이전과 달라졌다. 늘 교회에만 틀어박혀있던 아버지는 교회 밖으로 나오게 되었다. 말씀 훈련 받으러 전국을 다니고, 성도들과 전도 현장을 다니고, 강단에 힘이 넘치게 되었다. 그리스도의 유일성에 충격을 받은 아버지는 이전까지 갖고 있던 전도의 고민과 성도의 상담 등에 답이 나게 되었다. 이전에 아버지는 십자가의 고난을 겪으신 예수님의 뒤를 따르는 목사 같았지만, 이때부터 아버지는 승리하신 예수님의 뒤를 따르는 목사같이 보였다.

아버지는 목회에 생명 건 결단을 했다. 아버지가 몸담고 있던 고려교단은 대한민국에서 처음으로 다락방을 비판하였고, 고려교단은 소속 목회자들에게 다락방을 그만둘 것을 요구하였다. 지금도 기억나는 것은 내가 중학생이었던 1994년 어느 토요일 저녁, 같은 고려교단이었던 에벤에셀교회 강군일 목사, 예림교회 설문희 목사, 한빛교회 심최용 목사가 우리 집에 와 아버지와 함께 복음운동 하기로 결단한 것이다. 그것은 내게는 잊지 못할 메시지로 남아 있다. 그때, 진리는 생명 걸 가치가 있는 것이며, 언젠가 진리와 비진리 사이에서 선택해야 할 때가 오면 생명 걸고 진리를 택해야 한다는 것이 어린 나에게 메시지로 각인되었다.

아버지의 목회에 치유가 시작되었다. 내가 군대에 있는 동안 교인들의 갈등으로 수많은 교인들이 교회를 이탈하게 되었고, 교회는 얼마 남지 않은 성도들로 인해 어려워졌다. 그리고 그것은 목회자 가정의 경제 문제와도 이어졌다. 당시 그러한 사건이 군인이었던 내게 큰 충격과 상처였고, 그로 인해 '나는 아버지와 같은 목회자가 되지는 않을 것'이라고 결심하게 되었다. 그러나 그때에 방황할 뻔 했던 나의 신앙을 바로잡아 준 것은 아버지의 신앙 고백이었다. 다 떠나가도 그리스도 한 분이면 만족하며, 그럴 일이 없겠지만 다시 태어나도 오직 그리스도 증거하는 목회자가 될 것이라는 아버지의 고백은 내게도 그리스도의 유일성을 체험하는 계기가 되었다. 그리고 훗날 그때 아버지의 고백은 그로 인해 율법적인 자신이 복음의 사람으로 치유되어감을 느꼈다고 한다. 그 이후로 약 이십 년이 지난 지금, 아버지를 보면 전혀 율법적이지 않고 복음적인 아버지, 복음적인 목사로만 보인다. 다락방 삼십 년간 수많은 은혜와 연단이 아버지를 복음의 사람으로 만든 것 같다. 그래서 다락방 전도운동 이후 약 삼십 년간 아버지의 목회는 복음을 향하여 수정되어진 목회였다.

수정, 열매를 맺게 된 목회

작년 가을(2020년 11월), 아버지는 원로목사가 되면서 39년간의 담임목사 직책을 내려놓았다. 수정교회 2대 담임목사가 된 나는 아들이면서 동시에 아버지가 남긴 열매이기도 하다. 부교역자 시절에 아버지와 의견이 달라 다툰 적이 많았다. 당시 내게는 아버지의 목회가 부족해보여서 비판한 적도 많았다. 그런데 내가 그 위치에 있게 되니 아버지가 이해되기 시작했고, 오히려 존경하게 되었다. 목회는 똑똑함이 아닌 믿음과 그릇으로 하는 것임을 알아가고 있다.

교회 안에 젊은 청년 중직자들과 교역자가 있다. 복음 중심, 교회 중심인 그들은 하나님이 맺어주신 든든한 동역자들이다. 그런데 그러한 은혜를 받게 된 것은 하나님께서 아버지를 통해 맺게 하신 열매들이다. 한 명의 제자를 남기는 것이 전도 성공이며 목회 성공이라고 들었다.

지금 수정교회 성도들은 많지는 않지만 어린이들부터 노년의 성도들까지 제자들로 구성되어 있다. 그들이 모두 하나님께서 아버지의 목회를 통해 맺게 해주신 열매들이기에, 아버지는 목회 성공자고, 덕분에 나는 행복하고 감사해하며 담임목회를 하고 있다. 아버지는 예배 때마다 축도를 맡고 있으며, 예배의 자리에 있는 것만으로도 나와 모든 성도들에게 큰 힘이 되고 있다. 아버지의 목회는 결국 지역과 세계 살릴 제자 열매들을 남긴 성공 목회가 되었다고 아들이자 후임자인 나는 자신 있게 말할 수 있다.

마치면서

누구보다도 잘 아는 아버지의 인생을 포럼했지만, 이는 아버지의 인생의 일부분일 것이다. 목회 이전 모습과 다락방 이전의 목회, 다락방 이후 원로목사가 되기까지의 모습들이 아들의 눈으로는 완벽하게 설명하지 못한 부분적일 모습일 것이다. 그러나 아버지의 삶에 대하여 수십 년간 함께 했기에 부분적일지라도 누구보다도 깊이 본 증인의 입장에서 포럼하였다.

글을 쓰는 동안 아버지와 함께 한 사십여 년이 스쳐갔다. 좀 더 좋은 아들, 좀 더 좋은 부교역자로 살지 못함에 후회가 남는다. 앞으로라도 좋은 아들로서, 좋은 후임자로서 아버지를 섬겨야겠다.

아버지 이우찬 목사

작가 이은성 PK

P.K. 이은성(41)
이우찬 목사의 장남
수정교회 담임목사
아버지의 뒤를 이어
지역과 세계복음화를 위해
살아가는 목사로,
언약의 바톤을 전달받을
세 자녀를 두고 있음

대를 이어온
성전건축의 언약

권길자 목사

전라북도 전주 출생
김포임마누엘 교회
김포의 랜드마크 교회
다락방의 모델적인 교회
오직 복음만 말하고 오직 전도선교만 하는 교회
치유하는 교회
언약의 약속: 출애굽기 34:10

김포임마누엘교회 담임목사(2011 ~ 현재)
강서여교역자 지부장 대표
예원교회 부교역자(1993 ~ 2010)

대를 이어온 성전건축의 언약

언약의 시작 – 외할머니 이야기

외할머니는 크리스천이었지만 매달 제사를 지내는 불신자 가문으로 시집을 왔다. 자유롭게 신앙생활을 할 수 없던 어느 날, 외할머니의 시모는 한날한시에 두 아들을 잃고 정신을 놓았다. 외할머니는 목침을 던지며 핍박하던 시부에게 "어머니의 병은 교회를 다녀야 낫습니다"라고 설득했고, 당시 '반상제도'로 교회를 다니는 것에 엄격했던 동네 사람들의 눈을 피해 몰래 다니는 것을 허락받고는, 시모를 모시고 20리(약 8km) 길에 있는 교회를 매주 오갔다. 그렇게 마음의 치유를 얻은 외할머니의 시모는 집 가까운 동네(전북 장수)에 작은 성전을 지었다. 현재는 그 규모가 확장되어 엄마의 고향 후배가 시무하고 있다.

그렇게 복음을 받은 외할머니의 막내 시누이(엄마의 막내고모)는 LA에서 목회하다 돌아가셨고, '조카 중에 내 뒤를 이어 목회할 목사가 나왔으면 좋겠다'는 유언을 듣고, 당시 전도사였던 엄마를 '목회자'의 길로 인도해달라고 계속 기도했다는 외할머니의 이야기는 나중에 알게 되었다.

나에게는 그저 옛날이야기일 뿐이었던 이 일이 지금은 외할머니와 엄마를 통해 3대(代)를 이어 '성전건축의 언약'으로 성취되어 가고 있음을 본다.

언약의 여정 – 엄마 이야기

어렸을 적 엄마는 장롱에 등을 대고 나란히 앉은 나와 언니에게 책을 읽어주곤 했다. 하루는 이야기를 듣다가 "이 사람이 우리 때문에 죽었대…"라며 엉엉 울었던 기억이 난다. 성경책이었다.

내가 학교에 다니기 시작했을 때는, 같이 막 학교에 다니기 시작한, 본인 역시 어린 초등학생이던 언니가 쌀을 씻어 밥을 지어주던 일이 예사였고, 청소년인 나보다 일찍 나가 밤늦게 들어오기를 반복하던 엄마에게 '교회에서도 출석 체크를 하느냐'고 물었던 적도 있었다.

1994년.

교회에서 그 누구보다 열심히 신앙생활을 하는 일등 집사였던 엄마는, 사실 머리부터 발끝까지 몸이 아파 병원에서 주는 독한 신경성 약을 처방받고 있었다. 그러던 중 다락방전도 1차합숙훈련에서 말씀에 충격을 받고 일주일에 서른 군데 이상 현장을 뛰다 보니, 어느 순간 병이 나았다고 한다.

그렇게 정신없이, 밤낮없이 현장을 다니다가 어느덧 고등학생이 된 두 딸을 보니, 이 자녀들을 어떻게 해야 하는가에 대한 고민이 생기기 시작하셨다. 90년대 후반, 당시 가로등도 없이 공동묘지까지 지나야 하는 파주 사역을 마치고 밤 11시가 넘어 집에 돌아올 때면 무서움에, 또 자녀들에 대한 고민에 큰 소리로 찬송을 부르고 기도하며 돌아오셨다.

그리고 하나님은 엄마에게 말씀을 주셨다.

"예수께서 이르시되 내가 진실로 너희에게 이르노니 나와 복음을 위하여 집이나 형제나 자매나 어머니나 아버지나 자식이나 전토를 버린 자는 현세에 있어 집과 형제와 자매와 어머니와 자식과 전토를 백 배나 받되 박해를 겸하여 받고 내세에 영생을 받지 못할 자가 없느니라(막 10:29-30)"

'내가 키우는 것보다 하나님이 키우시는 것이 확실하지 않겠는가? 내가 우선순위를 바꾸고 하나님의 일을 한다면 100배의 응답을 주신다고 하지 않으시는가? 내가 현장에 가려면 딸들은 하나님이 키워 주셔야 한다!'

엄마는 걱정이 생길 때마다 이 말씀을 잡고 기도했고, 우리가 흔들리지 않도록 집에서 잠깐씩 우리와 시간을 보내게 될 때마다 이 말씀을 이야기해 주었다. 그렇게 두 딸을 하나님께 온전히 맡기고 또 현장 24를 했다.

언약의 전달 - 딸 이야기

고등학교 1학년, 방황하던 사춘기 시절, 사고를 친 언니 때문에 엄마가 학교에 불려갔다. 그리고 딸의 문제에 대해 상담하던 담임교사에게 엄마는 당당히 복음을 전했다. 그날 이후 선생님은 문제아였던 언니를 더 이상 문제아로 대하지 않았고, 언니의 방황은 완전히 끝이 났다.

엄마가 가진 복음이 진짜였음을 언니는 그때 깨달았다고 한다.

언니는 미국 변호사가 될 만큼 공부를 잘하는 학생도, 미국 법을 공부할 수 있을 만큼 영어를 잘하는 학생도 아니었다. 그렇다고 좋은 형편에 자라지도 않았다.

그러나 하나님이 주신 집중력으로 쉽지 않은 시험에 한 번에 합격한 것은, 개인의 노력이나 능력이 아닌, 자녀 양육 대신 현장을 선택했던 엄마의 기도에 응답하신 하나님의 은혜(FAVOR)라고 확신한다.
경제문제로 집이 어려워지고 복음 가진 전도자를 힘들게 하는 하나님이 원망스러웠던 때도 있었다. 엄마는 몸도 아프고 경제적으로도 어려웠던 상황 속에서 단 한 번도 복음을 전하러 가는 일을 멈추지 않았고, 그렇게 현장에서 복음을 전하고 돌아올 때는 오히려 더욱 힘이 있는 모습이었다. '가난'이 복음의 능력을 가리는 그 어떤 걸림돌도 되지 않는다는 것을 몸소 알려주었다.

치유 사역의 언약

10여 년 전, 하나님은 우리 가족을 당시 오랜 시간 헌신하며 다녔던 교회 밖으로 몰아가셨다.
엄마 본인마저도 왜 개척의 길로 인도하시는가에 대한 확신이 없던 2011년, 등 떠밀리듯 입학한 RTS에서 하나님은 '이제 큰 교회가 아닌 치유 시스템이 있는 교회가 필요하다'는 말씀을 허락하셨다.
오랫동안 병을 달고 살았던 이유, 다락방을 만나고 15여 년 동안 다양한 현장에서 수많은 사람을 만나게 하신 이유, 나이 들어 목회를 시작해도 두려울 필요가 없는 이유는 이 지역에 하나님이 원하시는 '치유'가 필요해서이리라.
우리 교회는 그렇게 모세가 다시 언약을 받듯 출애굽기 34:10의 언약을 잡고 '치유 목회'라는 말씀으로 시작되었다.

"여호와께서 모세에게 이르시되 너는 돌판 둘을 처음 것과 같이 다듬어 만들라
네가 깨뜨린 처음 판에 있던 말을 내가 그 판에 쓰리니 (출34:1)"

"여호와께서 이르시되 보라 내가 언약을 세우나니 곧 내가 아직 온 땅
아무 국민에게도 행하지 아니한 이적을 너희 전체 백성 앞에 행할 것이라
네가 머무는 나라 백성이 다 여호와의 행하심을 보리니
내가 너를 위하여 행할 일이 두려운 것임이니라 (출34:10)"

개척은 한 것이 아니라 되어졌다.

처음 우리 집에서 시작한 예배는 얼마 안 돼 지금의 예배처를 얻어 2011년 설립예배를 드리게 되었고, 또 하나님은 여러 현장의 문을 열어주셨다.

불안증으로 방에서 한 발자국도 못 나오는 임산부가 주 2~3회 지속적인 만남을 통해 치유되어 교회에 나와 예배를 드리기 시작했고, 평생 보살옷을 입고, 손자가 소화만 안 돼도 물 떠 놓고 빌던 할머니는 영접한 후 꼬부라져 있던 허리가 펴지는 일도 있었다.

자기도 모르게 끓는 물을 몸에 끼얹어 온몸에 화상을 입고, 교통사고로 입원하며 끊임없는 불행 속에 있던 무속 배경의 한 종교인. '살던 집'과 맞지 않아 불행이 온다고 생각하여 김포로 이사를 왔고 영접하고 양육을 받으며 심했던 가위눌림도, 수시로 응급실에 실려 가야 했던 위경련도, 10cm가 넘는 침을 맞아도 낫지 않던 어깨 결림도 모두 치유되어 재혼한 남편과 시댁 어른, 친정 가족 모두 복음을 받았다.

천주교를 다니며 복음을 거부하던 한 집사님의 여동생은 사기를 당한 후 복음을 받았고, 무서움이 많아 불을 켜놓고 자던 그 집의 딸은

새벽에 거실에서 양 갈래로 머리를 땋고 교복을 입은 여학생이 소파에 근심 어린 얼굴로 앉아 있다가 나가는 것을 보고는, 영적 사실을 알게 되어 온 가족이 교회화 되기도 했다.

어려서부터 우울증, 불면증, 공황장애, 폐쇄공포증으로 약을 먹던 옷가게 사장님은 영접 후 양육을 받으며 처음으로 잠을 푹 잤다고 고백하였고, 지금은 자기와 같은 사람들에게 복음을 전하고 있다.

엄마 권길자 목사는 처음에는 '왜 김포인가?'를 계속 질문했다고 한다. 그리고 우연히 장례식에서 만난 사람을 통해 행주산성의 권율 장군을 시작으로 개화동과 김포 하성까지 확산된 안동 권씨 집성촌이 있다는 사실을 알게 된다. 엄마의 집안이자 우상숭배가 심한 안동 권씨 집안에서, 갈대아 우르의 아브라함과 같이 전도자로 택하시고, 다시 그 집성촌이 있는 김포로 부르신 하나님의 섭리에 놀랐다고 한다.

서울과 가까운 김포 신도시에는 젊은 세대가 많고, 따라서 대형 유치원과 대형 카페가 많다. 또한 외곽에는 세 군데의 공단에 6,000여 개의 기업체와 거기서 일하는 외국인이 많이 있다. 북한과도 가까워 군부대와 탈북자도 많다.

특히 대표적인 불교 교육기관인 승가대학교가 있으며, 김포 중심에 위치한 김포시청 바로 뒤에 있는 장릉(유네스코 세계문화유산)과 문수산 줄기를 따라 350여 명의 무속인이 밀집되어 있는 지역이기도 하다.

이런 '영적인 빈 곳'에 복음만 선포하고, 237, 치유, 서밋 사역을 할 성전이 왜 필요하지 않겠는가?

대를 이어가는 성전건축의 언약

개척하고 5년 동안은 엄마가 말하는 '성전건축'을 이해하지 못했다. 할머니가 성전건축을 하셨던 것이 우리와 무슨 상관이란 말인가? 성전건축 메시지가 본격적으로 선포되기 전이기도 했지만, 성전건축은 너무 어렵고 너무 먼 이야기였다.

그러나 매주일 저녁, 가족 포럼을 통해서 가문의 이야기와 엄마의 언약이 말씀에서 성취되는 것을 보게 되었고, 이제는 그것이 우리의 언약이 되었다.

바른 언약을 잡는다면, 하나님의 때에 하나님께서 성취할 것이라고 확신한다.

태국에서 온 편지

일본에서 복음을 만나고 한국에서 본격적으로 신앙생활을 하던 중, 예원교회의 새가족부와 파주 지역 사역을 동시에 하던 권길자 목사님(당시 전도사님)을, 파주 지역 담당 전도사와 담당 사역자로 만나게 되었습니다.

가든을 운영하고 있던 그때는 밤 10시 이후나 모일 시간이 되었음에도, 개인적으로 또 가정적으로 문제가 많았던 우리를 위해 서울에서 파주까지 매주 다락방과 미션 홈을 한 주도 빠짐없이 인도해 주셨습니다.

겨울 눈길에도, 밤안개가 도로의 시야를 가리는 어려움이 있을 때도 여지없이 파주까지 지속해서 오시는 그 열정은 우리뿐 아니라 파주 지역의 모든 교인에게 본이 되고는 했습니다. 그렇게 지난날의 한 전도자의 사역이 영적으로 무지했던 한 사람을 목사로, 또 한나라의 선교사로 만드는 데 큰 힘이 되었으며, 종교적인 열심이 아닌 현장을 향한 그것이 또 다른 현장으로 연결되는 것을 체험케 하셨습니다.

조현태 선교사

아빠, 사부(師父) 이야기

복음과 상관없는 집안에서 태어나 살아가던 저에게, 예수를 믿어야 딸과 결혼할 수 있다는 장모님의 말씀에 아무 계산 없이 바로 교회를 다니기 시작했습니다. 처음에는 교회 봉사를 열심히 하기에 바빴지만, 계속 말씀을 들으면서 우리 집안의 영적문제가 무엇인지 알게 되었고, 제가 그 안에서 빠져나와 있다는 것이 신기할 정도로 감사하고 있습니다. 특히, 교역자 시절, 목사님의 말씀에 절대 순종하며 믿음으로 살아가던 아내의 모습을 보며 하나님께서 살아 역사하심을 보았고 지금은 장로로서 예전 아내의 모습 그대로 목사님을 섬기고자 기도하고 있습니다. 우리 목사님, 진심으로 사랑하고 존경하며 김포 임마누엘교회가 성도님들과 함께 세계와 후대를 살리고, 와 있는 다민족을 훈련 시킬 수 있는 교회로 쓰임 받길 기도합니다.

어머니 권길자 목사

외할아버지와 외할머니
(권종욱 장로와 장정순 권사)

전주성심여고 시절

권길자 목사 안수

김포임마누엘교회 시무

김포임마누엘교회 외부

방콕예원교회 신학교 강의

부산 WRC 참석한 가족

하와이전도집회 참석 시

권길자 목사 부부 (이원배 장로)

작가 이영아 PK

이영아 청년 집사(1983년생)
김포임마누엘교회 권길자 목사 차녀
식품 분야 회사 마케팅 팀장
미디어, 브랜딩 분야를 거쳐
뷰티 분야 마케팅을 진행하다가
현재는 치유를 접목한 식품전문인을 두고 일하고 있습니다.
목사님, 성도님들과 세계복음화 속의 김포, 강화지역
그리고 인접한 북한을 두고 또한 함께 기도하고 있습니다.

가족

언니(이현아)와 함께

뷰티 마케터 업무 중

예원교회 일본 전도캠프

뷰티 마케터 업무 중

뷰티 마케터 업무 중

동삼제일교회(現 임마누엘교회) 주일 핵심 참석

강서로교회(現 예원교회) 새가족부 담당 시절

1997년 워싱턴 전도집회 참석

선교사 훈련원 졸업

예원교회 교구사역 중

인도네시아 발리캠프 참석

여교역자 수련회 때 버스운행 기사 영접

김포임마누엘교회 내부

김포임마누엘교회 WRC 참석 단체 사진

김포임마누엘교회 지역집중 1차합숙훈련

김포임마누엘교회 설립 감사예배 중 렘넌트 워십

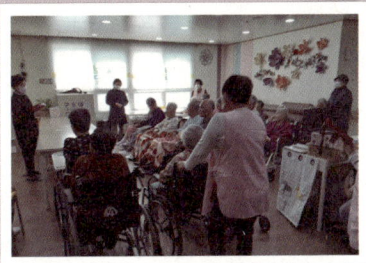
김포지역 요양원 현장

WRC 메시지 설명 및 미션 전달

RTS 태국분교 강의 후

세계산업인대회 참석

김포임마누엘 렘넌트들이 몸으로 만든 RUTC

모든 것이 합력하여
선을 이루는 삶(롬8:28)

천세호 목사

1949년 경상북도 의성 출생
트리니티교회
300지교회 3000제자

트리니티교회 당회장목사(1980년 ~ 현재)
중남미선교회장(2010년 ~ 현재)
RTS 교수(1999년 ~ 현재)
RU 명예박사(2016년)

모든 것이 합력하여 선을 이루는 삶(롬8:28)

덜덜덜덜~ 조잘조잘~

교회의 고물 봉고차를 타고 아버지의 고향인 시골로 내려가는 날이면 우리 4남매는 마음이 들떠 신이 났다. 대구 촌놈들이 시골로 내려가 봄여름이면 개울가에서 물장난을 치고 산에 올라가 온갖 놀이를 만들어내며 놀고, 겨울이면 대구에선 구경도 못 한 얼음 썰매를 타다가 얼음이 깨져 입고 온 바지가 흠뻑 젖어도 시골에서 노는 것은 너무 재미있었다. 그러나 늘 그렇듯 아버지는 본인의 고향으로 내려가는 길임에도 굳게 다문 입에 아무 말이 없었다. 그냥 늘 그렇듯 시골집에 도착해서는 방에 들어가 낮잠을 자고 식사만 했다.

이렇게 말이 없는 과묵한 우리 아버지는 1949년 경상북도 의성 안계에서 태어났다. 우리가 갔던 시골은 어린 내가 보기에도 깡 시골이었다. 차를 타고 포장도 안 된 구불구불한 길을 한참을 가야 시골 할머니 댁이 보였으니 말이다. 그 깊은 시골 촌 바닥에서 할아버지는 천재 소리를 들으며 자라났단다. 공부 한 자 제대로 하지 못한 환경에서도 대구에 모 유명 사립중고등학교에서 영어 교사를 했으니 말이다. 그러나 우상숭배와 시골에 온갖 잡신과 미신을 열심히 섬겨온 대가는 혹독했다. 38세 젊은 나이에 할아버지에게 정신문제가 오기 시작하면서 가세는 기울고 집안에 우환은 스며들어오기 시작했다.

할머니는 5남매를 혼자 도맡아 키우다시피 했단다. 영민하고 영특

한 할아버지에 비해 할머니는 둔하고 무식하다 하여 시누이(고모할머니)들에게 구박을 받았고, '똑똑한 우리 동생이 이렇게 된 것은 무식한 너 때문이다'라는 소리를 들으면서도 궂은 밭일과 집안 살림을 하며 자식들을 키워나갔다.

5남매의 장남인 우리 아버지는 그 모든 과정을 보고 자랐다. 아버지의 정신병, 가정의 끊임없는 불화. 어머니는 둔한 성품과 밤낮 궂은 일에 자녀들의 마음을 읽어줄 겨를이 없었다. 아버지는 할아버지를 닮아 마을에서 수재 소리를 들으며 자랐단다. 그러나 가정에선 그 어떤 인정도 보상도 받지 못하고 할머니를 도와 밭일과 동생들을 돌보며 자랐다고 한다.

그분의 부르심

우상숭배가 심각한 집안에 하나님의 은혜가 임했다. 아버지의 고모가 교회를 다니기 시작한 것이다. 고모는 우리 아버지가 안타까웠는지 교회를 가자고 자주 권면하였고, 아버지는 고등학생 시절 교회를 몇 번 왔다 갔다 했으나 마음속 깊은 고민과 갈등에 대한 답을 얻지 못하였다. 그러던 중 아버지는 서울대학교 사범대 영문과를 지원하였다가 떨어지게 되고, 친척들의 도움으로 서울에서 사촌과 함께 서울대학교 입시를 위해 재수를 할 수 있게 되었다. 이런 아버지에게 하나님의 은혜가 임했다. 폐결핵이 걸린 것이다. 사촌에게서 옮은 폐결핵은 그 시절 치명적이었다. 서울대학교라는 부푼 꿈을 안고 지긋지긋한 시골살이와 가정생활을 접고 서울까지 올라온 아버지에게 남은 것은 절망뿐이었다. 다시 돌아오고 싶지 않았던 고향으로 돌아온 아버지는 고모의 권유로 기도원에서 휴양을 하면서 부흥 집회에 참석하던 중 하나님을 만나게 되었다. 아니 하나님이 아버지를 만나러 오신 것이다. 아버지는 아침에 일찍 일어나 바위 위에서 기도하던 중 하나님의 음성을 듣게 되었다. '내가 너를 위해 십자가를 졌다.' 사흘 동안 울면서 회개 기도를 하며 하나님의 은혜를 체험하였고, 주를 위해 평생 살 것을 서원했다고 한다. 그때 아버지의 폐결핵은 치유함을 받았다. 가문에 첫 주의 종을 부르신, 하나님의 부르심이었다.

열심에서 일심 전심 지속으로

아버지는 대구신학대학교(現 대신대)를 수석으로 졸업하고 총신대학교대학원(사당동)을 졸업했다. 사실 아버지는 신학 교수를 꿈꿨다고 한다. 신학교에서도 성경 공부와 연구에 그 어떤 신학생들보다 몰두했다. 수업 이외에도 뜻이 맞는 동료들과 말씀연구에 매진하며 하나님을 더욱 알아가길 원했다. 그러나 현실은 유학을 갈 수 있는 형편도, 공부를 더 이상 할 수 있는 상황도 되지 못했다. 그래서 신대원 때 개척을 했는데, 비교적 일찍이 개척을 하게 된 이유는 부교역자 생활을 하면서 기존 교회에서는 소신껏 목회하기가 어렵다고 판단했기 때문이었다. 지금도 그렇듯 예나 지금이나 교회에서는 싸움이 끊이지 않았고 장로들이 목사를 쫓아내는 광경을 보며 이렇게 결단했다고 한다. '사람 앞이 아니라 하나님 앞에서, 하나님이 원하

시는 목회를 하고 싶다.'

아버지는 하나님의 일에 열심이었다. 어린 시절 내가 본 아버지는 늘 손에서 성경을 놓지 않았고 신학 서적과 무슨 말인지 알아들을 수 없는 두꺼운 책들이 책장과 책상에 가득하였다. 늘 공부하고 공부하며 말씀을 읽고 기도하는 모습을 보았다. 40일 금식기도는 기본, 금식기도는 우리 아버지의 삶이 되어 있었다. 온갖 세미나와 훈련에 참석했다. 항상 어딘가에 며칠씩 갔다 오면, 보자기에 훈련 책자들과 말씀 테이프를 한 아름 가지고 왔다.

과묵하고 묵묵한 아버지는 조용히 목회의 답을 찾아 헤맸다. 그러나 도대체 하나님이 원하시는 목회가 무엇인지 모르겠더란다. 하나님이 원하시는 교회가 무엇인지, 아버지의 깊은 가슴 속에 있는 가정 가문의 문제의 원인이 무엇인지, 속 시원히 답을 줄 판로를 찾아 헤맸지만 답을 얻을 수 없었다. 전도자들의 고백 속에 누구나 그랬듯 어느 날, 1991년 동료목사의 권유로 다락방 전도집회에 참석하게 되고 메시지 테이프 한질을 사왔다. 그때부터 우리 집에는 카세트 테이프에서 나오는 류광수 목사 메시지가 끊어지지 않았고, 아버지 손에는 워크맨이, 귀에는 이어폰이 24시 함께했다. 나는 자세히 기억이 나지 않지만 1993년에 류광수 목사를 초청하여 교회에서 전도집회를 했었다고 한다. 아버지는 그때 류광수 목사를 직접 보면서 '아, 이 목사님은 완전 전도에 미쳤구나. 오직 복음밖에 관심이 없구나'라는 것을 느꼈다고 한다. 류 목사는 강사 접대에도 관심이 없고 식사대접에도 관심이 없고, 점심식사로 김밥 한 줄 사 달라고 하면서, 오직 복음과 전도에 대해서만 강의하고 갔다고 한다. 그리고 아버지는 무엇보다도 다락방 메시지가 성경과 완전 일치함을 깨닫고 확인했다고 한다. 그때부터 아버지와 어머니는 일심, 전심, 지속이었다. 지금까지도.

준비된 복음운동의 여제자

우리 아버지의 목회와 전도운동 여정에 빠질 수 없는 인물은 바로 어머니다. 당대에 예수를 믿은 아버지와는 달리 어머니는 중국 땅에서 외국인 선교사를 통해 복음을 들은 외할머니로부터 신앙을 물려받았다. 외할머니는 하얀 백발 머리에 기름을 발라 늘 가지런히 빗으며, 그 어린 시절 내가 봐도 몸가짐이나 모든 생활을 규모 있게 산 분이다. 할머니의 신앙생활 또한 늘 정돈되고 심지가 곧아 보였다. 그리고 앉으나 누우나 나지막한 목소리로 찬송가를 불렀다. 이런 할머니 밑에서 어머니는 신앙을 배웠고, 신학생이라는 이유만으로 아버지와 결혼을 했다고 한다. 아무 조건도 보지 않고.

결혼을 앞둔 어느 날 아버지가 어머니에게 아주 어렵게 할아버지에 대한 이야기를 했다고 한다. 이제 곧 시집을 와야 하는데 정신문제가 있는 시아버지를 어떻게 마주하게 해야 할지 걱정이 되었나 보다. 그런데 이상하게도 어머니는 그것이 전혀 문제가 되지 않았다고 한다. 과묵하고 무덤덤한 아버지와 예술적이고 감성적인 어머니는 개척교회를 꾸려나가며 많은 어려움이 있었다. 특히 약한 체질에 자녀를 4명이나 낳은 어머니는 신학생 아버지의 뒷바라지에 시동생들도 돌보았으며, 개척교회 살림을 맡아 온갖 식사 준비며 청소에 선교원에서 아이들을 가르치는 등 누구보다 하나님 앞에서 진실히 사역을 감당하였다.

그러나 아버지와 어머니 모두 목회에 한계를 맞이했다. 어머니는 항상 갈급했다고 했다. 말씀을 들어도 부흥회를 가도 안수기도, 방언기도를 받아도……. 급기야 딸 셋 밑으로 낳은 아들이 병약하여 이유 없이 쓰러지고 입원을 밥 먹듯이 하는 통에 어머니에게 우울증이 찾아올 정도였다. 그래도 어머니는 마음을 다잡고 다잡아 4명의 자녀를 기르며 교회 안팎을 돌아보며 사역을 하였지만, 찾아오는 영적 문제를 막아낼 힘도 겨를도 없었다.

그러던 중 우리 어머니에게도 어느 날이 찾아왔으니, 아버지가 전도집회를 갔다가 사 온 메시지 테이프 한 질을 들으며, 예수가 그리스도라는 그 말씀에 모든 갈급함이 사라지고 마음에 있었던 멍에가 풀어지는 것을 체험했다고 한다. 그리고 결단했다고 한다. 만약 아버지가 이 복음운동과 전도운동을 하지 않는다면 이혼까지 불사하겠다고.

치유와 서밋, 그리고 237

아버지가 개척하고 담임으로 시무하고 있는 평은교회(現 트리니티교회)는 비교적 은혜롭고 평안하게 다락방운동에 참여할 수 있었다. 그러나 기존 교단에서 시찰 임원이면서 조용하고 성실히 교단을 섬기던 아버지가 다락방을 한다고 하니, 선배, 후배, 동기 목사님들에겐 그것이 적잖은 충격이었던 모양이다. 그 시절 집으로 전화가 상당히 많이 왔던 기억이 난다. 아버지에게 다락방에서 나오길 권유하는 전화였지만 아버지는 단호히 거절하였다.

복음 안에서 모든 결론을 낸 아버지와 어머니의 목회와 전도운동의 여정은 날개를 치듯 시작되었다. 모든 훈련에 참석하고 현장에서 전도의 문이 열리고 식탁에서 우리에게 현장에서 일어난 기상천외한 사역들을 포럼 해 주었다.

사실 나는 다락방 전도운동을 만나기 전까지 귀신이 없는 줄 알고 있었고, 구원의 확신도, 그리스도가 무엇인지도 몰랐다. 부모님의 현장 포럼을 통해 복음의 능력을 확인할 수 있었다. 아버지는 하나님이 원하시는 목회를 찾은 것이다. 바로 그리스도와 세계복음화. 복음과 전도와 선교, 국내외 신학교 사역이었다. 교회사의 흐름을 보며 영적 지도자를 바로 세우고 양성하는 신학교가 너무나 중요함을 깨닫고 기도하던 중 아버지는 신학생 시절에 꿈꾸던 RTS 초대 교수로서 조직신학 강의를 비롯해 성경 과목 강의를 비가 오나 눈이 오나 20년간 지속했다. 또한 전도총회가 세워지던 때 헌법 제정에 참여했고 이 복음운동이 대를 거쳐 이어지는 사역에 조용히 헌신하였다.

다락방 전도운동을 하면서 문제가 없을 수가 있었겠나. 교회 안에서도 크고 작은 문제들이 있었지만, 부모님과 우리 가정적으로 가장 큰 어려움이자 응답이었던 것은 부모님의 암 진단과 투병 과정이었다. 2006년 어머니는 유방암 판정을 받았다. 그 당시 나는 대학을 졸업한 나이였지만 암이 어떤 질병인지 이해하지 못했다. 그냥 남들이 걸리는 병, 걸리면 죽는 병 정도로 생각할 만큼 철이 없었다. 나뿐 아니라 우리 모든 가족은 어머니의 암 진단과 수술, 투병 과정에 아무런 준비가 되지 못했다. 수술은 시작에 불과했다. 치료받는 동시에 정말로 어머니의 머리카락이 새하얗게 세고 남아있는 머리카락은 다 빠지기 시작했다. 그리고 2016년 암이 재발 되면서 또다시 수술을, 아버지는 2009년 대장암 진단과 수술을 받게 되었다.

아버지는 다락방 전도운동을 하면서 치유사역을 전문사역으로 하였다. 아버지는 예수를 믿게 되면서 본인의 아버지를 구원해달라고 하나님께 그토록 간절히 기도했건만, 할아버지는 치유 받지도, 구원 받지도 못하고 돌아가셨다. 아버지는 여기에 늘 의문을 가지고 있었는데, 류 목사의 메시지를 통해 정신문제를 가진 환자가 있는 가정에는 그 가족에게 하나님의 계획이 있다는 말씀을 통해 완전한 답을 얻고 치유사역을 하게 되었다고 한다.

아버지는 정신문제가 있는 사람, 가정, 시설 사역과 대구 박지온 목사, 故 이일향 목사와 치유전도학교 메시지를 맡아서 사역했다. 그러나 하나님은 더 큰 계획을 가지고 계셨다. 정신병 시대, 질병 시대를 대비해 본인들의 삶과 인생을 통해 이를 미리 보게 한 것이었다. 하나님의 절묘한 시간표임이 확실한 것이, 부모님의 암 투병 과정에 본격적인 치유메세지가 나오기 시작했다. 깊은 말씀, 깊은 기도, 깊은 호흡, 깊은 음식, 깊은 운동의 다섯 가지 '깊음'은 부모님의 삶과 일치될 수밖에 없었다. 그리고 교회 안팎의 수많은 암 환자들, 질병 이전과 이후에 오는 정신적, 육체적 어려움, 그것을 지켜보는 가족들의 말 못 할 숨은 문제들. 하나님은 깊은 내면의 것을 보게 하셨다. 그 영향은 우리 4명의 자녀들에게도 그대로 전달되었다.

그 와중에 아버지는 중남미선교회장을 맡게 되었다. 대구노회의 많은 교회들도 중남미선교를 함께 하게 되면서 파나마를 비롯한 중남미선교에 큰 문이 열리기 시작했다. 아버지는 본인의 건강과 상관없이 그 먼 비행을 마다하지 않고 중남미선교사역을 시작하였다. 그리고 하나님의 시간표에 따라 중남미 지역에 제자들이 세워지고 대구지역으로 그 제자들을 초청하여 제자훈련이 시작되었다. 매년 여름이면 중남미의 3~40명이 넘는 제자들을 위해 대구지역 교회에서 숙박을 제공하며 40일 집중훈련을 진행하게 되었다.

그리고 아버지의 가슴 속에 있는 사역은 렘넌트다. 본인의 인생과 기성세대를 보며 많은 한계를 느낀 것이다. 각인, 뿌리, 체질 된 것은 바뀌지 않는다는 것을 사역을 할수록 느꼈다고 한다. 그래서 '결국은 제자다. 그것도 오직 복음 속에 뿌리내린 렘넌트가 일어나야 한다. 많은 사람 있어도 제자가 귀하다'라고 했다. 교회 안에 렘넌트 시스템이 세워지길 늘 기도했고, 지금은 교회 안에 든든한 제자들과 시스템이 세워져 있다. 트리니티교회에는 아버지 평생의 응답인 하나님이 원하시는 목회에 대한 한이 그대로 스며들어 있다. 치유와, 서밋 그리고 237.

자녀들에게 남겨질 언약… 전도와 선교의 명문가문

우리 4남매 이야기는 책을 한 권 써도 남을 만큼 에피소드가 많다.

어린 시절 곰팡이가 시퍼렇게 펴있는 반 지하 개척교회 사택에서 놀며, 싸우며 지냈던 기억, 교회 마당에 커다란 고무 다라이(대야)에 물을 받아놓고 놀았던 기억, 교회 이불과 커튼을 발로 밟아 빨았던 기억, 그리고 유난히 부모님 속을 썩였던 나.

어느 날 아버지는 가정예배 때 우리 4남매에게 별명을 붙여주셨다. 큰 언니에게는 문화 선교사, 나에게는 렘넌트 선교사, 여동생에게는 복지 선교사, 우리 집 하나밖에 없는 아들 막내에게는 교회 선교사. 큰언니는 우리 4남매의 공부를 혼자 다 할 만큼 어렸을 때부터 공부를 잘했다. 언니는 미국에 유학을 가서 박사과정 중에 만난 홍콩계 미국인 형부를 만나 결혼을 했다. 언니네는 현재 미국 LA지역에 거주하며 그리스도언약교회를 섬기고 있다. 아버지는 237 다민족 가정을 이룬 언니에게 강대국과 다민족을 살릴 문화선교사의 사명을 주었다. 형부는 Silver Lake Research Corporation에서 선임 연구원으로 Medical Diagnostics(의료진단학) 분야를 연구하고 있으며 과학 분야에 그리스도 빛 비추는 자, 흑암 시대에 교회를 세우는 중직자의 언약을 잡고 안수집사로 또 청년부 부장으로 섬기고 있다. 언니는 뇌과학분야를 전공했는데 하나님께서 지속하여 렘넌트 사역을 하도록 하셨다. 지금은 Longden Elementary School에서 Childcare Assistant(방과후학교 교사)로, 교회에서는 권사로서 태영아부를 섬기는 동시에 70인 사역자로 섬기고 있다. 언니는 교회 서밋스쿨을 통해 후대와 TCK를 치유하고 서밋으로 세계복음화의 사명자를 양성할 것을 언약으로 잡고 있다.

둘째인 나는 현재 대구의 마가다락방교회 부설 마가스쿨(초등대안학교) 교감으로 섬기고 있으며, 렘넌트 시스템을 통한 렘넌트 전도운동의 언약을, 남편은 마가다락방교회 담임목사로 237나라 살릴 플랫폼 역할과 세계복음화를 섬기는 교회의 언약을 잡고 주의 종으로 심부름하고 있다. 나는 우리 집에서 가장 예술적 감각을 가지고 있고 외향적이다. 그래서 그런지 호기심도 많고 해보고 싶은 것도 많아 부모님의 틀을 많이 깬 장본인이다. 이런 나에게 하나님은 렘넌트 사역에 대한 한을 주셨다. 렘넌트들에게 어렸을 때부터 정확한 복음과 달란트를 찾아주는 것이, 얼마나 방황의 시간을 덜고 하나님께 집중할 수 있는 삶을 살게 할 수 있는지 몸소 체험했기 때문이다.

셋째인 여동생은 셋째 딸답게 가장 어른스럽고 따뜻한 아이다. 연년생으로 태어난 남동생을 질투할 법도 한데 어렸을 때부터 남동생을 돌보고 늘 챙겼던 누나였다. 이런 셋째는 일찌감치 전공을 찾아 사회복지를 공부하고 복지와 치유사역 현장을 거쳐 지금은 바이오 관련 회사에 근무하고 있다. 셋째는 복음으로 행복한 전도자로 전도의 문을 여는 치유 선교사의 언약을 잡고 있다. 동생은 부모님의 암 투병과 치유 과정을 옆에서 가장 살뜰히 챙겼던 딸이다. 시집 간 언니들을 대신해서 부모님 곁에서 과학적이고 의학적이고 영적인 치유의 여정을 함께 한 증인이기도 하다.

우리 집 복덩이 넷째 남동생은 부모님과 교회를 다락방 전도운동으로 인도한 주역이다. 어릴 적부터 유난히 아프고 병약하여 부모님과 교회 어른들의 모든 관심 속에 있었기 때문에 나는 철이 없어 그

것이 못마땅할 때도 있었지만, 남동생은 아기 모델 뽑힐 만큼 너무나 예쁘게 생겨서 나도 어린아이였음에도 누워있는 예쁜 아기 남동생을 한참 동안 쳐다보고 있었던 기억이 난다. 어머니를 닮아 찬양을 잘했던 동생은 성악을 전공하고 지금은 트리니티교회 간사로 교회 빈 곳을 살리는 선교사의 역할을 묵묵히 감당하고 있다.

아버지는 명절이면 외가 친척들과 함께 모이는 가문캠프에서 메시지를 주었다. 복음의 명문가문. 전도와 선교의 명문가, 경제(문화)정복의 명문가, 복음 엘리트를 키우는 명문가 그리고는 두 가문을 소개했다. 언더우드 선교사 가문과 유진 벨 선교사 가문. 5대를 거쳐 한국이 자립할 때까지 대를 이어 선교 사역을 감당한 언더우드 가문과, 4대를 거쳐 선교사역을 한 유진 벨 선교사 가문처럼 우리 가문도 외할머니로부터 이어받은 복음을 대를 이어, 후대에게 연구 대상이 될 만큼 전도와 선교의 명문가문이 될 것을 말했다.

모든 것이 합력하여 선을 이루는 인생

아버지는 늘 말이 없다. 기뻐도 슬퍼도 그냥 잠잖고 있다. 나는 다 큰 청년이 되어 교회 사역을 하게 되면서 교회 안의 크고 작은 문제들로 '아버지가 얼마나 힘드셨을까' 생각하게 되었다. 아버지는 암 수술을 받기 하루 전날에도 늘 그렇듯 본인의 정시예배 시간에 예배를 드리고 기도수첩에 말씀과 3오늘을 정리하고, 늘 잠드는 그 시간에 잠에 들었다. 나는 그런 아버지를 우리 4남매 중에 유난히 따랐다. '아빠'라고 하면 그냥 좋았다. 왜 그런지는 나도 잘 모르겠다. 아버지가 4남매 중에서 나에게만 특별히 잘해주거나 관심을 가져준 것도 아닌데 말이다. 그래서 PK 동역자들과 함께 부모님의 전기를 쓰는 귀한 프로젝트에 용감히 손을 들었는지도 모르겠다. 아버지의 인생을 돌아보면, 아버지가 어떤 문제와 사건 속에서도 늘 묵상하시던 로마서 8:28이 떠오르지 않을 수 없다.

"우리가 알거니와 하나님을 사랑하는 자 곧 그의 뜻대로
부르심을 입은 자들에게는 모든 것이 합력하여 선을 이루느니라" (롬8:28)

아버지와 어머니의 하나님을 보며 나도 나의 하나님을 알아간다. 그리고 하나님의 강권적인 절대주권 속에서 찬양의 가사처럼 모든 것이 언약의 응답, 모든 일이 실현의 응답, 모든 현장이 꿈의 응답, 모든 사람이 실현의 응답, 모든 미래가 작품의 응답임을 보게 된다. 어느 한순간도 합력하여 선을 이루지 않는 때가 없었다. 지난 설 명절 친정을 방문해 아버지와 긴 대화를 나누었다. 늘 청년같이 잘 생기고 멋진 우리 아빠, 아버지는 이제 70이 넘어 머리가 빠진 할아버지가 되어 있었다. 이제 곧 은퇴를 앞둔 아버지에게 앞으로 은퇴 이후의 사역에 대해 질문을 했다.

아버지는 지역에 있는 모든 교회가 하나 되어 실제 전도하는 지역전도공동체가 일어났으면 하는 소망을 가지고 있었다. 그래서 아버지는 순회 전도팀을 구성해서 지역교회를 살리는 캠프를 하고 싶다고 했다. 실제로 지금도 교회 제자들과 함께 대구노회 내에서 개척교회 전도캠프를 지원하는 사역을 하고 있다. 목회자의 제일 큰 파워

는 교회이며, 교회가 든든히 서야 한다고 하며 교회에 대한 가슴을 포럼 했다. 모든 것을 합력하여 선을 이루신 하나님께서, 아버지의 마지막 사역인 교회를 세우는 일에 모든 것을 합력하여 선을 이루실 줄 믿는다. 이제 우리 4남매가 부모님의 가슴과 눈물의 사역을 함께 동역하는 동역자로 또 대를 이어 전도운동에 쓰임 받기를 하나님 앞에 진실되게 결단한다.

2020년 가문 캠프

트리니티교회 당회장 및 부교역자 부부 중창

아버지 천세호 목사

1976년 결혼사진

1981년 총신대학교 연구원 졸업

1982년 목사안수식

세 딸과 함께

복덩이 막내 아들과 함께

복음운동의 동역자

RTS 프로필 사진

RTS 근속공로패

2016년 RU명예박사

작가 천수혜 PK

P.K. 천수혜(1981년생)
천세호 목사의 1남 3녀 중 차녀
마가다락방교회 사모
마가다락방교회 부설 마가스쿨 교감
외동 아들이 될 뻔한 잘 생긴 아들과
예쁜 딸을 임신 중인 엄마(2021년 9월 출산 예정)

4남매와 부모님 가족사진

2014년 최영수 목사님과

2015년 류광수 목사님과

2015년 가족모임

2021년 마가스쿨 입학예배

작가 가족사진

2016년 RCA 큰딸 가정과 둘째딸 가정
(왼쪽부터 큰딸, 손녀 루시, 큰사위 Kin, 둘째딸,
손자 이로이, 둘째사위 이정훈)

큰딸 가정
(왼쪽부터 천현혜 권사, 손녀 루시, Kin 안수집사)

2018년 큰딸 가족 한국방문 제주도 가족여행

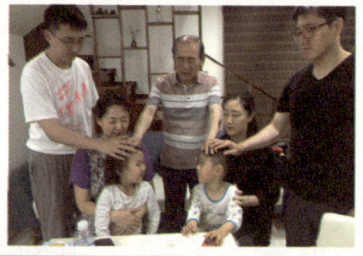

2018년 제주도 가족여행 중 손자들 축복기도

2018년 미국 큰딸네 방문 중 가정예배

2018년 윤경우 작가에게 서예인턴십 받는 손자들

2021년 셋째딸과 류목사님(맨 왼쪽)

2016년 추석 가문캠프(외가 식구들과 함께)

2017년 교회학교 졸업식

2019년 교회 바자회

2019년 장학금수여식

2019년 크리스마스 페스티벌

트리니티교회 부교역자들과

어머니 - 태영아사역

어머니 - 렘넌트사역

어머니 - 렘넌트사역

세례식

트리니티 어린이집 새해 인사

대구노회 동료 목사님들과 함께

대구노회 동료 목사님부부와 함께

대구노회 사모님들과

필리핀 사역

필리핀 사역

필리핀 사역

중남미 사역

중남미 사역

중남미 사역

중남미 사역

중남미 사역

중남미 사역

중남미 사역

천세호 | 천수해 051

출애굽에서
가나안으로의 여정

최혜경 전도사
———

부산광역시 영도구 출생
임마누엘교회
237, 치유, 서밋
언약의 약속: 예레미야 33:1-9
사역: 부산 영도구 권역담당

故김원기 안수집사
———

강원도 속초 출생
임마누엘교회
직업: 현대건설 조리사 관리실장
언약의 약속: 마태복음 6:33
사역: 초대 카타르전도학교 책임중직자

아버지는 62세의 일기로 주님 품에 안기었다. 자상한 성품이던 아버지가 많이 그립다. 카타르에 있던 아버지가 휴가를 나올 때면, 우리 가족 전부를 데리고 전 세계 여행을 시켜주곤 했다. 젊은 시절부터 여행을 그렇게 좋아했는데, 마지막 휴가 때 마지막 여행을 떠나게 되리라곤 상상도 못했다. 아버지의 섬세함을 닮은 나는 아버지를 마음속으로 많이 의지했던 것 같다. 아버지의 소천을 통해 하나님은 내가 의지할 대상이 이 땅의 아버지가 아니라 하늘 아버지라는 것을 알려주시는 것 같았다.

내가 결혼하여 미국으로 떠난 후 아버지는 내가 지내던 방문을 자주 열어보곤 했는데, 빈 방을 물끄러미 바라보며, 짝을 만나 부모 품을 훌쩍 떠나버린 큰딸, 이제는 가까이에서 볼 수 없는 큰딸 생각으로 허전해 하며 방문 앞에서 눈물을 글썽였다고 한다. 나는 2007년 부산임마누엘교회에서 결혼을 했다. 남편의 공학박사 유학 스케줄을 맞추느라 결혼한 지 한 달 남짓 지나 미국 텍사스 주로 떠나게 되었는데, 그로 인해 정이 많던 아버지는 한동안 우울해했다.

복음을 깨닫기 전 아버지는 "하나님이 있으면 나와 봐! 내가 총 쏘아 죽일 테다. 탕, 탕, 탕!" 하며 성경책을 찢기도 했고, 교회에 돈을 다 갖다 준다며 어머니를 심하게 핍박했다. 그러나 복음을 깨달은 이후에는 가정을 위해 한없이 헌신적인 슈퍼맨 같은 아버지로 변했다. 우리 가정의 고난의 역사를 모두 다 통과한 어머니는 이 세상 어느 여인보다도 성숙한 여인이었고, 자기 십자가를 지는 갈라디아서 2:20 말씀을 몸소 실천한 분이다. 어머니의 인생사를 옆에서 지켜

본 나는 '어머니처럼 절대 살지 않을 거야'라고 몇 번이나 되뇌었으나, 언젠가부터 어머니처럼 헌신적인 삶을 닮아가고 있는 나의 모습을 발견하고 있다. 이 세상 누구보다도 영육 간에 성숙하고 헌신적인 삶을 살았던 나의 부모님을 생각하며…

2021년 3월, 따뜻한 봄날, 김지선미 집사

카타르 선교 현장

아버지의 근무지는 현대건설 카타르 현장이었다. 조리사 관리 업무로서 근로자와 직원들의 식사와 관련된 모든 진행과 책임을 맡아서 했다. 그 곳의 관리자들은 주로 한국인이고, 단순 노동자들은 주로 네팔, 방글라데시, 필리핀 등 개발도상국에서 온 사람들이어서 다민족을 접할 수 있는 현장이었다. 그들에게 아버지는 따뜻한 인품의 관리자였다. 휴가 때마다 한국의 기념품이나 티셔츠, 모자 등을 몇 십 개씩 사가지고 가서 그들에게 선물로 나눠주었고, 근무시간 외의 수당들도 꼬박꼬박 받을 수 있도록 챙겨주곤 했다. 돈을 벌기 위해 먼 곳까지 온 사람들의 고충을 이해하고 도와줄 뿐 아니라, 구원의 길을 제시하고 복음을 전했다. 마침내 2019년 카타르 전도학교가 열리게 되고, 신현관 목사가 와서 집중 훈련 메시지를 주며 카타르 사명자 모임이 진행되게 되었다. 카타르 선교팀 멤버 중 한 명인 김현숙 권사가 어머니에게 보낸 편지를 올려본다.

주님의 완전한 사랑으로 한 곳을 바라보며

영혼을 살리는 전도, 선교의 여정에서
귀한 만남을 주심에 먼저 감사드립니다.
저는 대구 하나교회를 섬기고 있는 김현숙 권사입니다.
전도사님! 카타르 선교 사역에 영육 간에
오직 기도와 헌신과 사역으로 헌신해 오신
김원기 집사님과 가족들에게 먼저 감사드립니다.
초대 카타르 전도학교장 되셨던 김원기 집사님은
모두의 가슴에 아버지 같은 존재로
늘 풍성하게 베풀어 주시던 식주인이었고,
영적서밋, 기능서밋, 증인서밋이셨습니다.

김원기 집사님과 너무 이른 이별이 많이 슬픕니다.
그러나 하나님의 인도와 책임지실 것을 믿기에
언약의 여정을 걸어가겠고 늘 전도사님과
자녀들과 후대를 위하여 기도드리겠습니다.

아버지의 마지막 외침, "237!"

이런 생활 속에서 아버지는 본인의 건강에 문제가 온 것도 모르고 지냈던 것 같다. 3일간 계속되는 심한 기침으로 인해 뒤늦게 병원에 가게 되었고, 3주간의 입원을 통한 종합적인 검사 결과는 폐암 4기 진단이었다. 현대건설 소장과 직원들 모두 안타까워하며 한국에 들어가서 꼭 완치되어 돌아오라며 눈물로 작별했다. 아버지는 2020년 10월 초 한국에 돌아왔다.

아버지는 귀국 후 3개월 간 투병했다. 12월 29일 소천 당일, 기력이 없이 거의 눈을 감고 있는 것을 보고, 어머니는 시간이 얼마 남지 않았다고 판단했다. 아버지에게 "당신 건축헌금하고 싶어 하던 것을 지금 준비해 올까?"를 물었는데, 아버지는 그때 눈을 떠서 고개를 끄덕였다. 어머니는 급히 건축 헌금을 준비했고, 이성훈 목사를 불러서 예배를 드렸다. 그 예배가 결국은 임종 예배가 되었다. "당신 헌금 직접하고 싶다고 했지요? 눈 떠 보세요" 하는 어머니의 말에, 눈을 뜬 아버지는 헌금 봉투를 전달하며 갑자기 "237!"이라고 외쳤다. 마지막 남은 기력을 다해 외친 단어가 '237'이었고, 그 뒤로 아버지는 말문을 닫고 1시간 후 소천했다.

내 아버지의 마지막 의식 속에는 237 다민족 선교가 있었고, 237 다민족을 위한 성전 건축이 있었다. 아버지가 일찍 돌아가신 것이 사무치게 가슴이 아프지만, 한편으로는 생애 마지막 순간까지 그 중심을 가진 분이 내 아버지였다는 것이 자랑스럽다.

부모님의 성장 배경

아버지는 힘든 청소년 시절을 보냈다. 8남매를 둔 할아버지는 선박 만드는 일을 했다는데, 수입은 많았으나 거의 술과 도박으로 탕진했고, 영적 문제까지 와서 아내와 자녀들에게 매를 드는 것이 계속되는 일과였다고 한다. 그런 가정환경 속 부친의 폭력이 무서워 아버지는 청소년기에 집을 나왔다. 그러한 배경에서 성장해 아버지는 성인이 되었고, 어머니를 만나 결혼하고 믿음의 사람이 되기까지는 수많은 우여곡절이 있었다. 어머니는 5남매 중 장녀였고, 경제적, 정신적으로 늘 집안을 걱정해야 하는 가운데 성장했다. 외할머니는 어머니가 중학생 무렵부터 알코올 중독 증상을 보였는데, 한 달 중 절반 정도는 늘 정신이 혼미한 상태로 지냈다. 그 이유는 조상 중 할아버지의 귀신이 외할머니의 몸에 들어왔는데, 조상신이 몸에 실려서 그렇다는 것이었다. 어머니는 그런 모친이 너무 창피했지만 별다른 해결책이 없었다. 제발 온전한 정신으로만 살아 달라고 애원을 해봐도 안 되고, 귀신을 쫓아내겠다고 무당을 불러서 굿을 해도 며칠이 지나면 또다시 시작되었다. 근처 교회에 가서 기도를 해도 외할머니의 영적인 병은 해결되지 않았다. 어머니는 집에 오면 그런 외할머니의 뒷바라지에 동생들까지 챙겨야 하는 힘겨운 환경이었지만, 학교 성적은 우수했다. 부모의 보호를 받는 것이 아니라 부모를 오히려 걱정하고 챙겨야 했으며, 생계 걱정까지 큰 짐이 되는 상황이었다. 그렇기에 학교 졸업 이후 대기업에 취업을 해 가족을 돌보는, 영육 간에 고달픈 청년 시절을 보내야 했다.

아버지와의 결혼

어머니는 결혼에 대해 이렇게 말한다. "영적으로 병든 가정의 배경 속에 성장하고, 병든 마음이 있는 사람은 그런 상태 속에서의 결혼관이 형성될 수 있고, 영적 상태의 양상은 다르지만 비슷한 배경의 배우자를 만나게 된다"라고. 모친의 영적문제로 인한 자신의 가정 배경이 문제되지 않고, 그것으로 자신을 무시하지 않을 것 같은 비교적 유한 성품의 소유자가 배우자가 된다면 안심이 될 것 같다는 것이 어머니의 생각이었다. 아버지는 아버지대로 소년 시절부터 가족을 떠나 외롭게 객지에서 지냈고, 부모로부터 받지 못한 사랑에 대한 굶주림 탓인지, 어머니처럼 본인을 따뜻하게 품어줄 수 있는 여자를 원했던 것 같았다고 이야기했다. 두 분의 그러한 바람과 동기는 충족되었지만, 어머니는 그것이 행복한 결혼 생활의 조건이 될 수는 없었다고 했다. 한 사람을 제대로 사랑할 수 있으려면, 그 사람의 성장 배경에서 원치 않게 형성된 그 병든 마음까지도 이해할 수 있어야 하고, 또한 진정한 복음이 깨달아지고 누려질 때 진정한 사랑이 가능하다는 것이 어머니의 말이었다.

어머니의 신앙생활 – 류광수 목사를 만나다

청소년 때부터 교회를 다녔으나 어머니에게 인생의 짐은 항상 무겁게만 느껴졌다. 1989년 다락방 초창기, 류광수 목사가 직접 인도하던 다락방이 어머니가 살던 곳 근처에 있었다. 어머니는 무엇인가에 이끌린 듯이 그 다락방에 참석하게 되었고, 지하의 35평 남짓 되는 동삼제일교회(現 임마누엘교회)에 나가기 시작했다.

그때 어머니는 창세기 3장의 실체를 알게 되었고, 사탄의 역사와 그리스도의 비밀에 대해 들으면서 거의 매일 눈물이 쏟아졌다. '아! 그리스도란 말이 이런 뜻이구나! 이 세상의 모든 이들이 애굽의 바로 왕과 같은 사탄 권세에 묶여 있구나. 출애굽이 필요하고 구원이 필요하구나!'라는 것을 느끼는 순간 세상의 모든 인생들이 불쌍하게 느껴졌다. 특히 평생 사탄의 노예로 살아온 모친이 불쌍해 견딜 수가 없어서, 울면서 구원을 위해 기도했다고 한다. 그때부터 35평 지하 교회로 날마다 새벽기도를 나가 영혼 구원을 위한 기도가 시작되었고, 복음이 깨달아지면서 자신의 치유는 물론이고 전도에 대한 열정이 불타오르기 시작했다고 한다.

13군데 선교관 운동과 현장 이야기

1991년 류 목사의 13군데 선교관 운동이 부산 전역으로 번져갈 때, 어머니와 전도팀의 몇 사람은 매일 10시 부산 영도의 학원 건물에 모여 기도하고 현장을 나갔다. 그때의 현장 스토리들 속에는 우리 렘넌트들이 보지 못했던 현장들이 많았다.

어느 임대 아파트에 살고 있는 17살의 한 자매는 귀신이 들려서 거의 매일 벌거벗고 지냈고, 자기 무릎의 살을 물어뜯어 속살이 패일 지경이었으며, 자기 머리카락도 계속 뽑아버린다는 이야기를 들었다. 또 다른 한 자매는 칼을 들고 자꾸 난동을 부려서, 부모가 모르는 곳에 칼을 깊숙이 숨겨 놓아도 귀신같이 찾아내 설쳐 대니, 공포에 떨다가 구원을 요청했다는 얘기도 들었다. 어느 청년은 옥상에 올라가 뛰어내리라는 환청을 계속 듣던 중, 옥상으로 올라가는 승강기 앞에서 불안에 떨며 서성대고 있다가 어머니 전도팀을 만나서 복음을 듣게 된 일도 있었다.

외할머니의 구원도 이 당시의 일이다. 선교관팀 서너 명이 매일 모여서 현장을 나가던 어느 날 외할머니의 집으로 가 복음을 전하게 되었는데, 그 구원의 날에 외할머니는 예수님을 영접하면서 울었고 같이 갔던 일행 세 명도 전부 울었다. 수십 년의 흑암의 속박에서 풀려나는 시간이었고, 주님의 긍휼과 은혜인 구원의 선물(엡2:8)을 받는 시간인지라 모두 감격했다.

13군데 선교관 운동은 부산 전 지역에서 이렇게 묶인 자, 포로된 자들이 해방되는 역사를 일으켰다. 동시에 사탄도 자기 왕국이 점차 무너지고 깨어지는 것에 대해 분개했을 테니, 류광수 목사를 공격하고 다락방 전도운동을 방해하기 시작했다. 그러나 그리스도의 비밀을 깨닫게 된 사명자들을 그 어떤 것으로도 막을 수 없었다고 한다(롬8:35-37).

어머니의 다락방 말씀운동

어머니는 그리스도를 깨달음과 동시에 매주 화요일 2시 집에서 다락방을 열었고, 지금은 목사가 된 이성훈 전도사가 몇 번 인도하다 어머니에게 바톤을 넘겼다. 어머니는 그때는 집사였지만, 뜨거운 가슴으로 건져야 될 사람들을 찾기 위해 기도했고, 먼저 나를 가르치던 피아노 학원 원장 집에 들어가 말씀운동을 폈다. 그러다가 그분을 통해 또 다른 불신자가 연결되었다. 어느 날 영접한지 얼마 안 된 그 새신자가 "집사님! 이곳에 집사님이 얘기한 그 구원이 필요하니 급히 좀 와주세요!"라며 다급한 목소리로 전화를 했다. 달려가 보니 중환자실 앞이었고, 환자는 새신자의 남편이 다니는 회사의 동료인데, 갑자기 쓰러져서 의식불명 상태가 되어 있었다.

사연인즉, 사주팔자에 부부가 같이 살면 죽는 팔자라고 해서 각각 다른 동네에서 별거 상태처럼 몇 년을 지내다가 두 집 살림을 하나로 합쳤는데, 3일 만에 무속인 말대로 그 남편이 쓰러졌다는 것이었다. 면회시간 10분 전 짧은 시간에 어머니는 대기실에 있던 5명의 가족들에게 열성을 다해 운명과 사주팔자에서 벗어나게 하는 왕이신 그리스도를 전달했다. 그들은 그날로 모두 예수님을 영접했다.

다음날 그 집에 있는 우상과 우상 섬기던 물건들을 치워 달라는 부탁을 받고는 어머니와 팀들이 가서 달마상과 불교 액자들, 염주, 부적들을 모두 다 떼서 치웠고, 그 가정은 가정의 주인이자 왕을 그리스도로 바꾸게 되었다.

어머니는 현장의 요청이라면 새벽에도 뛰어나갔다. 설거지하다가도 뛰어나가는 그런 어머니가 이해되지 않을 때도 많았다. 가족들보다 전도 사역에 더 관심이 많은 것 같아서 반감이 생길 때도 있었다. 그렇게 가족들의 원망이나 심지어는 핍박을 받아가면서도 어머니의 다락방 사역은 계속되었다. 그 멤버들 중에는 해외 선교사가 된 사람도 있고, 각 지역의 구역장이나 권찰로서 헌신하고 있는 사람들도 있다.

주님! 당신이 오신 날부터
기나긴 겨울은 먼 추억거리가 되어버렸고
혹독한 인생의 밤도 이젠 당신을 자랑하는 노래로
바뀌었습니다.
한낱 티끌 같은 인생에게 당신의 영광을 담아 주셨고
한낱 먼지 같은 인생에게 당신의 인자가 너무나 크나이다.
주님! 내가 어찌 애굽 땅의 모진 학대를 잊어버리며
주님! 내가 어찌 포로 생활 그 절망의 때를 잊사오리까.
저주의 늪, 운명의 사슬에서 건져 주신
구원의 주를 찬양합니다.
영원히 당신을 노래할 수 있는 그 날까지
나의 기인 머리털로 당신의 발을 씻기렵니다.
나처럼, 당신의 사랑 얘기에 목이 메이고 감격할
제자 찾아내어 당신의 길 예비하렵니다.

고난 중에 어머니의 고백의 글들 중 일부

어머니의 헌신

1994년 교회 건축을 위한 전체 성도의 건축 헌금 작정 때도 어머니는 말씀에 순종했다. 그 주간 창세기 22장 말씀을 붙잡았다. 아브라함이 백 세에 얻어 자신의 전부인 것처럼 소중히 여겼던 아들 이삭,

그 아들을 바쳤던 믿음, 그 언약을 붙잡았다. 당시에는 넉넉하지 못한 살림이었기 때문에, 유일한 저축이라 할 수 있었던, 만기가 다 되어가는 교육 보험을 해약하여 전액 건축 헌금으로 드렸다. "저희 집의 전부인 것을 아시오니 제 자녀들의 교육은 주님이 인도하실 줄 믿습니다"라고 기도하며 드렸다고 한다. 지금 돌이켜보면 어머니의 믿음대로 우리들 교육도, 가정 경제도 주님께서 책임져 주셨다. 몇 년 후 나는 대학교에서 성적 우수 신입생 특혜로 호주 해외 연수 및 장학금을 받게 되었고, 동생은 사립 외국어고등학교에서 3년간 전액 장학금을 받으며 공부할 수 있었다.

아버지의 제자화

아버지는 인생 초반에는 방황했으나 어머니의 눈물 어린 기도로 차츰 제자화 되었던 것 같다. 나의 청소년 시절 아버지는 가끔씩 집을 나가면 연락조차 없었다. 어머니는 아버지를 미워하지 말고 같이 기도하자고 했고, 그런 아버지에게 사랑한다고 문자를 보내라고 하는 어머니가 그때는 정말 이해가 되지 않았다. 나중에 어머니가 말했다. 어린 시절에 부모로부터 충분한 사랑을 받지 못하고 불안한 환경에서 부모로부터 격리되어 성장한 사람은, 몸은 성장했으나 마음에는 아직 자라지 못한 어린 아이가 숨겨져 있고, 그게 어떤 형태로든지 병적 형태로 나타나는 경우가 많다고, 그런 사람은 그 마음이 치유되도록 도와주거나 기다려줘야 한다고 했다. 어머니는 아버지 마음속에 있는 어린 아이가 치유되기를 기도하며 기다린 것이었다.

어느 날 어머니는 '두란노 아버지학교'라는 세미나에 아버지를 등록시켰고 수료하게 했다. 수료 후 아버지는 고백했다. 자신이 너무 이상한 아버지, 이상한 남편이었노라고. 그러면서 "당신 같은 믿음 좋은 여자를 아내로 얻은 내가 참 복 많은 사람이다."라는 고백을 했다. 아버지가 어머니에게 남긴 편지글에는 어머니에게 '당신은 나의 천사다'라는 표현이 자주 나온다. 어머니는 아버지의 영혼을 진정으로 끌어안고 기도했던 것 같다.

몇 번씩이나 집을 나갔던 아버지가 인생 후반에는 정말 놀랍게 변했다. 카타르에서 근무할 때는 쉬는 시간마다 성경 필사를 해서 신구약 전체를 7번이나 썼다. 휴가 나올 때마다 필사한 노트를 들고 와서 우리들에게 보여주곤 했다. 마태복음 6장 33절, 그의 나라와 그의 의를 구하면 이 모든 것을 더하여 주시는 하나님이심을 체험했다고 간증하며, 어머니에게 "당신이 나를 이렇게 흑암의 구덩이에서 건져놓았으니, 난 평생 당신을 돕는 자가 될 것이고 좋은 제자가 될 것"이라고 말하기도 했다.

마지막 투병 중일 때의 고백은 "내 아버지는 흑암에 묶인 채로 안타깝게 살다가 42세에 사망하셨지만, 난 다행히도 당신 덕분에 구원받고 이렇게 하나님 나라에 조금이나마 쓰임받는 기회를 가질 수 있었다는 것이 참 감사하다."는 것이었다. 아버지는 평소에 우리에게 "나는 네 엄마가 존경스러울 때가 많다."고 자주 이야기했다.

> 나의 사랑 나의 천사여!
>
> 당신으로 인해 참 행복과 참 사랑과 참 그리스도를 만난
>
> 나는 너무 복 많은 사람이지.
>
> 그 사랑 지키기 위해서 무던히 노력하였던 나의 천사여.
>
> 난 그 사랑 잃어버리지 않기 위해서 해외 생활을 오래한 죄…
>
> 당신만 남겨두고 먼 훗날 경제 때문에
>
> 당신을 불편하게 하지 않겠다는 신념으로 열심히 살았건만…
>
> 이렇게 더 큰 마음을 아프게 하고 있으니
>
> 당신에게 더할 나위 없이 미안하네요.
>
> 건강 제대로 챙기지 못한 나 자신을 자책하면서…
>
> 폐암 투병 중 아버지가 어머니에게 남기신 마지막 편지 중

어머니의 교육관

어머니는 평신도 때부터 교회에 헌신하는 모습을 많이 보여주었기에, 동생과 나도 교회에 반주자가 없을 때 반주자로 섬겼고 어린이 성가대 지휘자로 또는 오케스트라 연주자로 자연스럽게 헌신하게 되었다. 하나님이 우리에게 달란트를 주신 것은 하나님 나라 확장을 위함인데 그것을 잊어버리면 선민의식에 갇혀 버린다며 헌신을 강조했다.

어머니는 고등학생이었던 동생에게 "너는 수학을 잘하는 달란트를

하나님께서 주셨으니 교회 내 어려운 아이들을 불러서 무료 과외 봉사를 하라"고 했다. 그 말에 순종했던 동생은 이후 대학교를 다니면서도 용돈을 넉넉히 벌 수 있을 정도로 과외를 하며 경제 축복을 받았다. 그리고 하나님께서 가르치는 달란트를 주신 것 같으니 교사 쪽으로 인도받자고 하는 어머니의 말을 긍정적으로 받아들여, 지금은 초등학교 교사로 현장의 응답을 받고 있다.

류광수 목사의 영향을 받아왔던 어머니는 세계선교를 늘 염두에 두어야 하고, 외국에 나가봐야 눈이 열린다고 하며, 1998년 당시 초등학교 6학년이었던 동생을 카렌 선교팀에 홀로 합류시켜 보냈다. 동생은 어른들 틈에 동참해서 갔던 유일한 아동이었다. 그러면서 초등학생 때 친구에게 복음을 전하고 직접 다락방을 한 학생으로 유명했다. 다락방 초창기부터 모든 훈련을 받은 나는 중학교 재학 시절 다락방을 직접 인도했으며, 고등학교 때는 수업하기 전 매일 아침 잠깐씩 모이던 학교 기도회를 인도했다. 그때 하나님께서 기뻐하셨는지 연습용 플루트를 가지고 참여했던 음악 콩쿠르에서 관악부문 우수상을 받았다. 넉넉하지 못한 가정 경제 때문에 연습용 플루트를 사용했는데, 당시 콩쿠르에 참여한 다른 학생들의 플루트는 내 악기의 10배 넘는 가격의 것이었다. 당시 전문 교수에게 비싼 수업료를 내고 레슨을 받을 형편도 아니었지만, 돌이켜보면 하나님께서 함께 하셨던 것 같다. 나는 대학교에 진학해서는 지교회에서 빠짐없이 전도훈련을 받았으며, 그때 받았던 훈련들이 미국생활에 많은 영향을 주었다.

어머니의 전도 사역을 평생 보아온 나는 결혼 후 6년의 미국생활에서 많은 다민족들을 만났고, 전 세계에서 미국으로 유학 온 다민족 엘리트들을 만나면, 자연스럽게 복음을 전하고 직접 다락방을 하거나 현지 교회에 연결하기도 했다. 귀국 후에는 교회에서나 세계렘넌트대회 리더훈련 중 만난 다민족 교수 요원들에게 영어 통역을 해주기도 하며 포럼을 함께했고, 이후 지속적인 만남을 가지며 그들의 고충을 들어주고, 필요시 작은 도움을 나누기도 했다.

어머니가 후대들에게 물려준 유산이 있다. 어머니는 우리들의 침대 머리맡에 늘 책을 놓아줄 정도로 책을 가까이 했는데, 외손녀들까지 그것을 물려받아 책을 사랑하게 되었다. 아이들은 어린이집 재원 당시 독서왕 상을 받아오기도 했다. 그러나 가장 귀중한 것은, 우리 자녀들이 말씀을 사랑하게 된 것이다. 예전에 어머니가 눈만 뜨면 설교 테이프를 틀어 놓았던 것처럼, 이제 우리 집에서는 늘 스피커에서 말씀이 흘러나오고 있다.

어머니의 고백

"집 나간 네 아빠를 다시 모셔올 수 있었던 것은 내가 정말 천사 같은 성품을 가졌거나 인격이 훌륭해서가 아니다"라며 어머니가 고백하는 것은, "집 나간 아내 고멜에 대한 호세아 선지자의 그 마음이 바로 주님의 마음인 것을 알았기 때문이다. 우리 인간은 신랑 되신 주님을 뜨겁게 사랑하다가도 어느새 다른 것에 맘을 빼앗기기도 하고, 순간순간 사랑의 관계를 놓쳐 버릴 때도 있지만, 주님은 한결같이 우리를 버리지 않으시고 신부인 우리를 찾아내어 가슴에 다시 끌어안으시는 그 진한 사랑이 느껴졌기 때문이다"라는 것이다.

고난에 대하여서도 이렇게 말한다. "내가 겪었던 그 어떤 아픔의 깊이가 내게 베푸신 주님의 긍휼보다 깊은 것은 없고, 내가 당했던 그 어떤 고난의 무게도 주님께 받았던 사랑의 무게보다 무거운 것이 없다. 그러므로 지구상의 그 어떤 극한 고통일지라도 주님이 우리를 위해 몸소 치러 주신 십자가와는 견줄 것이 없을 것이다."

아버지와 사별한 어머니는 이제 이렇게 고백한다. "이전까지는 가정문제 때문에 고민하는 사람들을 상담하며 도울 수 있었는데, 이젠 가정문제뿐 아니라 사랑하는 사람을 먼저 떠나보낸 이들의 가슴을 진정으로 이해할 수 있게 되었으며, 외롭고 소외된 사람들까지도 보다 잘 섬기는 더욱 깊이 있는 사역자가 되기를 하나님께서 원하시는 것 같다"라고….

어머니는 그 무엇보다 류광수 목사를 만난 것이 생에 가장 큰 전환점이 되었으며, 그 만남을 통해 그리스도의 비밀을 깨닫게 된 것이 최고의 감사라고 한다. 그 속에서 237, 치유, 서밋의 성전을 가슴에 담고 오늘도 기도한다.

글을 쓰다 보니 다락방 전도운동의 부르심을 받은 1세대의 어르신들이 많은 핍박, 환난을 통과하면서도 세계복음화의 언약을 굳게 잡고 지켜온 것을 다시 한 번 생각해보게 된다. 그 앞에 머리가 숙여지고, 이제는 전도운동의 2세대인 우리가 237나라의 빈 곳을 바라보며 언약의 바톤을 이어나가야 함을 다시금 생각하며 기도하게 된다.

부모님 故김원기, 최혜경

작가 김지선미 PK

김지선미(1982년생)
남편 김창영 장로, 자녀 김세빈, 김다빈
일산임마누엘교회 집사
플루트 & 피아노 강사(육아 휴직 중)
찬양 사역자로서 세빈, 다빈 두 딸을 두고 있음

아버지와 함께 대학교 졸업식

미국 Austin Chamber Academy 연주회

미국에서 실내악 연주 그룹과 함께

결혼 후 미국 가기 전 류 목사님과

첫 딸을 출산한 후 한국에서 류 목사님과

큰딸 3살 때 친정 식구들과 보라카이 여행

남편 시무 장로 임직 후 류 목사님과

시어머니 칠순 기념 시댁 식구들과

여동생 첫째 아들 돌 잔치 때 가족 사진

일산임마누엘교회에서 영어 예배 인도하는 나

나의 음악과 졸업 연주회 프로필

우리 가족 스튜디오 촬영

친정 식구들과 베트남 나트랑 여행

미국에서 인터내셔널 우먼 클럽 티 파티

두 딸과 남편 조카

첫째 딸 어린이집에서 받은 독서왕 상

영도권역 구역장들 모임을 위해 교회에서 준비 중

노인 주간 보호 센터에서 뇌건강체조, 실버체조 중

노인 주간 보호 센터에서 뇌건강체조, 실버체조 중

노인센터 실버체조 지도 중

부모님

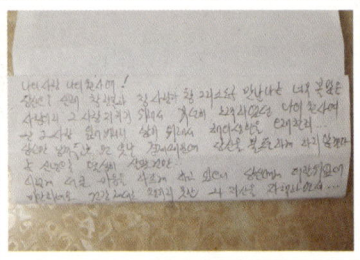
아빠의 글

여 교역자

임마누엘교회 교역자들

어머니 일본 전도캠프

베트남 여행

임마누엘교회 최혜경 전도사

임마누엘교회 영도권역 성도들

카타르 숙소 다민족 다락방에서
구원의 길을 전하시는 아버지

태국 카렌족 미용 캠프

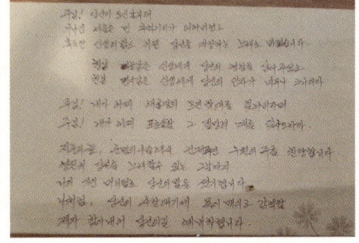
엄마의 글

HEALING CENTER

한 가문을 향한
하나님의 전적인 이끄심

권영원 목사

경북 안동 출생
산돌예빛교회
237세계복음화, 전도와 선교하는 교회, 렘넌트 살리는 교회
언약의 약속: 오직 증인(사도행전 1:8)

안동고등학교 졸업
총회신학교(RTS 10기) 졸업
예원교회 장로 시무
예원교회 장애인교회 전도사
산돌예빛교회 담임목사

한 가문을 향한 하나님의 전적인 이끄심

1961년, 불교 골수 집안의 막내로 태어나다

불교가 진리인줄 알고 스스로 절에 찾아가서 부처를 믿게 된 나의 증조할머니는 1930년, 친할아버지를 낳았다. 당연히 할아버지는 모태 불교신자였고 어릴 때부터 절에 다니며 늘 부처에게 빌고 절했다. 할머니와 결혼하여 1961년 4월, 경상북도 안동에서 나의 아버지는 4남 1녀 중 막내로 태어났다. 할아버지가 독실한 불교 신자였기에 집안에는 늘 독경소리가 울렸고 책장에는 불교서적이 가득했다. 그 영향으로 아버지도 열심히 불교를 믿었다. 그 당시 아버지는 불교를 열심히 믿는 것이 효도인줄 알았고, 할아버지는 그런 아버지를 가장 예뻐하고 신뢰했다. 할머니 역시 늘 점을 보고 집안에 부적을 붙이는 등 우상숭배를 하며 귀신을 섬겼다. 이런 가문도 하나님을 만날 뻔한 적이 있었다. 어느날, 중학생이었던 둘째 큰아버지가 친구를 따라 교회에 간 적이 있었는데 그 사실을 알게 된 할아버지가 성경책을 다 찢어버렸고 지금은 선교사가 된 고모는 '네가 어떻게 우리집안을 배신하고 교회를 다닐 수 있냐'며 따져 물었다. 아버지와 형제들은 머리가 너무 좋아 다들 공부를 잘했는데, 이상하게 다들 안 풀렸다. 지금은 형제들이 목사, 선교사, 장로의 직분을 받았으나, 그 당시에는 가문의 우상숭배로 인해 저주가 끊이지 않아, 집안에는 질병, 경제난 등 늘 힘든 문제들이 있었다. 어린 아버지는 그 가운데서 불공을 열심히 드리면 부처님이 기도를 들어주는 줄 알고 더 열심히 기도했다. 그러나 아버지에게도 어느 날 저주가 임했다. 초등학교 6학년 쯤부터 신장에 문제가 생겼는데 결국 아파서 고등학교를 1년 휴학하게 되었고, 고등학교 3년 내내 누워서 공부해야 했다. 그래서 늘 교련과 같은 활동 시간에 참여하지 못했고, 질병이라는 두려움에 사로잡혀 '나는 나중에 직장을 가질 수 있을까? 결혼은 할 수 있을까?' 하는 생각을 많이 하곤 했다.

1987년, 군대에서 하나님을 만나다

1985년 해군에 입대했고, 휴가를 나온 1986년 어느 날, 아버지는 서울에 있는 고모 집에서 충격적인 일을 경험하게 되었다. 한때 비구니가 될 생각까지 하며 열심히 불교를 믿었던 고모가 옆집 이웃의 전도로 교회에 다니게 되었고, 가족들이 가정예배를 드리는 것이었다. 그것도 충격인데, 4살 조카가 가정예배 때 "우리 삼촌이 군대에서 죽지 않게 해주시고 예수님을 믿게 해 주세요"라고 기도하는 것을 보며, '어떻게 말도 잘 못하는 4살짜리 이 어린 조카가 나를 위해 기도를 할 수 있지?' 하는 생각이 들며 마음에 감동이 왔다. 이후 휴가를 받아 고모 집에 갈 때마다, 아버지는 성당을 다녔던 고모부와 불교를 믿었던 고모가 예수님을 만난 간증을 들었다. 그러나 아버지는 할아버지와 불교를 배신할 수 없어, '예수님을 믿으라'는 고모의 권유를 받아들이지 않았다.

어느 날 고모 집에 왔다가 군대로 다시 복귀하는 날이었다. 그 당시 배 안에서 늘 포커를 치자며 괴롭히는 선임이 있었는데, 아버지에게는 그것이 너무 스트레스였고 괴로운 마음이 들었다. 그래서 힘든 마음으로 복귀를 하는데, 문득 마음에 '도대체 기독교가 무엇이기에 누나네 가정이 저렇게 행복한 모습으로 달라졌지? 나도 누나처럼 변화되고 싶다'는 생각이 들었다. 그래서 서점에 들러 당시 3만 원 하는 두꺼운 톰슨성경을 구입해, 배에서 한 장씩 읽었다. 1년 동안 성경책을 읽었는데 너무 어렵고 무슨 말인지 도통 이해가 되지 않았다. 그러다가 히브리서 6장 19절, '우리가 이 소망이 있는 것은 영혼의 닻 같아서 튼튼하고 견고하여 휘장 안에 들어가나니'라는 구절을 읽는데, 교회에 닻을 내리고 싶다는 마음이 들었다. 교회를 가고 싶은 마음은 들었으나 처음이라 어떻게 해야 할지 몰라, 교회를 다니는 군대 동기에게 교회에 데려가줄 수 있냐고 물었다. 1987년 1월 17일 예수님을 영접하게 되었고, 1월 18일 생애 처음으로 교회에 발을 들였다. 그 후 점심시간마다 자신의 미래를 놓고 기도했다. 1987년 어느 날, 아버지는 면회를 온 할아버지에게 이제 더 이상 불교가 아닌 교회를 다니겠다고, 이것이 진리인 것 같다고 말했다. 할아버지는 가장 열심히 불교를 믿었던 아들을 잃은 것 같은 마음에 말없이 눈물을 흘렸다. 그렇게 아버지는 군대에서 처음 하나님을 만나게 되었다.

1995년, 다락방을 만나다

어머니는 대구에서 태어났다. 어머니의 집안은 믿는 종교는 없었지만 늘 제사를 지내는 집안이었다. 그래서 어린 시절 어머니는 가위에 많이 눌렸고, 가끔 이유 없는 불안이 밀려왔다. 외할아버지는 잘 나가는 기술자였고 집안도 부족함 없이 부유했다. 그러던 어느 날, 할아버지의 실수로 어머니가 중학교 1학년 때 집안이 어려워졌고, 가족 전체가 힘든 시간을 보내야 했다. 어머니에게 그 시기는 하나님 떠난 불신자 6가지 상태를 모두 보는 시기가 되었다. 시간이 지나 고등학교에 가게 되었는데, 하나님을 믿지는 않았지만 미션스쿨을 다니게 되었다. 고등학교 2학년이던 1980년, 채플시간에 한 선교사님이 메시지를 한 적이 있었는데 '하나님께 기도하면 하나님이 응답해주신다'는 말을 듣고, 하나님을 믿고 싶다는 생각을 하게 되었다. 그 당시에 영접은 했지만 교회에는 가지 못하다가, 대학교 3학년이던 1984년 어머니는 스스로 교회에 찾아갔다. 예수님을 영접한 뒤 4년 후에 교회에 갔지만, 고등학생 때부터 기도하며 응답을 받았고, 구원받은 것에 대한 확신을 가지고 있었다. 어머니는 당시 교회 친구들의 기도배경을 보며 그것이 너무 부러웠다. 그래서 '나는 나를 위해 기도해주는 부모는 없지만, 내가 나를 위해 기도해주고 나중에 자녀를 낳으면 꼭 기도하는 부모가 되어야겠다'고 결심했다.

어머니의 신앙이 눈에 띄게 성장하게 된 사건이 있었다. 대학생이었던 어머니는 여느 대학생처럼 친구들과 어울려 노는 것을 좋아했다. 그러다 한번은 교회를 빠지고 친구들과 놀러간 적이 있었는데, 집으로 돌아오는 길에 이상하게 원래 다니던 길이 아닌 다른 길로 들어서게 되었다. 그 골목은 무척 어둡고 인적이 드문 곳이었다. 중간쯤 갔는데, 낯선 남자가 뒤따라오는 것을 느꼈다. 너무 두려웠던 어머니는 '아… 내가 교회를 안가고 놀러가다니, 이건 진짜 안 되는 것이구나' 하는 생각이 들며, 하나님께 도와달라고 간절히 기도했다. 점점 그 낯선 사람과는 거리가 좁혀지는 상황이었는데, 그때 한 건장한 남자가 반대편에서 걸어왔고, 그 남자에게 얼른 달려가 도와달라고 해 위기를 모면할 수 있었다. 그 사건을 통해 어머니는 하나님이 모든 기도를 들으시고 보호하고 계신다는 것을 느끼며, 신앙이 한층 자라는 계기가 되었다.

시간이 흘러 결혼 적령기가 되어 선을 보게 되었는데, 당시 어머니의 기도제목은 '다른 것은 필요 없으니 하나님을 정말 잘 믿는 남자를 만나게 해달라'는 것이었다. 1989년 6월, 중매로 소개받은 사람이 지금의 아버지다. 만날 때마다 성경 이야기와 예수님 이야기를 하는 모습에, 이 사람과 함께 신앙의 길을 갈 수 있겠다고 생각해 1990년 2월 결혼하게 되었다.

그 무렵 잘나가던 큰아버지에게 그 어떤 것도 자신의 힘으로 할 수 없게 되는 시기가 찾아왔다. 그때 가문의 아브라함인 고모가 큰아버지에게 복음을 전했고, 예수님을 믿게 되었다. 그 후 큰아버지가 가장 먼저 류광수 목사의 부흥집회를 갔다가 다락방을 접하게 되었고, 고모에게 소개해 주게 된다. 당시 하나님의 부르심을 받고, 다니던 회사를 나와 목회자가 된 고모부는 1년간 아버지를 다락방으로 양육해주었다. 교회를 다니고는 있었지만 정확한 복음을 몰랐던 아버지는 1995년에 처음으로 복음을 이해하고, 그리스도를 인격적으로 만나게 되었다. 고모는 아버지에게 매주 예원교회에서 전도집회가 있으니 가보라고 했다. 그래서 당시 다니던 교회 목사님과 함께 직장을 마치고 매주 예원교회 전도집회에 참여했다. 아버지는 '우리 교회도 다락방 운동을 했으면 좋겠다'고 했는데 그 목사님은 거부하였고, 우리 가족은 그날로 다락방 교회로 나가기를 결단했다. 그것이 1996년이었다. 당시 고모가 다니던 교회는 송파구 삼전동에 있었는데, 우리 집에서는 거리가 멀어, 1996년 1월 예원교회로 인도받게 되었다.

초등학생 때 전도자의 모습을 보다

나는 태어날 때부터 광명에 살았다. 아버지는 그리스도를 인격적으로 만난 후 말씀운동을 했다. 낮에는 직장에서 일하고 퇴근 후에는 공단, 집으로 다락방을 다녔다. 다락방이 점점 확장되어 미션 홈 사역을 하게 되었고, 모임이 계속 늘고 전도가 되면서 그 인원이 많아지자 헌금을 모아 2000년 4월 15일 광명지교회를 설립했다. 나는 당시 초등학교 저학년이었는데 지교회당을 얻으러 상가들을 다닌 것이 어렴풋이 기억난다. 이곳에서 아버지는 평신도로서 새벽기도와 수요예배를 인도하며, 일주일에 3번 병원과 무속사역, 찬양캠프를 했다. 전도로 1년 사이 성도가 40명에서 120명으로 늘어나, 구로지역에 또 다른 지교회를 열게 되었다. 광명지교회의 기억은 내 초등학생 시절의 기억 절반 이상을 차지한다. 초등학생 때라 나는 자주 어머니, 아버지를 따라 다녔고, 늘 성도님들의 집으로 가서 다락방을 했던 부모님의 모습이 기억에 많이 남아 있다. 당시 나는 매주 토요일에 지교회에 가서 친구들과 함께 예배를 드렸다. 또 수요예배나 다른 예배가 있을 때면 예배당 안에 작은 방이 하나 있었는데, 그곳에서 그림도 그리고 장난도 치고 놀았던 기억도 난다. 또 1년에 한 번씩 지교회 성도들이 다 같이 모여 레크리에이션을 하며 원니스되는 시간을 가졌는데, 그때가 너무 재밌고 좋았던 기억도 아직까지 남아 있다.

어머니는 2002년 전도사 직분을 받아 광명지교회를 섬겼고 2007년, 강남지교회를 맡게 되었다. 그곳에서는 매주 무속인 캠프가 있었다. 한번은 어머니와 한 장로님이 팀이 되어 무속인의 집에 찾아간 적이 있는데, 아무리 벨을 눌러도 무속인이 문 밖으로 나오지 않았다. 장로님은 "안에 계신 거 다 아니까 나오라"고 했다. 그러자 한 여자가 슬며시 나와서 보살님 지금 안 계신다고 하자, 장로님이 "선생님이 보살님이시면서 왜 거짓말 하시냐"고 했다. 그렇게 안으로 들어가게 되어 그 보살과 얘기를 하는데, "사실은 점 봐주기 싫어서 없는 척 했고, 다른 사람의 미래를 봐주는 것이 너무 힘들다. 내 점괘로 다른 사람의 인생을 맞췄는데 그것이 잘못되면 어떡하냐"며 그 일을 너무 하고 싶지 않다는 솔직한 마음을 털어놓았다. 어머니와 장로님은 그 보살에게 복음을 전했고, 그날 함께 했던 캠프팀 전원을 불러서 그곳에서 예배드리며 예수님을 영접했다. 그날로 점집은 철거되었다.

내가 초등학생 때 다녔던 예원교회에서는 매주일 예배 후 청년들을 중심으로 서울역에 나가 광장에서 찬양캠프도 하고 때로는 뮤지컬

공연도 했다. 이때 서울역 광장에 모여 있던 노숙자들에게 전도했고, 함께 찬양하며 수많은 사람들이 영접했다. 어느 날, 아버지가 한 노숙자를 만나 복음을 전했는데, 알고 보니 자살을 결심하고 한적한 곳으로 가던 중 아버지로부터 복음을 듣게 된 것이었다. 그 노숙자는 그날 영접을 하고 자살하지 않게 된 일도 있었다. 캠프 때면 나와 오빠와 함께 했던 친구들은 서울역 곳곳을 누비고 다녔는데, 아침부터 교회에 왔다가 하루 종일 꼬질꼬질한 채로 다녔던 우리에게 사람들은 돈도 주고 먹을 것을 주기도 했다. 지금 와서 생각해보면 당시 아버지, 어머니는 우리를 하나님께 온전히 맡기고 오직 영혼을 전도하는 일에 힘썼던 것 같다.

2005년, 하나님의 부르심에 응답하다! 그러나 나는 상처받다

아버지는 우상 숭배 가문의 저주와 재앙으로 어린 시절부터 늘 질병에 시달렸다. 청소년기까지 질병으로 고생하다 대학생 때부터 회복이 되었다. 군에 있을 때 하나님을 만나, 결혼하고는 회사에 다니며 점심시간에 말씀보고 기도하는, 지금으로 말하면 서밋타임을 늘 가졌다. 아버지는 그때 세계복음화의 언약으로 이사야 43장 18~19절 (너희는 이전 일을 기억하지 말며 옛적 일을 생각하지 말라 보라 내가 새 일을 행하리니 이제 나타낼 것이라 너희가 그것을 알지 못하겠느냐 정녕히 내가 광야에 길과 사막에 강을 내리니) 말씀을 잡고 항상 기도했다고 한다. 그러던 1995년 어느 날, 회사에서 신체검사를 했는데 어릴 때 가지고 있었던 질병이 재발했다는 검사결과를 받게 되었다. 완전히 나은 줄 알았던 병이 재발한 것이었다. 당시 나는 4살, 오빠는 6살이었다. 의사가 어머니를 불러 상담을 하는데 "남편의 신장 한쪽은 전부 망가졌고 한쪽은 50프로 밖에 남지 않아서 앞으로 평생 투석하며 살아야 합니다"라고 했다. 그 말을 건넨 의사는 우리들을 보며 씁쓸한 표정으로 어머니 어깨를 두드려 주었다. 어머니는 가장이 아프다는 그 말에 하늘이 무너지는 것 같았다. 아직 어린 우리들 때문에 더 그랬다. 그때부터 하나님은 어머니가 오직 복음에 집중할 수밖에 없는 시간표를 만들어 가셨다. 다행히 아버지는 검사 후, 병원에서 치료를 받게 되었고, 가끔 입원을 하는 정도였다. 물론 입원 치료는 힘들었지만 일상생활을 할 수 있었기에 회사에서도 어느 정도 자리를 잡아갔다. 그러던 어느 날, 아버지는 하나님의 인도하심을 따라 세계복음화의 언약을 잡고, 회사를 나와 사업을 시작하게 되었다. 사업은 차차 기반을 다져갔고, 이를 바탕으로 아버지는 하나님께 늘 헌금하고 헌신했다. 어린 시절 우리는 풍족하지 않았지만 경제적으로 크게 어려움을 느끼지는 않았다.

그런데 우리 집에 전환점이 된 사건이 있었다. 2005년 가을 어느 날, 학교를 마친 후 집에 왔는데 어머니에게 전화가 왔다. 아버지가 병원에 입원해야 해서 집에 늦게 들어갈 것 같으니 저녁을 잘 챙겨 먹으라는 전화였다. 그즈음 아버지는 구역질을 하고 피곤을 느끼던 것을 단순한 감기 정도로 생각하고 방치했다가, 그날 급격한 아픔이 찾아와 병원에 갔다. 검사를 해 보니 혈당수치가 990이 넘게 나왔는데, 의사 말로는 설립된 지 10여 년 된 이대목동병원에서 이제까지

본 환자 중 혈당수치가 가장 높은 환자라는 것이었다. 600이 넘으면 혼수상태에 빠지고, 990이면 거의 죽은 상태여야 한다고 했다. 아버지는 그것도 모르고 병원까지 운전해서 갔는데, 이때 도로가 시커멓게 보이고 안내판 글씨가 잘 보이지 않았다고 한다. 이때 의사만 5명이 달려왔고, 한 레지던트는 이 수치로도 살아있을 수 있다는 것에 놀라, 후에 이것으로 논문을 쓸 정도였다. 전적인 하나님 은혜로 살게 된 아버지는 병원에 입원해 있는 동안 교회 강단 메시지와 본부 집회 메시지를 계속 들었다. 이때 아버지는 10년 전부터 회사 사무실에서 기도했던 그 언약대로 영, 혼, 육을 치유하는 사명과 소명을 잡게 되고, 이를 두고 기도하던 중 사도행전 1장 8절(오직 성령이 너희에게 임하시면 너희가 권능을 받고 예루살렘과 온 유대와 사마리아와 땅끝까지 이르러 내 증인이 되리라 하시니라)의 말씀을 잡고 목회자의 길을 결단하게 되었다. 퇴원 후 운영하던 무역업을 동업자에게 전부 넘기고 2006년 3월 RTS에 입학했다. RTS 면접날, 한 면접관 목사님이 장로를 했다가 왜 목회자의 길로 오려 하느냐며 다시 한 번 생각해 보라고 했다. 그때 아버지는 그 면접관에게 이렇게 대답했다. "저처럼 우상숭배로 인해 늘 영적문제로 시달리며 육신적으로 시달리는 분들을 살리고 싶은 마음이 너무 간절합니다. 하나님이 저에게 이 소명을 주셨습니다."

그 과정에서 나는 사춘기 시기가 맞물려 여러모로 상처를 받았다. 먼저 경제적인 이유가 가장 컸다. 부족함 없이 하고 싶은 것을 웬만큼 할 수 있었던 이전과는 달리, 아버지가 목회자의 길을 결단한 후로 우리 집은 경제적 어려움 속에 있게 되었다. 아버지의 신학교 학비와 생활비를 위해, 우리는 낡고 오래된 집으로 이사를 가야 했고, 그 집에서 2년여 동안 살았다. 내게는 그 시간이 굉장히 길게 느껴졌다. 당시 어렸던 나는 '아버지는 왜 목회자의 길을 가겠다고 해서 가족들을 모두 고생시키지? 그냥 중직자로 살면서 사업하면 이렇게 경제적으로 어렵지 않았을 텐데…' 하는 생각을 했다. 또 아버지가 더 이상 나에게 신경을 써 주지 않는다고 느껴진 것도 상처가 되었다. 전에는 시험기간이면 내 학업과 숙제를 도와주었는데, 신학교를 다니게 되면서부터는 수요일부터 금요일까지 학교 수업을 위해 집에 계시지 않았기 때문에, 아버지와 함께 공부하는 시간을 가질 수 없게 되었다. 지금에서야 드는 생각은, 그 당시 아버지라면 '어린 자녀들이 내가 이 길을 감으로써 상처가 될 수 있겠다'고 생각했을 것 같다. 그러나 하나님을 더 사랑하는 마음과, 하나님이 원하시는 일이라면 자신의 상황과 환경과 상관없이 가야한다는 결단으로 이 길을 가게 된 것이 아닐까 싶다.

2008년, 담임목사로 인도받다

아버지는 2006년 RTS에 입학한 뒤, 예원교회에서 장애인 사역을 하고 있었다. 2년 후인 2008년 고모는 미국 선교사를 놓고 기도하던 중, 하나님의 부르심을 받아 미국에 선교사로 가게 되었다. 고모부는 산돌선교교회를 맡아 목회하고 있었는데, 이로 인해 후임자를 놓고 기도하게 되었다. 당시 고모와 고모부는 아버지를 후임자로 생각하지 않고 있었다. 아버지는 신학교에 입학한 지 3년이 채 되지 않은 전도사였고, 또 한 교역자이기 이전에 가족이기 때문이었다. 그러나 교회의 장로님들과 중직자들은 선교를 이해하고, 아버지를 신뢰해 주었다. 하나님의 계획 아래, 2008년 9월 우리가족은 산돌선교교회로 인도받게 되었다. 예원교회를 다니는 동안에는 아버지의 모든 사역을 직접 본 적이 없었는데, 아버지가 한 교회의 담임으로 부임하면서 나는 교회의 일원으로서 아버지의 사역을 모두 보게 되었다. 어렸던 나의 관심은 늘 '누가 오고, 안 오고'였다. 매주 나오던 권사님이 한 주 안 보이면, '혹시 시험 들어서 떠났나?' 하는 생각이 먼저 들었고, 청소년부에서 친구로 인해 기분이 상하더라도 혹시나 친구가 시험 들어 떠날까 싶어 참아야 했다. 교회에서 크고 작은 문제가 터지면 나는 늘 전전긍긍했다. 사람들이 여러 가지 이유로 아버지에게 시험 들어 떠날 때 이해는 되었지만, 나에게는 그것이 큰 상처가 되었고 어린 나이에 받아들이기 힘이 들었다. 복음으로 사건을 재해석하는 능력이 없었기 때문에, 그것은 나에게 스트레스와 상처일 뿐이었다.

그러나 아버지의 허물이 보이면 기도해주는 중직자들도 있었다. 아버지의 부족한 부분이 내 눈에도 보일 때가 있었지만, 그렇기에 아버지도 오직 복음이 되기 위해 날마다 기도하고 갱신해 나가고자 했다. 이러한 것을 알고 어떻게든 목회자 중심으로 가려 하고, 말씀 따라 가려하는 중직자들의 모습을 보며 '아, 나도 목회자 중심으로 가며 목회자를 위해 기도해줄 수 있는 중직자가 되고 싶다'라는 생각을 많이 하게 되었다. 내가 목회자의 자녀가 아닌 교인이었다면, 목회자 중심으로 갈 수 있게 해달라고 기도를 하지 못했을 수도 있다. 그러나 목회자 자녀로 부름 받아 목회자의 어려움이나 빈 곳을 많이 보게 되기에, 더욱 이런 기도를 하게 된다.

상처와 가문의 영적문제가 발판이 되다

초등학교 시절, 집에 가면 어머니가 반겨주는 아이들이 가장 부러웠다. 어머니는 늘 사역으로 바빴고, 나는 학교를 마치고 집에 오면 늘 혼자였다. 당시에는 그것을 이해할 수 없었다. '어떻게 나를 혼자 두고 사역을 다니지? 그 사람들이 더 중요한가?' 하는 생각이 들었다. 결국 '아, 어머니는 나에게 관심이 없구나' 하고 결론지어 버리고, 혼자 상처를 받았다. 이후 복음을 수없이 들었지만 그것은 성인이 된 내게 여전히 상처로 곪아 있었다. 그래서 나는 어머니가 되면 꼭 내 아이 옆에 있어 주어야겠다는 생각을 해왔다. 그런데 그것이 발판이 되어, 후대에 대한 관심을 갖게 되었다. 나는 내게 상처라고 여겼던 어린 시절 어머니의 빈자리가, 도리어 후대에 대한 언약을 잡는 발판이 된 것이다. 그러면서 복음을 더 알아갈수록, 단순히 후대 옆에 있어주는 것이 중요한 것이 아니라, 어려서부터 후대에게 오직의 언약을 각인하는 것, 부모가 옆에 없어도 하나님이 함께하신다는 사실을 누리도록 하는 것이 중요하다는 것을 발견하게 되었다. 그러기 위해서는 내가 먼저 오직 복음이 되어야 함을 느끼며, 복음이 개인화가 되기를 기도하고 있다.

어릴적 나는, 우리 가문은 복음의 가문이니까 영적문제가 없는 줄 알았고, 구원의 길 메시지에서 불신자 6가지 상태를 말할 때마다 잘 이해가 되지 않았다. 그러나 영적인 눈을 뜰수록 복음 없던 우리 가문에 얼마나 저주와 재앙이 끊이지 않았는지, 또 복음을 받아 저주는 끊어졌으나 우리 가문에도, 나에게도 그 찌꺼기가 상처라는 이름으로 남아있음을 보게 되었다. 어린 시절에는 그것을 몰랐기 때문에 그저 부모 탓, 남 탓, 내 탓을 하곤 했다. 그러나 이러한 것들이 상처가 아닌 사단이 장난질 쳐 놓은 가문의 영적문제, 찌꺼기라는 것을 점점 보게 되었고, 그러면서 복음이 얼마나 소중한 것인지 다시 느끼게 된다. 다음 후대에게 이것이 넘어가면 안 되기 때문에 영적싸움을 해야 한다는 것도 깨닫게 된다. '나도 우리 가문도 절대불가능이구나. 그리스도가 주인이 되지 않으면 안 되는구나'라는 것과, 그렇기에 더 복음에 집중할 수밖에 없고, 복음 아니면 안 된다는 것을 고백한다.

마치면서

너무나 우상에 찌들어있던 한 가문을 하나님의 은혜로 전적으로 불러주시고 구원해 주시고 이끄심이 너무 느껴지고 보여져서 감사했다. 모태 불교 신자로 자라 불교협회 회장을 지낼 정도로 불교 골수였던 할아버지와 우상을 섬겼던 할머니 사이에서 태어난 자녀들은 어릴 때부터 각인된 것이 불교였기에 그게 진리인줄 알고 열심히 믿었다. 그로인해 가문에 늘 저주와 재앙이 끊이지 않는 불신자 6가지 상태의 삶을 살았다. 그러나 하나님이 그 속에서 한 명씩 자녀로 부르시고 목사, 선교사, 중직자의 사명을 주시며 복음가문으로 바꿔주셨다. 지금까지도 하나님이 불러주지 않으셨다면, 후대인 나에게는 더 큰 재앙과 고통이 왔을 것이고 사단의 배경 아래서 비참하고 처절할 삶을 생각하니 아찔하다.

또, 어머니와 아버지가 적당히 신앙생활을 해온 것이 아닌, 정말로 영혼을 사랑하고 하나님이 원하시는 것에 방향 맞추려 했음이 재조명되었다. 물론 하나님을 만나기 전 아버지와 어머니에게 들어간 틀린 각인이나 찌꺼기도 남아있다. 그러나 복음을 사랑하고, 영혼을 사랑했으며, 말씀을 따라가기 위해 늘 기도하는 전도자였다는 생각이 든다.

마지막으로, 하나님이 나를 PK로 불러주셔서 때로는 눈에 보이는 것에 속기도 했고 다른 교회로 떠나고 싶은 적도 있었다. 그런 나를 하나님은 인격적으로 인도하시며 PK만 볼 수 있는 빈곳도 보게 하시고 오직의 중직자들을 보게 하셨으며 목회자 가정의 빈곳도 보게 하셨다. 이 모든 여정 속에서 내가 보고 들은 것들은 무기가 될 줄 믿으며 글을 마친다.

2016년 오빠 결혼식 때 가족

산돌예빛교회 유치부 렘넌트들과

아버지 권영원 목사

5살 때

할아버지 할머니와 형제들

중학생때 고모가 근무하던 학교에서

고등학생 때 할머니와

대학생때 고모와 고모부와

장교 훈련 받을 때

교회에서 침례받고

1990년 2월 24일 결혼식

1995년 롯데중앙 연구소 근무할 때

작가 권서인 PK

P.K. 권서인 (1992년생)
권영원 목사의 둘째 딸
산돌예빛교회 성도

오빠와 함께

대구 놀이동산에서 아빠와

다니던 교회 미국 선교사님

아멘유치원 소풍

친가 사촌들과 함께

산돌예빛교회 유치부 렘넌트들과

1961년 4남 1녀중 막내로 태어나 2살 때

1990년 2월 24일 결혼식

롯데중앙연구소 근무시

1997년 예원교회 수요예배 때 가족찬양

1998년 외할아버지 생신 때

2010년 10월 11일 목사 임직식 때

2015년 외가친척들과 할머니 생신 때

하윤이 생일 때

교회 식구들과 예배

1996년 8월 13일 여름수련회에서 포럼

1998년 교사 수련회

광명지교회 담당 중직자들과 모여 예배

2000년 4월 15일 광명지교회 설립예배

광명지교회 성도들과 원니스 레크레이션 때

개봉지교회 성도들과 다락방 후에

키르키스스탄 해외 캠프현장에서 캠프팀과

2004년 5월 1일 예원교회에서 장로 임직식

2004년 5월 1일 예원교회 장로 임직식

2009년 전교인 하계 수련회

2009년 전교인 하계 수련회

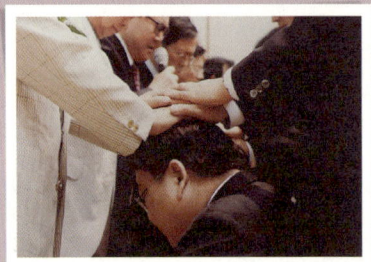
2010년 10월 11일 참사랑 교회에서 목사안수 받을 때

2010년 10월 11일 목사 임직식 때

2010년 10월 11일 목사 임직식 때 교인들과

2018년 전교인 야외수련회 때

2018년 WRC에서 산돌예빛교회 성도님들과 함께

산돌예빛교회의 선교지인 미국 뉴저지237교회 선교지

2018년 산돌예빛교회 유치부 렘넌트들과 함께

산돌예빛교회 대학청년부 친구들과

2018년 WRC때 고모가족과 우리가족

2019년 드로아교회 패런츠 스쿨 렘넌트들과

2019년 첫 RCA 참석

뉴저지237언약교회 다민족 렘넌트들과

활시위를
떠난
화살 같은 인생

변상택 선교사

경상북도 포항 출생
음반데 제자들교회(탄자니아 도도마 지역)
아프리카 54개국 3만명 전도제자
탄자니아 3천명 전도제자
도도마 RUTC 성장 및 25 지교회 사역자 돕도록
렘넌트 인재 발굴, 제자 양성
교회당 건축 2곳, 학교 건축 잘 마무리 되도록(2021년)

언약의 약속: 오직 그리스도, 오직 세계복음화
갈보리교회(부천 괴안동, 1995.7 ~ 2013.8) 개척, 18년 목회
선교훈련: 탄자니아 다르에스살람(2013.9 ~ 2015.12)
음반데 제자들교회(탄자니아 도도마 지역, 2016.1 ~ 현재)

선교, 선교, 선교

237, 5천 종족의 빈 곳, 그 중의 하나, 아프리카 탄자니아 도도마 지역의 음반데. 탄자니아 내에서도 거지 출신들이 가장 많은 곳 중 하나. 건기가 시작되면 물 찾으러 돌아다녀야 하고, 평소에도 빗물을 받아둔 탱크의 물로 생활해야 하는 곳.

다르에스살람이라는 경제수도에서 차로 10시간 거리. 한국인은 고사하고 외국인, 외지인도 찾아보기 힘든 그곳에서 생활하고 있는 선교사가 있다. 부모님은 2013년에 탄자니아에 들어가 2016년부터 음반데 사역을 시작했다.

물론 동역하는 선교사가 이미 도도마 지역에 20개 교회를 깔아두었고, 음반데 제자들교회는 교회당이 건축되고 현지사역자가 사역을 지속해오고 있었다. 2016년 도착했을 때 아이들 포함 20명 정도의 교인이 흙바닥 교회에 장의자 몇 개를 두고 주일에 예배를 드리고 있었다.

다르에스살람에서 훈련받던 현지인 사역자 부부와 함께 부임하여 사역을 시작하니, 2017년 40명, 2018년 80명, 2019년 160명, 2020년 200명 및 은자샤 지교회 120명. 매년 배가의 성장을 이루고 있다. 국내에서 목회할 때 매년 초에 말씀하시던 배가성장이었는데, 탄자니아에서 현지인들로만 구성된 교회에서 배가성장을 이루고 있으니 그 마음이 얼마나 흡족할지, 멀리서 소식을 듣는 나도 기분이 좋다.

처음 예수 믿은 순간부터 선교

아버지 마음속에는 항상 선교가 담겨 있었다. 20대 때 예수님을 영접하고는 그 평안함과 기쁨을 못 이겨, 늘 전도와 선교에 그 마음이 사로잡혀 있었다. 어디에서 어떤 일을 하더라도, 예수님을 증거하는 자리라면 어디든 갈 수 있다고 생각했던 아버지는, 회사에서 해외 발령의 자리에 자격도 안 되는 상황이었지만 자원해서 가기도 했었다. 그렇게 해서 가게 된 곳이 인도네시아와 말레이시아가 대부분을 양분하고 있는 보르네오 섬에서, 섬의 북쪽 일부를 차지하고 있는 작은 왕국 브루나이였다. 그곳에서 일을 하며 이미 세워진 한국인 교회를 섬겼는데, 그 교회 초대 선교사가 나의 외할아버지 임흥빈 선교사다. 교회를 섬기는 와중에 남겨진 성도들이 추진해서 펜팔로 연을 맺고 두 번째 편지 만에 청혼을 한 아버지. 서로 얼굴도 보지 않고 결혼을 약속하게 된 부모님은 그 시작이 선교지를 통한 만남이었고, 지금까지도 또 다른 선교지에서 그 만남은 지속되고 있다.

평신도 선교사를 기도하던 아버지는 효과적인 선교사역을 위해 신학교에 입학한다. 학부와 대학원을 거쳐 부교역자 생활을 하면서도 늘 선교에 마음을 담고 있었고, MI선교회를 통해 선교를 준비하다가, 그곳에서 만난 갈보리채플 이요나 목사 밑에서 일본선교를 위한 일본어를 공부하기도 했다. 초등학교 때 아버지가 비디오를 보며 일본어 공부를 하던 모습이 기억이 난다. 그러다가 교회 개척을 하게 되었고 목회와 다락방 전도운동을 하던 중에, 동산교회 박동순 목사의 권유로 일본 단기선교로 인도받으며 선교의 지평을 넓히게 되었다. 이후 실제적으로 일본사역에 문이 열려, 매달 한 달에 10일은 일본에 가서 동북쪽 센다이부터 서남쪽 가고시마까지 순회사역을 하고 올 정도였다. 선교의 문만 열리면 어디든 마다하지 않고 늘 해외 현장으로 다녔다.

그렇게 국내 목회를 하며 선교현장을 다니더니, 캐나다 토론토의 세계복음교회(現 언약의 교회, 이교현 목사 시무)의 당시 선교사의 제안으로 1년간 교환목회를 승낙하고는 훌쩍 또 떠났다. 그 마음에 품은 세계복음화와 선교를 위해서는 다른 그 어떤 문제들도 눈 감고 달려가는 모습이 참으로 놀라웠다. 현실적인 여러 가지 문제가 야기되기도 했지만, 그렇게 다녔던 현장들마다 제자들이 남겨졌음을 확인할 때는 그것이 인간의 눈으로 평가할 것이 아님을 인정할 수밖에 없었다. 그리고 한국에 돌아왔지만, 몇 년 후 경인노회에서 탄자니아 선교에 힘쓰는 김성규 목사의 권유에 탄자니아 전도훈련 강사로 참여했다. '아, 여기가 나의 마지막 선교사역지로, 하나님이 나를 부르시는구나!'를 확인하고 아프리카 탄자니아로 나가겠다고 할 때는, 외동아들인 나는 그 어떤 말도 하지 못하고 나는 결혼할 테니 내 걱정 말고 두 분이 나가시라고 할 수밖에 없었다. 그 마음에 선교가 담기면 그 무엇도 눈에 보이는 게 없으신 아버지임을 알았고, 세계복음화를 향한 선교가 그의 일평생 소원임을 알고 있었으니까.

어둠에서 빛으로

아버지는 1955년 9월 경상북도 포항에서 태어났다. 이미 위로 다섯 형제가 있었고 그 중 두 형제가 사망한 후였다. 아버지도 연약하므로 주민등록도 안 하고 있다가 백여 일이 지난 1956년 1월에 출생 등록을 했다. 6.25 전쟁이 일어난 지 얼마 안 된 그 시절에는, 전 세계 최빈국 중 하나였던 우리나라에서 늘 있었던 일이라 했다. 친할머니 손원이 여사는 전쟁 통에 일어난 박태선 장로의 신앙촌 전도관을 통해 예수님을 영접하고 포항시 청하면 서정리의 청하장로교회(전도관교회)를 다녔다. 신앙생활을 하며 눈이 오나 비가 오나 십 리 길 정도를 걸어 큰고모와 함께 새벽예배를 나갔다. 큰고모는 지금까지도 새벽예배를 놓치지 않고 항상 기도하는데, 고모를 보면서 어렸을 때의 각인과 체질이 평생을 좌우한다는 것을 깨닫게 된다. 할아버지는 곧 쇠약해져가다 아버지가 10살 때 돌아가셨고, 가족들은 그 당시 이미 세워졌던 제1신앙촌 경기도 부천 소사동(現 범박동)으로 이사를 했다. 큰아버지는 신앙촌 교회에서 찬양인도를 할 정도였고, 아버지 형제들은 시온중고등학교를 다녔다. 그러나 언젠가부터 자신을 하나님이라 하고 예수님을 왕마귀라 하며 대적하는 박태선 장로를 보며 등을 돌렸고 여의도순복음교회에서 신앙생활을 이어갔다. 할머니는 시간이 흐르고 몸이 아파졌지만, 부천시 괴안동에 생긴 통합측 동광교회에 다니며, 신앙촌 사람들을 또 전도하여 함께 신앙생활을 지속했다. 아버지는 중고등학교를 다니며 학비를 내야하는 날에는 선생님 눈을 피해 다니기 일쑤였고, 미술시간에는 옆 친구 크레파스 한 개를 빌려서 한 가지 색으로 그림을 그려서 내는 등 그냥 그 시절 여느 사람들처럼 지냈다. 그런데 고등학교 졸업을 하고 대학을 갈만한 여건도 안 되어서 국가에서 전액장학으로 지원하는 기능대학(현 폴리텍대학) 전자공학과에 입학했지만, 도통 그 내용을 이해하기 어려웠다. 그래도 시간이 흘러 졸업 후 1976년 공군에 입대해서 3년 군 복무를 마쳤다. 제대 후에 여러 직장을 다녔는데 그 와중에 밤마다 뱀이 나타나 괴롭히는 악몽을 꾸고 늘 시달리면서 삶을 살고 있었다. 그러면서도 친구가 찾아와 교회에 가자고 하면 버럭 화를 내며 "그런 말 할 거면 오지도 말라"며 소리치곤 했다.

마음에 들어오신 예수님

그럼에도 불구하고 주일마다 아침에 아버지 집에 놀러 와서 놀다가 혼자 교회가기를 6개월 동안 매주 하는 친구가 있었다. 아버지는 결국 그 친구를 따라 여의도순복음교회를 한 번 가게 되었다. 그 다음 주에는 여동생과 다른 친구를 데리고 함께 교회에서 예배를 드리며 조용기 목사 설교 마지막의 영접 초청 기도를 따라하며 예수님을 영접하게 되었다. 사실은 아버지가 데리고 간 친구가 있어서 본인도 그냥 일어나 따라한 것뿐이었다 하는데, 그 순간 예수님은 아버지 마음에 들어오셔서 아버지의 삶을 완전히 바꿔나가기 시작하셨다고 아버지는 고백한다. 그렇게 예수님을 영접하고 나니 어느덧 아버지를 사로잡던 악몽은 사라졌고, 성경을 읽는 것이 그렇게 좋았다. 어차피 실직 상태에 있던 터라 거의 6개월을 성경 읽는 데에 몰두했다. 믿음생활 초기, 하나님의 살아계심에 대한 의심과 불신앙 속에서 '하나님이 살아계시면 보여주세요.'라며 기도하다가 순복음교회 철야기도에 참석했다. 말씀 듣는 중에 "이 자리에 하나님의 살아계심을 의심하는 사람이 있다! 회개하라!"라는 말씀을 듣고, 참으로 하나님은 살아계시며 모두 알고 계신다는 것을 확인하게 되었고 큰 믿음과 확신 가운데 교회생활을 하게 되었다.

말씀이 임하고 인도하는 삶

이윽고 섬기게 된 동광교회에서 한번은 한얼산기도원으로 청년회 겨울 수련회를 가게 되었다. 그때 회개의 영이 임하여 한없이 품어주시는 환상을 보면서 아버지 수준에 맞게 어릴 때부터 지었던 죄를 파노라마처럼 보게 되었고, 하나님은 아버지로 하여금 회개 기도를 하게 하셨다. 이에 아버지는 죄 사함의 확신을 가지며 기쁨으로 충만케 되었다. 이후 청년회 수양회로 가게 된 양수리 제자훈련원에서 갈라디아서 2장 20절에 자신의 이름을 넣고 고백하는 그 시간이, 아버지를 완전히 뒤집어 버리는 사건이 되었다. "상택이가 그리스도와 함께 십자가에 못 박혔나니 그런즉 이제는 상택이가 사는 것이 아니요 오직 상택이 안에 그리스도께서 사시는 것이라. 이제 상택이가 육체 가운데 사는 것은 상택이를 사랑하사 상택이를 위하여 자기 자신을 버리신 하나님의 아들을 믿는 믿음 안에서 사는 것이라." '그리스도께서 내 안에 살아계신다면 나는 주인의 말씀을 들어야 하는 것

아닌가?' 아버지는 그때부터 기도하면서 말씀의 인도를 받게 된다. 이때 함께 받은 말씀이 고린도전서 10:31, 골로새서 2:6, 디모데후서 4:1-2, 디모데전서 3:8, 데살로니가전서 5:16-18이었고, 이 말씀대로 삶의 인도를 받게 되었다. 그 이후로는 아버지에게 기쁨과 감사가 넘쳤고, 매주 역곡역에 노방전도를 나가 혼자 찬송하고 전도했다. 늘 눌림과 어둠 가운데서 소심함으로 살아가던 아버지에게 빛 되신 그리스도가 말씀으로 임하니, 언제 어디서든 당당하고 예수를 말하는 사람으로 바뀐 것이었다.

말씀의 인도를 따라 기아자동차 직업훈련소에 들어가 자동차 도장부에서 1년간 배운 뒤, 기아자동차 영등포지점 서비스 센터에서 근무하게 되었다. 근무한지 6개월 정도 지났을 때, 해외에서 카센터를 운영하는 사장이 자동차 도장하는 실력있는 사람을 구했다. 회사에서 해외로 나갈 사람을 구하게 되었는데, 그 누구도 나간다 하는 사람이 없었다. 아직 견습생 정도의 실력이었지만 이미 그때부터 해외 선교의 꿈을 꾸고 있던 아버지는 어디든 가서 예수님을 전하고 싶다는 일념 하에 지원하였다. 그렇게 동남아시아의 작은 나라 브루나이로 해외파견을 가게 되었다. "하나님은 모든 사람이 구원을 받으며 진리를 아는 데에 이르기를 원하시느니라(딤전2:4)." "너는 말씀을 전파하라. 때를 얻든지 못 얻든지 항상 힘쓰라(딤후4:2)." 이 두 말씀을 붙잡고, 브루나이에서도 이미 세워진 한국인 교회를 힘을 다하여 섬겼다. 교회에는 초대 선교사 때부터 섬기던 김용만 장로가 있었는데, 예배를 마치면 종종 사라지던 것을 확인해 보니 초대 선교사 때부터 시작한 원주민 사역을 지속하고 있었다. 아버지는 이 분을 보며 평신도선교사의 꿈을 확정했다. "하나님, 저도 장로님과 같은 평신도 선교사가 되기를 소원합니다." 하나님께서 그 기도를 들으시고 그의 평생을 인도하셨고, 지금 선교사로 삶을 살고 있다.

선교사 여정을 향한 하나님의 준비시간

브루나이에서 1년여를 지내고 한국에 들어와서 결혼을 했다. 평신도선교사 사역의 신학적 배경을 가지기 위해 1985년 예장 통합측 서울장신대학교에 입학했다. 그때 어머니의 태중에는 내가 있었다. 아버지는 낮에는 일하고 야간으로 신학교 수업을 들었다. 매일 두 개의 도시락을 싸들고 다니며 생활했고, 토요일과 주일에는 항상 교회에 살다시피 했다. 내가 4~5살 즈음에는 생계를 위하여 두 분이 함께 새벽에 우유배달까지 했던 기억이 난다. 그렇게 생활하며 주일 아침 주일학교 차량운행까지 하다가 졸음운전으로 골목에서 집 담벼락을 들이받았던 기억도 내게 남아있을 정도다. 얼마나 고단하셨을까. 지금 나는 8세, 7세, 5세, 1세의 네 자녀를 키우고 있는데, 지금의 내 나이 정도가 딱 그 시절의 아버지 나이이다. 지금 나보고 하라고 해도 못 할 일이다.

당시 장신대에는 자유주의 신학에 정진하는 교수들이 있었다. 특히 구약학은 유명한 문희석 박사가 강의했다. 그런데 그는 강의 중에 출애굽기 14장에서 이스라엘 백성이 건넌 홍해는 얕은 강 같다고 했고, 약 4백만 명이 하루저녁에 다 도하하기는 불가능하다고 표현했다. 또, 이사야 7장 14절을, 처녀가 잉태하여 아들을 낳은 것이 아니고 젊은 아가씨가 남자와 상관하여 아이를 낳았다고 하며, 이사야 7장의 문맥을 설명하며 증명해 나갔다. 임마누엘을 미래에 나타날 그리스도와 관계없는 것처럼 설명한 것이었다. 이 강의를 들으며 아버지에게는 불신앙이 들어오게 되었고, 주일학교 교사로 헌신하는 것에 있어서도 갈등이 되었다. 4학년 졸업반이 되면서 자유주의 신학이 무엇인지 이해하며 복음주의 신학도 정리가 되기 시작했지만, 마음 한편에 없어지지 않는 불편함은 늘 자리하고 있었다.

그렇게 신학교와 신학대학원을 졸업하고 부교역자 생활을 했다. 그 와중에도 선교에 대한 끈은 놓지 않았고, MI국제선교회(연희동)에서 영어를 배우던 중, 강사로 온 이태원 갈보리채플 이요나 목사(갈보리채플서울교회, 당시 이태원, 현재 논현동)를 따라가 따로 배우다가 갈보리채플 부교역자 생활까지 하게 되었다. 이때 있었던 집회 가운데 미국의 갈보리채플 리키 목사와 일본의 호라이즌채플 히라노 고이치 목사가 아버지에게 특별히 안수기도를 해주면서 요 15:1-7의 "포도나무와 가지와의 관계"라는 말씀을 주었고, 이는 아버지 사역의 기준이 되었다. 그곳에서 일본어를 배우며 일본선교도 준비했었는데, 그때 배운 것이 나중에 10여년 일본 단기선교를 다닐 때 활용이 되었다. 당시 함께했던 부교역자는 현재 일본에서 가정목회(장청익 선교사)를 하고 있다. 그리고 외할아버지의 갈멜교회(감리교, 홍은동, 現 열린교회)도 잠시 섬기다가 1995년 교회 개척을 결정하고, 7월 첫째 주에 아버지, 어머니, 나, 이렇게 셋이서 가정에서 예배를 드렸다. 그리고 작은 상가를 얻어 예배를 드리며 6개월여의 시간이 흘렀다. 그동안 이슬비전도도 해보고 10여 가지 문화센터도 열어보는 등 열심을 다해 봤지만 그럴수록 앞은 점점 캄캄해져 갔다.

영적문제와 전도운동

개척 6개월 째, 아버지는 하나님께 매달리며 사도행전 1장, 2장의 역사와 열왕기상 18장의 역사가 나타나길 기도하고 있었다. 그러다 1996년 1월, 모교회인 동광교회 류철랑 목사와 그 교회에서 청년시절을 함께한 김종호 목사(現 인천시 계양, 주님의교회 담임목사)의 권유에 따라 다락방전도 1차합숙훈련을 다녀오게 되었다. 마태복음 16:16, "주는 그리스도시요 살아계신 하나님의 아들이시니이다." 신학대학에서 듣지 못한 바는 아니었지만 강조되던 부분은 아니었는데, 예수님이 그리스도다 하는 이 말씀과 히브리서 13:8, "예수 그리스도는 어제나 오늘이나 영원토록 동일하시니라." 이 말씀이 아버지를 새로운 전도운동으로 인도하셨다. 그리스도 중심으로 모든 성경이 기록되었다는 것을 확인하게 되면서, 그동안 마음 한편에 불편하게 자리하던 불신앙이 사라지고, 확신 있게 오직 그리스도의 증인으로서 사역하게 된 것이다. 합숙훈련에 다녀오자마자 180도 달라져서 현장에 역사하는 마귀, 사탄의 영적인 이야기와

이에 대한 유일한 해답 오직 그리스도의 말씀을 넘치는 확신으로 전하는 아버지의 모습. 어머니는 그 모습이 적응이 안 되고 걱정을 할 정도였다. 얼마 지나지 않아, 아버지는 정신문제를 겪던 내 친구에게 예수 그리스도를 외치기 시작하며 영적 싸움을 하게 되는 사건이 벌어졌다. 자기 속에 군대 귀신이 있다고 하며 예수 그리스도 그 이름 앞에 발악하는 친구의 모습을 보았다. 친구 어머니가 말도 안 되는 빠른 시간에 달려와서 아이를 데려가며 사건은 일단락 되었다. 이 사건은 아버지에게 예수는 그리스도 모든 문제 해결자, 이 명확한 복음 앞에 모든 것을 걸기에 충분했다.

동광교회 청년시절에 함께하던 후배 전도사가 놀러왔는데, 아버지는 교회에서 라면을 끓여 먹으며 이 복음을 또 전달했다. 예수는 그리스도, 이것을 전한 그 한 시간이 전도사의 인생을 완전히 뒤바꾸었고, 향후 아버지의 갈보리교회에서 부교역자로 한참을 섬겼다. 현재 경기도 부천에 있는 마하나임교회 담임목사로 있는 정명서 목사다.

확신 속에 거하게 한 언약, 예수는 그리스도, 세계복음화

복음의 확신으로 가득차자, 막혀오던 숨통이 트인 느낌이었다. 아버지는 다시 거침없이 전도운동을 지속해 나갔다. 당시 아버지가 강단 설교 중 질문을 하면, 나는 졸다가도 "예수 그리스도", 또는 "세계복음화" 이 두 가지 대답을 외쳤고, 그러면 99%가 정답이었다. 그렇게 아버지는 오직 복음 속으로 들어갔다. 그 덕분에 그 단순한 복음이 강단을 통하여 나에게도 계속 각인될 수 있었다. 중고등학교 시절에는 반주를 하면서 졸고, 메시지 시간에는 깨어있었던 기억이 없을 정도로 늘 졸고 있었지만, 그렇게 앉아만 있던 그 시간들을 통해서도 복음이 전달된 것 같다.

아버지는 무속인 전도, 군부대 사역, 신우회 사역, 대학 사역, 일본 선교 등 틈만 나면 전도했다. 부르는 곳만 있으면 어디라도 가서 말씀을 전했다. 큰 성과가 없어 보여도 지속하는 데에는 정말 일가견이 있었다. 그런데 그렇게 몇 년을 지속한 현장에는 늘 최소한 한 명 이상의 제자가 세워지는 일을 보았다. 그리고 현장에서의 전도운동을 통하여 새생명을 얻은 사람들이 모여 갈보리교회는 채워지기 시작했다. 한때 교인이 80여 명 정도까지 되어서 함께 예배를 드렸고, 어려움을 겪는 교회를 인수하여 지교회당으로 인도받기도 했다.

다락방 전도운동. 청년시절, 아버지에게 다락방 전도운동의 다른 점이 무엇이고, 여기에 남아 평생을 함께 해야 하는 이유가 무엇인지 물어본 적이 있다. 영적문제를 정확하게 터치할 수 있고 전도운동을 지속하는 단체. 이 두 가지가 아버지가 내게 준 답이다. 이것이 아버지에게는 통합측의 신학 배경과 교단의 복지혜택 등을 뒤로 하고, 교단 탈퇴까지 감수하며 다락방 전도운동을 선택한 이유일 것이다.

그리스도 예수의 날까지

아버지는 선교사역 9년차가 되면서 사역의 마무리를 생각하며 기도

하고 있다. 237나라 5천 종족 복음화를 위해, 탄자니아 주위의 국가들, 모잠비크, 잠비아, 부룬디, 말라위에 제자를 세우는 선교의 전환점을 놓고 기도하고 있는 것이다. 아들인 내가 아버지의 삶을 되짚어 봐도 어느 한 순간이라도 쉬운 삶이라 할 수 있는 시간이 없었던 것 같다. 심지어 지금도 아프리카 탄자니아, 그 중에서도 시골 어딘가에 있다. 그런데 또 다시 아버지가 힘이 나고 신이 나고 기쁨이 넘치는 시간들을 곰곰이 되짚어 보면, 여지없이 말씀이 임한 시간들이다. 처음 영접하고 예수로 말미암아 삶에 넘친 기쁨, 선교지에서 본 평신도선교사로서의 모델과 비전, 장신대의 신학적 색깔에 힘이 빠져 방황하던 중에 선포된 선명한 오직 복음, 선교지로 향할 때마다 두근거리던 그 마음.

사람들의 마음을 잘 헤아리지 못할 때도 있고, 오직 세계복음화를 위해 그 이외의 모든 것은 무심하게 지나치기에 어쩌면 목회와는 맞지 않는 성품일 수도 있다고 우리 가족들은 동의하지만, 그래도 전도자. 여기에는 끄덕임과 존경심을 표할 수밖에 없다. 평신도 시절, 부교역자 시절, 목회 18년, 그리고 선교사까지. 그 어느 때에도 복음을 들어야 하고 말씀을 들어야 하는 한 사람이 있다면, 그 사람이 어떤 사람인지 여하 불문하고, 한국이든 일본이든 세계 어느 곳이라도 가서 말씀을 전하고, 문이 닫히기 전까지는 가능한 한 지속하던 아버지. 그저 한 생명, 한 생명을 소중히 여기고 하나님이 여신 문, 하나님이 닫으실 때까지 한결같이 자리하던 전도운동의 현장. 지금도 비자문제로 인해 탄자니아에 언제까지 있을 수 있을지 불명확한 상황이지만, 여태껏 그래왔듯 하나님이 여신 문으로 걸어 들어가 하나님이 닫으시기 전까지 항상 그 자리에서 복음을 전하는 모습이 계속되지 않을까. 복음을 향한 열정과 순수함, 그것이 아버지를 이끌었고 또 그리스도 예수의 날까지 이끌어갈 것이다.

후대에게 언약이 전달되는 복음 명문가, 선교 명문가

아버지 덕분에 나와 우리 가정, 특히 자녀, 손주들에게까지도 오직 복음만을 향한 그 중심이 이어져오고 있음을 알기에, 이 중심이 우리 후대들에게 앞으로도 계속해서 전달되기를 바라며 기도한다. 아버지의 삶과 그 언약을 닮은 내 아이들의 이름. 첫째 유현, 오직 예수 그리스도만 나타나는 삶이 되기를. 둘째 세현, 세계복음화의 실현 속에 있기를. 셋째 예현, 하나님의 다스리심이 나타나는 삶, 하나님 나라의 임재를 항상 누리기를. 넷째 아현, 하나님의 사랑과 그리스도의 사랑이 나타나는 삶이 되기를. 아버지의 오직 복음, 오직 세계복음화, 오직 하나님 나라를 향한 그 마음과, 하나님을 사랑하기에 그 그리스도의 사랑을 나타내는 이 언약이 우리 아이들에게 평생의 언약으로 전달되기를 바라며 기록을 남겨본다.

코로나19로 집에서 처음 온라인예배 드리는 예현, 유현, 세현

8(세현), 3(예현), 1(유현)의 사랑해요~♡

아현이를 기다리며 만삭사진 찍은 날

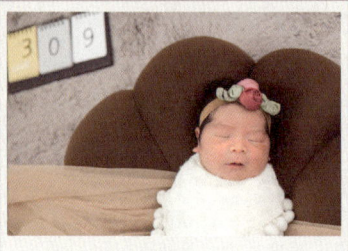
드디어 태어난 아현이(2021년 3월 9일생)

아현이를 사랑하는 1, 2, 3호와 4호 아현이

아현이 50일 기념 사진

세현이 100일 기념 가문 사진

태아 사랑이와 함께 우리 모두 아빠를 바라봐요~♡

아버지 변상택 선교사

시온고 졸업

공군 병사

1983년 브루나이 한인교회에서

1984년 약혼식

1984년 결혼식

갈보리교회

음반데 제자들교회

2017년 세계선교대회에서 파송

2020년 세계선교대회 온라인 참여

작가 변용의 PK

변용의(1985년생)
PK & MK
변상택 선교사의 외아들
언약교회(서울 상암동, 김상민 목사) 서리집사
한국씨티은행 개인고객전담역
변유현(아들), 변세현(딸), 변예현(아들), 변아현(딸) 네 자녀의 아빠

한국씨티은행에서

1986년 돌 사진

유년시절

초등시절

2005년 임마누엘교회에서

갈보리교회 야유회

사랑스런 네 남매들

1988년 네 살의 변용의

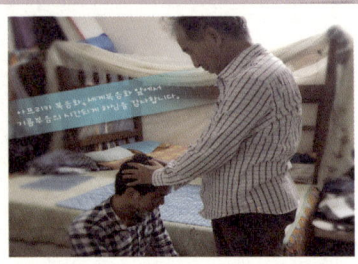
2016년 아프리카 전도집회 후, 아들에게 안수기도

1975년 브루나이에서 임흥빈 선교사님 가족

변용의와 이모들

세계선교대회에서 만난 브루나이 현지인 제자들

2018년 2월 선교대회에 참석한 가정

2018년 8월 3일 WRC에 참석한 변씨 가문

기도하는 가정, 후대

1983년 브루나이 한인교회 교인들

부천동광교회 주일학교 교사

1994년 리키 목사님과 히라노 고이찌 목사님의 안수기도

1996년 갈보리교회

갈보리교회 여름성경학교

갈보리교회 여름성경학교

2008년 갈보리교회 임직식

2013년 갈보리교회에서 선교사 파송

일본단기선교 (센다이지교회)

2015년 3월 나고야복음선교교회

2004년 사할린 단기선교

2007년 캐나다 대학 전도캠프

2007년 캐나다 토론토 세계복음교회

캐나다 토론토 세계복음교회에서 메시지 중

2012년 탄자니아

2014년 마사이족과 함께

음반데 제자들교회

음반데 제자들교회 성경학교 (성경읽기)

음반데 RUTC

음반데 도서관

음반데 전도캠프

음툼바대학 (유치초등교사대학)

은자샤지교회

도도마 지역 지교회 중 한곳

변상택 | 변용의 **123**

그리스도의 종 된
나의 아버지 이야기

이상환 목사 Rev. Joshua Rhee

희망교회 담임목사 (미국 LA 캘리포니아)
서울대학교 졸업
총신대학교 신학대학원 졸업
런던 신학교(LTS) 졸업
영국 UNIVERSITY OF WALES 박사수료
한국, 영국, 캐나다, 미국의 신학교(대한신학교, 미주총회신학교 신학대학원,
AUC, RU)에서 강의 목회 및 선교

Senior Pastor (Missionary)
Himang Church, CA, USA.

Seoul National University, B.A
Chongshin University Theological Seminary, M. Div.
U.K. London Theological Seminary
U.K. University of Wales, Ph.D., Candidate.
Lectured at ACTs, RU, AUC, Chongshin, and other seminaries in Korea,
U.K., Canada, and the U.S.

그리스도의 종 된 나의 아버지 이야기

"구원의 은혜 안에서, 믿음으로 살아가고, 사명으로 승리하는 삶"

"나의 달려갈 길과 주 예수께 받은 사명 곧 하나님의 은혜의 복음 증거하는 일을 마치려 함에는 나의 생명을 조금도 귀한 것으로 여기지 아니하노라"
(사도행전 20:24)

내가 기억하는 아버지는 항상 복음에 대한 열정이 가득한 "전도자"였다. 지금까지도 함께 택시를 타거나 공원을 산책할 때나 마켓에 가게 되면 아버지는 항상 전도 대상자를 찾고, 아버지와 만나고 이야기하는 사람은 누구나 아버지를 목사라고 생각하거나 뭔가 구분된 특별한 사람이라고 생각한다.

어렸을때 나는 아버지가 공원 관리인, 식당 주인, 이발사, 계산원, 경비원, 심지어 나의 학교 담임 교사에게 복음을 전하는 모습을 볼 때마다, 정말 어딘가 도망치고 싶을 만큼 부끄러웠다. 하지만 지금까지 언약의 여정을 걸어온 나는, 이제는 항상 하나님의 부르심에 응답하여 선교를 위해 살아가는 아버지에 대한 이 작은 이야기를 쓰게 되어 마음이 뭉클하고 가슴이 벅차 오른다. 이 작은 이야기는 시간이 가면 갈수록 더욱 더 복음을 사랑하는, 그리스도의 종인 나의 아버지에 대한 이야기이며, 아버지가 그토록 경외하는 예수 그리스도께서 주인 되어 주셔서 인도하시는 이야기이기에, 이 이야기를 쓰는 것은 나에겐 말로 표현할 수 없는 큰 행복이다.

창세 전에 택한 주의 종

아버지는 서울 종로구 부유한 가정의 막내로 태어났다. 조부모님은 모두 풍요롭고 교육 수준이 높은 배경에서 자녀를 교육자, 기업가, 목사로 키웠다. 하지만 아버지는 6.25 한국 전쟁이 발발한 지 한 달도 안 된 상황에 태어났기 때문에 전쟁 이전에 형들이 누렸던 안락을 하나도 누리지 못했다. 모든 것이 혼돈 그 자체였고 공포 상태였다. 한국은 다시 한번 하나님의 긍휼이 필요했다. 수도 서울 종로 사직동에서 태어난 아버지는 무서운 굉음과 함께 폭탄이 터지면서 할머니의 품속에서 울고 있는 어린 아기였던 아버지를 생각하면 너무나 가엾고 마음이 저며온다. 모든 사람들이 정든 집을 뒤로 하고 유아, 아이들의 손을 잡고 서둘러 물건을 챙길 겨를도 없이 피난을 나섰다. 북한군이 서울을 점령하기 전에 가능한 한 빨리 집을 떠나기 위해, 피난민의 어린 자녀들은 비록 한두 달 걸음마 연습을 익힌 그들의 아장아장 걷는 작은 발과 다리를 가지고도 피난이라는 법을 배워야 했다. 한강 다리는 파괴되었고, 맥아더 장군의 인천상륙작전과 함께 9.28 서울 수복 때까지 가족들은 인민군의 눈길을 피해 숨어 지내야 했다. 심지어 맨홀 아래에 온 가족이 숨어 있는 동안 인민군에게 발각되었다가 죽을 고비를 넘기게 된다. 인민군 중 한 명이 친할아버지의 회사에서 도움을 받았던 청년이었는데, 할아버지를 알아보고 가족들을 살려주게 된다. 온 가족은 수차례 죽을 고비를 넘겼다. 아버지는 하나님의 은혜를 그때 이미 체험했던 셈이다. 그리고 아버지의 가족들은 멀고 먼 피난길에 오르게 된다. 나는 복음, 찬양, 기도, 성경 이야기, 하나님의 말씀을 듣고 자라는 특권을 누렸지만, 아버지는 본인의 잘못없이 전쟁이라는 지옥 같은 어린 시절을 경험해야 했다. 그 황량한 땅은 일제의 점령, 샤머니즘, 우상 숭배 아래 수년 동안 빈곤, 이념적 분열과 함께 깊이 자리 잡은 원한과 상처를 입은 땅이었다.

"현희야, 선택의 여지가 없다고 생각할 때 그것은 하나님의 손에 모든 선택이 있기 때문이라는 것을 기억해라." 아버지는 내가 길이 보이지 않아 막막할 때 절망하지 말라고 항상 말했다. 많은 질문과 좌절, 그리고 이루고 싶은 꿈이 많던 나의 십대 시절, 그 때가 바로 나를 사랑하신 하나님의 선택이었다. 하나님께서는 한국과 아버지, 우리 가족, 그리고 나를 구원하시려고 모든 선택권을 가지고 계셨던 것이다. 나는 둘째 딸로 태어났고, 아버지는 어머니, 언니, 여동생, 나를 포함한 꽃밭에서 사는 것을 진심으로 자랑스럽게 생각한다고 했다. 그러나 언니의 뒤를 이어 내가 태어났을 때, 아들을 선호하는 친할머니는 딸이었던 나를 특별히 반기지 않았다. 하지만 아버지는 내가 딸이라서 혹은 둘째라서 덜 중요하다고 느끼게 한 적이 한번도 없었다. 부모님, 특히 아버지는 우리가 예수 그리스도의 피로 구원받은 하나님의 소중한 딸이며 하나님의 자녀들에게 불가능한 것은 없다는 것을 항상 복음으로 알려주었다. 아버지는 총신대학교 대학원에 다니면서 대한신학교 강사로 히브리어를 가르쳤고, 동시에 충현교회 교육전도사, 기도원 전도사로 사역했기 때문에, 나는 나의 첫돌 생일을 많은 분들의 축복 기도와 산새들의 아름다운 축하 찬양과 함께 맞이할 수 있었다. 어머니는 나를 임신한 당시, 전도사의 아내로 경제적 어려움으로 인해 영양가 있는 식사를 할 여유가 없었기 때문에, 나는 매우 허약하게 태어났다. 출생 후 인큐베이터에 들어가야 할 뻔한 나를 하나님께서는 날로 날로 강건케 하셨다. 부모님은 간절히 눈물로 기도했고 나는 렘넌트 사무엘이 하나님의 성전 언약궤 옆에 누워 하나님의 말씀과 성도들의 찬양과 기도로 양육된 것처럼, 경기도 광주 충현 기도원에서 언약의 배경 속에서 하나님이 창조하신 따스한 햇살과 아름다운 자연을 누리며 영육간에 건강하게 성장할 수 있었다.

아버지의 러브스토리

나는 아버지로부터 아버지의 어린 시절 이야기를 직접 듣지 못했다. 대부분 어머니를 통해 실감나게 재연된 스토리를 듣게 되었다. 아버지가 너무나 과잉보호를 한다고 생각했던 나의 사춘기 시절, 아마 세 딸을 둔 아버지의 입장에서 조금이라도 부정적인 이야기가 딸들의 인생에 안 좋은 영향을 미칠 수 있다는 것을 아버지로서 얼마나 걱정하셨을지 짐작하면 이를 이해할 수 있다. 그러나 아버지는 모든 상처와 개인적인 이야기를 어머니와 서슴없이 포럼한다. 부모님 사이에는 뭔가 내가 아직 터득하지 못한 특별한 파트너십과 유대감이 있다. 비록 K-드라마에서 볼 수 있는 로맨틱한 사랑은 아닌 것 같지만, 두 분은 서로에 대한 깊은 애정을 가지고 있는 것 같다. 두 분은 사회에서 예수님을 믿는 그리스도인 전문인으로서 만났다. 어머니는 산업경제 전문지 경제통신부 기자였다. 당시 어머니는 명동에 있는 성공한 제약 회사의 이사와 인터뷰를 진행하고, 회사가 만든 신약에 대한 뉴스 기사를 작성해야 했는데, 아버지는 그곳에서 대학 전공을 살려 일하던 기획실 중견사원으로, 이사가 지시한 정보와 자료를 어머니에게 정리해서 전달해야 했다.

"예수님 믿으시나요? 예수님을 소개해 드리고 싶습니다." 아름답고 지적이고 세련된 언론인 커리어우먼이었던 어머니는, 대학시절 서울대 미식축구부에서 활약하여 키가 크고 튼튼하고 활기차고 열정적인 회사원이었던 아버지가 준비해준 기사 자료에 고마워하며, 예수 그리스도를 믿고 구원의 기쁨 속에서 참된 생명과 행복을 얻기를 바라는 그리스도의 마음으로 아버지에게 예수님을 소개했다. 이미 교회에 다니고 있던 아버지는 청년부 회장이었고, 두 분의 만남은 서로에게 큰 기쁨이었다. 당시 아버지는 명동 회사 근처 YWCA의 회의실을 빌려 동료 직원들을 모아 놓고 성경을 가르치고 있었다. 그리고 그때부터 어머니는 아버지와의 동역이 시작되었다.

아버지는 어떻게 어머니를 만났는지 사람들이 물을 때마다 첫 인상에 대한 일화를 자랑스럽고 감사하게 전한다. 아버지는 예수 그리스도를 전하는 어머니를 보며 "바로 이 여자다!" 생각하며 이런 사람과 결혼하고 싶다는 마음이 들었고, 그 자리에서 어머니가 하나님이 아버지를 위해 준비해주신 사람임을 깨달았다고 한다. 그래서 두 분은 예수님이 중매하신 만남이라고 자랑한다.

같은 상황의 다른 면을 듣는 것은 항상 흥미롭다. 아버지의 드라마틱한 감동의 스토리와 달리, 어머니는 그동안 신문사에서 많은 사람들이 세상의 유혹, 문화 및 방식에 빠져 죄와 타협하는 것을 보았기 때문에 업을 통해 복음을 전하기를 기도했었고, 회사 취재를 가서도 아버지에게 전도 이외에 조금도 관심이 없었다고 했다. 어머니는 전도자의 삶을 살고 있었다. 하나님께서 나에게 그러한 영적 DNA를 주셨기를 기대하며 부모님의 러브스토리를 이어가고자 한다.

창세 전에 택한 주의 종의 아내

어머니는 초등학교 4학년 때 예수님을 만났다. 어머니의 초등학교 친구 중에 목회자 자녀가 있었다. 아직 복음을 받기 전, 어머니는 하나님을 "아버지"로 부르며 믿는 그 친구에게 '어떻게 너는 아버지가 둘이니? 어떻게 또 다른 아버지가 있을 수 있냐?'며 놀렸던 일을 기억하시고 지금 생각하면 PK 친구에게 참 미안하다고 한다. 그런 어머니의 마음을 어느 날 하나님께서 두드리시고 열어주셨다. 그 당시 어머니는 서울 용산구 원효로에 살았다. 집 마당에서 멀리 남산이 보였는데 남산 중턱의 교회를 바라보면 무척 아름답게 보였다고 한다. 하나님께서는 어린 초등학생인 어머니 마음에 교회에 가고 싶은 마음을 주셨다고 한다. 그리고 동네에 있는 교회는 붉은 벽돌로 지어졌고 지붕 위에 십자가와 종탑이 있었다. 어머니는 매주 주일 예배를 알리는 교회 종소리를 들을 때마다 교회에 너무나도 가고 싶었고 하나님께서는 그 어린 초등학생 소녀의 마음을 움직이셔서 발걸음을 예배당으로 인도하셨다. 하나님의 전적인 택하심이요 인도하심이였다. 온 가족이 우상숭배와 무속, 불교의 영향 가운데 있던 상황에서 11살 소녀였던 어머니는 매일 새벽예배에 참석하며 교회에 나갔다. 하나님은 어머니를 통해 그 가문에 복음의 씨앗을 심으셨고, 어머니는 가족의 구원을 위해 눈물로 간절히 기도했다고 한다. 지금은 주님과 함께 천국에 계신 사랑하는 외할머니는 그때 당시 어머니를 너무 가혹하고 매정하게 핍박 했다고 한다.

나는 지금도 당시 외할머니께서 어머니가 교회에 가는 것을 막기 위해 어머니를 꾸짖었던 일을 회개하시며 예수님을 만난 이야기를 눈물을 흘리며 들려 주셨던 말씀이 항상 마음에 깊이 사무친다. 내가 2017년 여름 세계렘넌트대회 참석에 맞춰 한국에 귀국했을 때부터, 강남구 역삼동에서 외할머니와 함께 살게 되었는데 우리의 영원한 고향인 천국으로 하나님께서 외할머니를 부르신 2019년 말까지, 나는 외할머니와 함께 사는 미션 홈의 특권을 누렸다. 충현교회 권사님이 된 외할머니는 매일 밤 찬양하고 성경을 읽은 후, 옆에 누운 나의 손을 잡고 기도하시면서 어떻게 그리스도인이 되었는지 재미있고 흥미진진하고 따뜻한 이야기를 많이 들려주었다. 떨리는 눈물의 목소리로 외할머니는 자주 말했다. "네 엄마가 예수님을 믿어서 내가 많이 핍박 했었어… 예수님을 믿으면 집안이 망한다고 생각했거든. 너무나 후회스럽고 네 엄마가 너무 가여웠지. 매일 나한테 예수님에 대해 이야기를 해줬단다. 내가 왜 그랬을까… 이 좋은 예수를, 이렇게 좋은데… 예수님을 믿는 것이 이렇게 기쁘고 좋은데!" 외할머니 말씀에 따르면, 어머니는 초등학교, 중학교, 고등학교에 걸쳐 등교길마다 찬양을 불렀고, 학업도 충실했다고 한다. 특히, 주일 헌금을 내기 위해서 버스 요금까지도 아껴가며 하교길을 걸어서 집으로 왔다고 한다. 어머니는 항상 기쁜 마음과 감격으로 하나님을 경배하였고, 하나님께서 어머니의 영혼에 심으신 복음의 열매를 맺고 믿음과 기쁨의 삶을 살 수 있게 하신 성령의 역사를 외할머니에게 증거했다.

어머니는 오직 복음만이 어머니와 어머니의 가족에게 필요한 전부임을 보았다. 어머니는 매일 예수님과 동행함을 감사했고, 예수님을 가족에게 전하는 것이 꿈이었고, 가족 복음화가 미리 이루어지고 있는 것을 보았다. 그리고 다음 일화에서 알 수 있듯이, 어머니는 외할머니를 가까이하려고 애쓰는 무당을 만났을 때 가문 복음화의 정복을 미리 보았다고 한다.

그때는 비가 오는 날이었고 여름 정오의 더위를 식힐 수 있는 평범한 여름 소나기였지만 대낮의 번쩍이는 번개와 무서운 천둥 소리는 집 안에 있는 모두를 두려워 떨게 하였다. 특히 그 무당에게는 그랬다. 무당은 천둥 소리를 듣고 번개가 치는 것을 보자마자 외할머니의 앞치마에 기어 들어가 떨기 시작했다. 어머니가 학교에서 방과후 집으로 들어섰을 때, 그 기괴하고 불쌍한 장면을 보고 즉시 무당 앞으로 달려가 섰다. 어머니는 담대히, "무섭긴 뭐가 무서워요! 난 하나님을 믿기 때문에 하나도 안 무서워요!"라고 외치며 장독대에 올라서서 온 우주를 창조하시고 천둥 번개를 다스리시는 하나님의 자녀로서, 예수님을 믿기 때문에 천둥 번개를 두려워 하지 않는다고 말했고, 무당에게 '예수님을 믿지 않으면 지옥 간다'고 강하게 외쳤다. 무당은 그 이후로 어머니를 무서워하며 어머니를 볼 때마다 슬금슬금 피하고 더 이상 외할머니를 만나러 오지 않았다고 한다. 그 뒤로 외할머니는 예수 그리스도를 믿어 영접했고, 가족 전체가 구원을 받았다. 할렐루야! 구원의 주님을 찬양합니다!

창세 전에 택한 주의 종의 가정

잠시 어머니의 이야기로 우회했지만, 다시 부모님의 러브스토리를 이어가고자 한다. 결국 우리의 영적 상태가 우리의 삶을 결정하는 것은 정말 사실이다. 아버지가 어머니와의 첫만남부터 예수님을 소개받고, 하나님께서 어머니를 배우자로 준비하셨음을 인정하는 장면은 나의 심장을 지금도 두근거리게 한다. 나를 우리 가족과 가문으로 부르신 하나님께 감사할 수밖에 없다. 부모님은 목회자의 길을 가고 사모의 길을 가게 될 줄 몰랐을 것이고 서로를 너무 사랑했기에 서로를 깊이 이해하며 절대자 하나님의 부르심을 따라 사명자의 길을 갈 수 있었다고 했다. 하나님의 절대 계획을 생각할 때마다 하나님의 절대 주권 안에서 주님의 섭리와 경륜을 의지하며 감사를 드린다.

부모님은 그 이후로 퇴근 후에 명동 회사근처 영락교회 수요예배에 함께 참석하고 신앙을 나누면서 데이트를 시작했다. 하나님의 놀라운 은혜로 온 가족이 복음화 되어 그리스도를 믿는 가정에서 화목하게 살아온 어머니와 비하면 매우 힘겨운 유년시절을 보낸 아버지를 있는 모습 그대로 받아들이고 사랑하도록 하나님께서는 어머니를 훈련하셨던 것 같다. 또한 그런 어머니를 아버지가 단숨에 알아차릴 수 있었던 것은, 건강하고 혈기 왕성한 대학생 시절 하나님의 은혜로 서울대학교 기독학생회의 초청을 받아 캠퍼스에서 열린 전도집회와 신학교에서 가진 여름수련회에 참석함으로써 예수님을 만난 후였기 때문이다.

Because of you – 그리스도를 만남

"예수님께서는 십자가에 못 박히셨습니다. 그는 당신을 위해 죽으시고 부활하셨습니다! 당신의 과거, 현재, 미래의 죄가 끝났습니다!"
1970년대 초 서울대학교 총기독학생회는 예수전도단의 존 로스 목사님의 지도로 여름수련회를 준비하였고, 아버지는 당시 강사로 오신 루마니아의 살아 있는 순교자 리차드 범브란트(Richard Wurmbrand; 1909-2001) 목사님을 만나게 된다. "예수님이 당신을 위해 죽으셨습니다!"라고 외쳤을 때, 아버지는 그 당시 수많은 학생들 중에서 목사님의 손가락 끝이 아버지를 크게 가리키고 있는 것을 느꼈다고 한다. 하나님은 아버지를 만나기 위해 아버지의 마음과 눈을 열어주셨다. 그 순간은 오직 예수님과 아버지, 단 둘의 시간이었다. 아버지께서 예수님을 당신의 마음에 받아들이는 것을 막을 사람은 아무도 없었으며 하나님은 아버지와 영원히 함께하시기 위해 아버지의 삶에 오셨다. 그날 밤 아버지는 그리스도를 만난 후 구원의 감격이 넘쳐나며 기쁨과 감사의 눈물을 한없이 흘렸다고 한다. 그 이후로 자아는 깨어지고 오직 그리스도께서 주인 되신 삶으로 바뀌어 지며 교회를 열심히 다녔다. 그리고 아버지는 친할머니와 온 가족에게 복음을 전했다. 불교에 귀의하여 불정심(佛靜心)이라는 법명을 가지고 가족을 위해 새벽마다 반야심경을 외우던 친할머니는 예수님을 영접하고 구원의 축복을 누리게 되었고, 충현교회 권사님으로 가족과 가문을 중보 기도하다가 천국에 갔다. 아버지는 세상에서의 엘리트 성공대로를 뒤로 하고 하나님께서 부르신 목회자의 소명을 따라 전도자의 삶을 살게 되었다. 나는 아버지의 하나님은 나의 하나님이심을 고백하며, 그 하나님께서 예수님이 다시 오실 때까지 나의 모든 후손의 하나님이 되시기를 기도한다.

하지만 철없던 어릴 적 나는 친구들의 아버지들이 출장에서 사다 주는 바비 인형과 디즈니 학용품을 선물로 받는 친구들이 부러웠고, 그로 인해 속으로 불평을 했었다. 다른 아이들은 고급 식당에서 자주 외식을 하곤 했지만, 나는 생일 날 맥도날드 해피밀 세트 메뉴로 외식하는 것으로 만족해야 했기 때문이다. 다른 아이들은 학교 옆 가게에서 분식으로 군것질을 했지만 나는 교회 헌금을 위해 돈을 아끼고 저축해야 한다고 느꼈기 때문에 간식에 관심을 가질 여유가 없었다.

그러나 하나님께서는 단 한 번도 우리 가족이 돈이 없어서 하나님께서 준비하신 일을 할 수 없다고 느낀 적이 없을 만큼 우리의 인생 여정을 돌보시며 인도하셨다. 미국에서 우리 가족이 건강 보험을 감당할 수 없을 때 하나님은 우리가 아프지 않도록 하셨고, 내가 UCLA 입학할 무렵 나의 학비를 감당할 수 없었을 때 하나님은 나의 학업을 축복하사 장학금을 받게 하셨으며, 로스쿨도 전액 장학금으로 공부하게 하셨다. 그렇게 하나님께서는 주의 종의 가정을 책임져 주셔서 인간적 방법과 계산으로 살지 않고 하나님의 도우심과 영광 가운데 살 수 있도록 힘을 주셨으며 다른 사람에게도 증거할 수 있도록 넘치는 은혜를 부어주고 계신다.

237 나라를 향한 언약의 여정

1993년 9월 1일에 아버지는 온 가족을 이끌고 영국으로 유학 이민을 떠났다. 교회 개척 사역, 소규모 교회 목회 사역, 강남 대형교회에서의 목회 사역을 두루 경험했던 아버지에게, 하나님께서는 더 선명한 소명을 주셨다. 하나님은 아버지가 대한민국 복음화를 위해 순교하신 토마스 선교사의 청교도 신학의 뿌리와 선명한 복음에만 더 깊이 들어가기를 원하신다는 것이었다. 하나님께서는 우리 가족이 그 전 해 크리스마스 휴가 때 잉글랜드, 웨일즈, 스코틀랜드의 여러 선교사들을 만날 수 있었던 영국으로 우리 가족을 인도하셨다. 예수 그리스도의 복음을 받아들여 최강국이 되었던 영국은 '대영제국은 해가 지지 않는다' 라는 말과 함께 한때 전 세계를 다스렸었다. 그러나 우리의 기대와는 달리 우리 가족이 만난 영국(Great Britain, the United Kingdom)은 언약적 복음운동이 사라지고 생명의 비밀도 사라지고 그리스도의 빛이 전혀 보이지 않았다. 복음의 태양이 지고 영적으로 황무지가 되어버린 어두움의 현장이 되고 있었다.

이미 총신대학교 신대원에서 목회학석사(M. Divinity)를 마치고 중견 목회자가 된 아버지는, 올바른 성경을 배워야 한다는 일념으로, 영국 런던 북서쪽에 위치한 London Theological Seminary에서 수학했다. 일찍이 이 학교는 헨리 8세의 영국이 수장령을 선포하고 언약교도들을 핍박할 때 Mr. Kennsit라는 분이 순교 당한 기념으로 세워진 곳이었다. Dr. Martyn Lloyd Jones 목사가 성경적 교회 지도자들을 훈련시켜 세우기 위해 설립한 학교였다. 아버지가 유학을 하는 동안, 우리 가족은 런던 Finchley에 있는 캠퍼스 기숙사에서 살았다. 나는 고대 서예로 쓰여진 낡은 표지 책으로 가득 찬 엄숙한 학교 도서관을 돌아다니거나 방과 후 활동 중 하나였던 줄넘기를 하면서 신학교 마당에서 놀던 추억이 있다. 신학교는 정기적으로 선교의 밤 축제가 있었고, 전 세계 여러 지역의 신학생들과 선교사들이 자신의 나라를 대표할 요리를 가져와 함께 식사를 나누었다. 인도 선교사 가족의 탄두리 치킨, 파키스탄 학생의 시시 케밥, 아일랜드 커플의 재킷 감자, 영국 교수진의 커스터드 크림이 들어간 애플 파이 디저트 등은 당연 인기 메뉴였다. 아버지는 동료 다민족 신학생들에게 한식을 소개하고 싶어 했고, 그 당시에는 한식 식료품 가게가 하나 밖에 없었기 때문에 우리는 고추장과 같은 한식 재료를 사기 위해 한 시간 반 넘게 운전해서 장을 보아야 했다. 영국 교수들과 다민족 선교사들이 어머니의 잡채와 불고기를 맛있다며 좋아했던 기억이 난다. 나는 선교사들이 예수 그리스도를 믿는 이유로 마을에서 추방당하거나 가족들에게 쫓겨난 놀랍고도 가슴 아픈 이야기를 들었다. 나는 어렸지만 하나님께서 그분들을 매우 특별하게 인도하시고 그들의 마음 속에 변치 않는 무언가를 주셨음을 느낄 수 있었다. 영국, 캐나다, 미국, 그리고 지금 이제 이곳 한국에서 아버지의 사역을 보면서 그것이 선교의 사명이라는 것을 깨닫게 되었다.

"나는 일만의 군대보다 존 낙스의 기도가 두렵다."
- Queen Bloody Mary 피의 메리, 스코틀랜드 여왕

"주님, 스코틀랜드를 살려주십시오, 아니면 제 목숨을 가져가 주세요!"
- John Knox 존 낙스 목사

슬프게도 스코틀랜드를 일깨워 나라와 민족을 구한 목사 존 낙스(John Knox)는 더 이상 영국인들에게 기억되지 않았다. 영국은 황량한 땅이 되었고 영적으로 황폐해졌다. 이슬람 난민과 이전 영국 식민지 출신의 사람들로 붐비는 영국은 더 이상 믿음의 반석이 아닌 모래 위에 지어진 제국이었고, 슬픔과 몰락을 보여주는 나라였다. 차별금지법이라는 미명 아래 무슬림이 정치와 경제와 사회를 장악하기 시작했고, 영국 전역에서 예수 그리스도를 전하면 경찰이 체포해도, 마호메트를 외치면 아무런 문제가 되지 않는 나라가 되고 말았다. 지금 스코틀랜드 수도인 에딘버러 중심에는 커다란 회교 사원의 둥근 돔이 세워져 있고, 영국의 정치 지도자들 중에는 무슬림 출신이 많아졌으며, 영국은 선교국가가 아니라 피선교지로 변하고 말았다. "나는 크리스마스와 부활절에만 교회에 갑니다. 그래서 나는 기독교인이지만 삶에서 기독교를 실천하거나 정기적으로 주일예배를 드리지는 않습니다." 이렇게 말하는 영국 사람들을 많이 보았다.

중학생 때 내 친구들은 모두 자신이 기독교인이라고 말했지만 기독교를 실천하지 않는다는 모순도 덧붙였다. 지금 생각해 보면 말도 안 되는 답변이었다. 그때는 내가 잘 알지 못하는 문화적 차이일 뿐이라고 생각했다. 그러나 돌이켜 보면, 예수님의 의와 예수 생명의 힘이 없어 사탄이 영적 눈을 멀게 하는 낙후된 후진적 이방 종교를 통한 사탄의 교묘한 속임수이며 전 세대를 억압하는 영적 어둠이었다. 대영제국 시절 건축된 아름다운 교회 건물은 이제 무슬림 사원, 술집, 그리고 B&B 숙소로 바뀌었다. 심지어 스코틀랜드 말로 Auld Kirk(Old Church)라는 이름의 호텔도 보게 되었다.

우리 가족은 아버지께서 런던 신학교를 졸업하신 이후 기숙사에서 나와 런던의 남쪽 지역 리치몬드로 이사했다. 우리가 사는 곳은 아름다운 낭만의 테임즈 강변이었다. 특히 우리 동네에 성공회 교회가 있었는데 성공회 성도들이 아침 예배를 마친 다음 시간인 오후에, 아버지가 한인 주재원들과 유학생들을 대상으로 한인교회를 개척하여 주일 예배를 드렸다. 성공회 목사님과 성도들은 우리 가족과 하나님의 절대 계획 속에 만나게 된 한인 교인들을 환영하며 맞이해 주었다. 그런데 무엇인가 허전한 느낌이 있었다. 성공회 교회는 영국의 다음 세대 젊은이들의 마음을 사로잡을 수 없었다. 성공회 교회를 그나마 계속 유지한 것은 기성, 노년 세대였다. 나는 이 일을 생생하게 기억한다. 하나님께서는 모든 민족과 모든 연령층의 사람들이 교회에 예배자로 모이며 현장에서는 그리스도의 증인으로 살리는 교회의 회복에 대한 열망과 언약적 한을 내 마음에 두셨기 때문이다.

우리는 우리만 외로이 있다고 생각했었다. 우리 가족 외에는 아무도 없었기 때문이다. 지금은 흔하게 할 수 있는 국제 전화도 당시에는 요금이 너무 비싸서 한국의 친척들과 자주 연락하지 못했으니 부모님은 많이 외로웠을 것 같다. 우리는 후원 기도팀과 친척들이 한국에서 간간히 보내오는 편지가 도착하기를 내심 기다렸다. 하지만 하나님께서는 예수님만을 바라보게 하셨다. 자도 자도 더 많은 숙면을 갈망하는 십대 청소년이었던 나를 알람시계가 깨우기 전에, 나는 부모님의 간절한 새벽기도 소리, 부모님이 영혼에서부터 즐거이 기쁨으로 부르는 찬양 소리를 들으며 매일 아침 눈을 떴었다. 그때 나는 단 한 번도 가보지 못한 광야의 그 길을 통과하도록 주님께서 우리 가족 모두를 인도해 주실 것이라고 확신하게 되었다.

"예수 따라가며 복음 순종하면 우리 행할 길 환하겠네.
주를 의지하며 순종하는 자를 주가 늘 함께 하시리라.
의지하고 순종하는 길은 예수 안에 즐겁고 복된 길이로다." (찬송가 449장)

1997년, 일련의 경제 위기가 아시아를 휩쓸고 IMF가 한국을 강타했을 때, 우리 선교 후원 기도팀 멤버들도 일자리를 잃었고, 선교 기금을 보내는 데 어려움을 겪었다. 아버지는 University of Wales에서 박사과정을 수료했고, 이제 학위 논문을 쓰는 마지막 학기였음에도, 주저함 없이 공부를 멈추고 우리 가족이 하나님의 계획을 따르도록 학위를 미루었다. 마침 한국 교회로부터 담임목사 청빙이 있었다. 부모님과 여동생이 먼저 영국을 떠났고, 언니가 나를 챙겨주었다. 우리는 학기를 마치고 영국에 단 둘이 남아 한국으로 가는 짐을 챙겼다. 영원히 영국에 살며 꿈을 향해 살 것이라고 생각했던 우리는 이 나라를 떠나게 되었고, 그 다음을 어떻게 해야 할지 몰랐지만, 하나님께서는 우리의 삶을 붙잡고 우리를 한걸음씩 이끌고 계신다는 확신을 우리 마음에 두셨다. 주의 종의 삶의 매 순간을 이끄시는 주님의 절대 주권에 따라 우리는 발걸음을 내딛었다. 아버지는 다시 한 번 우리 온 가족을 하나님의 손에 맡겼다. 아버지는 주님의 종이었기 때문이다.

한국에서 임시 체류

6년 동안의 영국생활을 마치고 돌아온 우리 가족은 마치 안식년을 맞이한 것 같았다. 나는 다행히도 영국에서의 학업을 바탕으로 숙명여고에 편입할 수 있었다. 그러나 한국어로 말하고, 쓰고, 공부하는 것이 편하지 않은 상태인 딸들을 보며, 아버지는 한국 교육시스템 안에서 치열한 경쟁에 봉착한 딸들이 너무 안쓰러웠을 것 같다. 우리에게는 문화적 충격이 있었다. 한국의 전통문화와 교육적 시스템을 넘어 일찍 유럽 문화를 접하게 된 우리 가족이 살고 있는 삶에는 특별한 것이 있다는 것을 내 친구와 학교 선생님들까지 알고 있을 정도였다. 그래서 아버지는 더욱더 자녀들을 위해 기도했을 것이다. 다행히도 영국 학업진도가 한국 교과 과정보다 앞서 있었다. 숙명여고 2학년 내 친구들이 나에게 화학을 공부하러 우리 집에 오곤 했었고, 나는 영국 역사 대비 비교 관점에서 본 한국 역사에 너무 매료되었다.

사탄의 역사 폭로, 그리고 하나님의 끊을 수 없는 사랑

하나님께서는 1999년 말에 아버지를 캐나다로 부르셨다. 한 교회사역을 넘어 한인 목회와 세계선교의 비전을 가지고 청빙된 교회에 도착했다. 그러나 캐나다 교회는 사탄의 공격을 받아 교회가 이미 두 그룹으로 나뉘어 있었고, 각 그룹은 자신의 그룹을 위해 교회 건물을 점유하려고 온갖 거짓과 잔꾀와 계략을 펼쳤다. 교권이 자신의 취향을 가진 목사를 통해 당시 제일 큰 교회와 교회 건물을 장악할 기회를 찾고자 하는 정치적 힘을 활용하는 것을 보았을 때가 나의 인생에서 참으로 불행하고 가슴 아픈 시간이었다.

캐나다에 어떠한 연고도 없이 주님의 뜻을 따라 목회에 임한 부모님이, 교회의 다툼과 법적 분쟁, 영적 혼란 속에서 맡기신 사역에 대한 하나님의 부르심에 응답하여 아무런 법적 대항을 하지 않고 그저 묵묵히 하나님의 지시를 따르고 순종하는 것을 나는 보았다. 하나님은 우리 가족 모두가 모든 성도에게 하나님의 은혜가 임하여 상한 마음이 치유되길 끊임없이 기도하게 하셨다. 당시 Walnut Grove Secondary School 11학년이였던 나는 남자친구를 사귀거나 공부나 성적에 대해 불평할 여유가 없었다. 12학년 졸업반이 되서도 매순간이 너무 소중하고 감사했다. 아버지가 교권의 핍박을 받는 것을 보고 나는 간절히 하나님께 기도하며 로마서 8장을 통해 하나님의 위로를 전달하는 편지를 아버지 컴퓨터 모니터에 적어 놓았다.

"우리가 알거니와 하나님을 사랑하는 자 곧 그 뜻대로
부르심을 입은 자들에게는 모든 것이 합력하여 선을 이루느니라 …
누가 우리를 그리스도의 사랑에서 끊으리요
환난이나 곤고나 핍박이나 기근이나 적신이나 위험이나 칼이랴.
그러나 이 모든 일에 우리를 사랑하시는 이로 말미암아 우리가 넉넉히 이기느니라.
내가 확신하노니 사망이나 생명이나 천사들이나 권세자들이나
현재 일이나 장래 일이나 능력이나, 높음이나 깊음이나
다른 아무 피조물이라도 우리를 우리 주 그리스도 예수 안에 있는
하나님의 사랑에서 끊을 수 없으리라." (로마서 8:28, 31-39)

우리에 대한 하나님의 사랑은 영원부터 영원까지 영원하다. 문이 닫 힌다면 주님은 또 다른 문을 열고 계시는데, 이번에는 우리 가문의 모든 후손을 위한 세계복음화의 문이었다.

세계복음화를 위한 시대적 전도자 류광수 목사와의 만남

그날은 토템 기둥, 회색 곰, 마약, 카지노에 사로잡힌 땅, 미래가 없 는 그 땅의 흑암을 무너뜨리는 밝은 날이었다. 부모님은 한국에서 섬기던 교회의 집사였던 가까운 가족 지인으로부터 워싱턴 D.C. 전 도집회로 초대되었다. 그 집사님은 우리 가족이 한국을 떠난 이후에 겪었던 자신의 삶의 이야기를 들려주었고, 해결 불가능해 보이는 가 정문제로 인해 목숨을 끊을 뻔했던 집사님은 류광수 목사를 통해 그 리스도가 유일한 답이라는 메시지를 전해 들었다고 한다. 이제 전도 사가 된 집사님은 아름다운 두 딸들을 언약 안에서 결혼시켰고, 한 국에 있을 때부터 끝날 수 없을 것 같던 불가능한 저주가 끊어지며 그리스도 안에 뿌리를 내리게 된 간증을 해 주었다. 그 당시 교권을 통해 사탄의 흑암 역사를 보신 부모님은, 그때 워싱턴전도집회에서

말씀을 전한 류광수 목사와의 만남을 통해 선명하고 확실한 복음과 사탄의 영적 실체와 실제 활동을 확인했고, 오직 그리스도만이 해답임을 확신하게 되었다. 부모님은 그동안 우리 가족을 휩쓸었던 공격과 박해로부터 완전히 해방된 것을 감사해했다. 그 당시 부모님은 매일 류 목사의 메시지 테이프를 들으시며 선명한 복음에 깊이 뿌리내리시고 오직 복음만을 위해, 세계복음화를 위해 살기로 결단 내렸다. 또한, 류 목사를 공격하는 교권의 이단시비에 대해 아버지는 "류광수 목사님이 이단은 무슨 이단, 복음 백단은 되시겠네!" 라고 말씀하신 기억이 지금도 생생하다. 이렇게 우리 가족 모두는 매일 류 목사의 메시지를 들으며 하나님의 한없는 은혜 속에서 복음을 깊이 누리게 되었다.

하나님께서 모든 것을 알고 계시고 오직 그리스도께서 참 왕으로, 참 선지자로, 참 제사장으로 통치하신다는 확실한 사실 때문에 우리에게는 부족함이 없었다. 교회에 남아있는 사람들은 아버지의 복음 메시지를 듣고 기뻐하며 감사가 끊이지 않았다. 부모님은 일주일 내내 복음운동을 멈추지 않았고, 영어를 사용하는 교인들을 위해 나는 아버지의 메시지를 영어로 통역하기 시작했다. 캐나다 이민자 어린이, 청소년, 청년, 성도, 사명자들이 감격하며 기쁨으로 복음을 들었다.

2001년 여름, 하나님께서는 우리 가족을 한국 부산에서의 1차합숙훈련으로 인도하셨다. 비행기에서, 길에서, 버스에서, 택시에서, 기차역에서, 친척이나 낯선 사람들이든 상관없이 하나님께서는 부모님이 한국에서 만난 사람에게 복음을 전할 수 있는 문을 열어 주셨다. 특히 초등학생이었던 여동생은 외할머니 댁에 머물며 "예수님은 그리스도이시며 사탄의 머리를 깨뜨리셨어요."라며, 창세기 3장 15절의 원복음(the Original Gospel)을 선포하기도 했다. 당시 고등학생이던 나는, 우리 가족의 모든 슬픔을 춤을 출 만큼의 기쁨으로 바꾸어 놓은 복음 메시지를 듣고 너무 감사했다.

"주께서 나의 슬픔을 변하여 춤이 되게 하시며 나의 베옷을 벗기고
기쁨으로 띠 띠우셨나이다" (시편 30:11)

WRC와 1차합숙훈련은 내 마음에 큰 영향을 주었다. 나는 렘넌트 운동이 일어나는 곳으로 가기를 원하게 되었다. 캐나다 브리티시 컬럼비아 대학 신입생으로 첫 학기를 시작하면서, 세계복음화에 대한 용기와 깊은 갈망을 갖게 된 내 마음 속에는 새로운 예수 생명의 능력이 솟아올랐고, 그곳에서 나는 하나님이 주시는 만남의 축복과, 전도의 문을 하나님께서 여신다는 것을 경험하게 되었다. 시대적 전도자 류광수 목사와의 만남은 우리 가정에 너무나도 큰 축복이다.

"주께서 가라사대 가라 이 사람은 내 이름을 이방인과 임금들과
이스라엘 자손들 앞에 전하기 위하여 택한 나의 그릇이라." (사도행전 9:15)

이 시대의 로마제국인 강대국 미국으로 인도하신 하나님

하나님의 소명과 사명은 우리 가족이 주님의 완전한 계획에 따라 다시 한번 이동을 하게 하셨다. 우리의 기도에 응답으로 역사하신 하나님은 우리 가족을 다음 선교지인 미국으로 인도하셨다.
2001년 추수 감사절 주간이었다. 캐나다에서 복음운동을 반대하는

사람들과 악의적인 교권 정치에 사로 잡힌 사람들은 우리 가족에 대해 이민국에 거짓 보고를 했다. 복음을 거역하고 사탄의 심부름을 하는 사람들의 악행이 끝이 없는 것처럼 보였다. 그러나 그 시간은 사도 바울의 선교팀이 기도했던 것처럼 우리 가족의 드로아의 밤이었다. 우리는 하나님의 은혜와 계획을 구하기 위해 무릎을 꿇었다. 아버지는 복음을 갈망하는 교인들과 헤어지게 되어 많이 아쉬워했다. 그러나 아버지는 우리 하나님께서 친히 세계복음화를 위해 주의 백성들을 푸른 초장과 쉴 만한 물가로 인도하시는 목자가 되실 것이라고 그리스도 안에서 확신을 가지고 그들을 격려했다. 하나님께서 마케도니아로 가는 문을 열어 주셨듯이, 하나님께서 남쪽으로 선교의 문을 열어 주셨다. 우리 가족은 미국 캘리포니아로 날아갔다.

"가족 모두 함께 여행하십니까? 어디 가세요?" 출입국 관리관이 물었다. "예, 가족과 함께요." 아버지는 진지하게 대답했다. "행복한 추수 감사절 되세요!" 2001년 11월 23일, 출입국 관리관의 배웅과 함께 우리 가족은 미국 캘리포니아 천사의 도시, LA에 도착하였다. 하나님께서는 우리 가족에게 이 시대의 로마를 보고 그리스도를 증거 할 수 있는 문을 열어 주셨다.

"이 일이 다 된 후 바울이 마게도냐와 아가야로 다녀서 예루살렘에 가기를 경영하여 가로되 내가 거기 갔다가 후에 로마도 보아야 하리라 하고" (사도행전 19:21)

미국에서의 삶은 오직 그리스도께서 주인 되심을 개인화하고, 성령의 역사로 이루어지는 전도를 경험하고, 복음운동을 위해 목숨을 걸었던 헌신적인 일꾼과 제자들을 만나는 여정이었다. 우리 가정에서도 치유의 역사, 변화, 영적 성장, 믿음의 성숙, 그리고 사탄의 오래된 올무와 요새가 산산이 부서지는 것을 보았다.

하나님께서는 사탄이 사람들과 환경을 통해 아무리 함정과 시련으로 속이려 할지라도 우리 가족이 복음으로 깊이 들어갈 수 있는 중요한 문을 열어 주셨다. 처음에는 이유를 모른 채 홀로 있는 경험이 참으로 하나님의 은혜였다. 이제 나는 알게 되었다. 우리를 홀로 두시며 오직 하나님만을 구하도록 훈계하시는 것이 하나님의 참 사랑이라는 것을…. 아무도 도와줄 사람이 없었고 "복음이 없기 때문"이라는 경멸적인 비판 외에 우리를 도와주는 사람은 없었다. 한편으로 다락방 안에 있는 사람들은 우리 가족이 다락방 사역에 있지 않다고 터무니 없는 비판을 하고, 다락방 밖에 있는 사람들은 우리를 다락방 사역에 있다고 비난했다. 그러나 하나님은 우리의 중심을 아시며 변함없는 사랑으로 우리를 오직 유일한 복음운동과 언약의 여정으로 인도하셨다.

사람들이 쏟아낸 모든 비판, 소문에도 불구하고 하나님은 우리를 언약 안에 두시고 불신앙자들로부터 보호하셨다. 우리 가족을 하나님의 권능의 손으로 꼭 안아 주셨기에 우리는 주님의 말씀에 집중하며 모든 불신앙의 소음과 소란스러운 소리가 소거되는 은혜를 누리게 되었다. 우리의 시선은 오직 예수님만을 바라보았고, 주님은 아메리칸 드림을 찾아 초강대국 미국에 살고 있는 237 나라의 민족 및 언어 종족의 죽어가는 현장을 보여주셨다. 5천 미전도종족을 살리는 것, 세계복음화라는 하나님의 비전으로 그들을 살리는 것이 우리의 미션이었다.

오직 그리스도만이 유일한 해답인 가장 복된 소식, 이 복음이 전세계에 증거되도록 하나님의 언약은 변함이 없으시다. 하나님께서는 부모님이 하나님의 마음에 합하여 언약 안에 있게 하시며 전도운동 속에서 조용히 하나님의 인도를 누리게 하셨다.

복음운동의 플랫폼 - 희망교회의 사역

하나님은 2002년에 희망교회를 아버지께 맡기셨고, 희망교회는 마약 중독, 도박, 술의 족쇄에 갇힌 미국의 후대와 가정이 해방되게 하는 플랫폼, 무너진 가정과 후대들이 사탄이 할퀸 쓰라린 상처에서 치유받게 하는 플랫폼, 5천 미전도종족 다민족에게 복음을 증거하는 플랫폼이 되게 하셨다. 폭력, 자살, 동성애, 정신문제, 마음, 생각 및 영혼에 상처를 남긴 끝이 보이지 않는 영적문제가 미국과 사회와 많은 민족을 뒤덮고 있었다. 그러나 비록 숫자는 적었지만, 이런 미국 땅에서 하나님께서 우리에게 끊임없이 보여주신 일관된 응답은, 오직 예수님이 십자가에서 모든 문제를 해결하신 그리스도라는 복음을 선포하는 말씀 운동이었다. 그리고 우리는 터키, 루마니아, 대만, 중국, 일본, 브라질, 독일, 필리핀, 베트남, 히스패닉, 이란, 가나, 미국 현지인 및 기타 여러 언어 및 민족과 다양한 국가와 문화 배경에서 온 사람들을 교회 플랫폼을 통해 만나게 되어 복음을 전하는 하나님의 축복을 누릴 수 있었다.

치유사역을 위한 언약의 여정

미국에서의 전도운동 중 가장 특별하게 기억나는 것은 캘리포니아 오렌지 카운티 애너하임 정신병원에서의 일이다. 교인 아들 중 한 명이 정신병으로 입원을 했고, 부모님은 매주 병원에 가서 복음을 전했다. 그 아들은 그다지 진전을 보이지 않았지만 부모님은 방문자로서 병원에 들어 갈 수 있었기 때문에 병원에 입원한 많은 환자들과 고통 속에 신음하는 가족들을 만나게 되었다. 그 병원에 주일예배를 마치고 가보면 환자들이 약에 취하여 눈에 힘이 빠진 채 우두커니 TV만 바라보고 있었다. 우리는 그 휴식 시간을 이용하여 휴식 공간인 홀에서 기타를 치며 찬양 캠프를 했다. 그때 미국 청년 Earl이라는 사람을 만나게 되었다. 이 백인 청년은 찬양을 따라 불렀고 아버지가 복음 메시지 구원의 길을 전하고 영접기도를 하면 나와서 영접기도를 따라했다. 매주 그는 달라 보였다. 복음 메시지가 선포될 때마다 그는 고개를 끄덕이면서 많은 진전을 보였다. 우리는 이렇게 매주 함께 하나님을 찬양하였고, 아버지는 구원의 길을 선포했다. 그러자 환자들을 비롯하여 의사와 간호사들도 하나둘씩 참석하며 그리스도 예수를 구원의 주인으로 영접하게 되었다. 매주 점점 더 많은 새로운 환자들이 우리 찬양 캠프에 와서 예배를 드렸다. 몇 달 후, 몽롱한 상태였던 병든 환자 미국인 청년 Earl은 정신을 되찾게 되었다. 하나님은 이렇게 좋으신 분이시다. 우리를 치유하시고 살리시는 창조주 이시며 구원의 하나님이시다. 우리가 하나님을 찬양할 때 귀신은 도망가며 오직 그리스도 이름 앞에 사탄은 무릎을 꿇게 된다. 할렐루야! 긍휼하신 하나님은 Earl을 치유하셨다. 그는 곧 퇴원했고, 우리 교회에도 정착하게 되었으며, 기타 연주로 하나님을 찬양하게 되었다. 나중에 그의 집에 부모님이 초대되어 방문했을 때, 부모님은 Earl의 어머니가 더 심각한 영적 문제를 가지고 있음을 알게 되었다. 그의 어머니는 복음에 응답하지 않았지만, 가정의 한 사람이 그리스도를 영접했을 때 가문의 영적 저주가 어떻게 끊어지는지를 하나님께서는 보게 하셨다.

또 기억나는 환자가 있다. 10대 혹은 20대 초반으로 보였던 한 소녀가 환청을 앓고 있었다. 왜 입원했는지 물었을 때, 그 소녀는 죽으라는 목소리를 계속 들었기 때문에 자살 충동이 있었다고 손목을 감은 붕대를 보여주며 말했다. 나는 그녀의 손을 잡고, '우리와 함께 찬양하고, 복음 메시지를 들어보라'고 초대했다. 그녀는 영접기도를 따라 했고, 예배가 끝난 후 나는 그녀에게 다가가서 어땠는지 물었다. 그녀는 안정되며 평안한 목소리로 "더 이상 그 목소리가 들리지 않아요!"라고 하나님의 은혜에 놀라워했다. 할렐루야! 구원의 주님을 찬양합니다! 그는 선하고 그의 사랑은 영원합니다!

간호사들은 찬양 예배에 온 환자들의 변화를 알아차렸다. 어느 날 복음을 반대하는 불신자 의사가 우리가 병원에 오는 것을 금지하겠다고 하는 소식을 한 간호사가 전달해 주었다. 그 간호사는 그동안 우리와 함께 복음 메시지와 찬양과 예배에 함께하며 항상 힘을 얻는다고 기뻐했던 간호사였다. 복음만 들으면 살아날 환자들인데, 우리는 너무나 안타까웠다. 하나님은 우리에게 이렇게 미국의 영적 상태를 보여주셨고, 미국을 살리는 유일한 방법을 보여주셨다. 그것은 성령 하나님께서 역사하셔서 귀신을 쫓아내고 하나님의 나라가 임하는 것이었다. 하나님은 우리에게, 예수가 그리스도이심을 믿고 영접한 모든 자들에게 구원과 치유를 주시는 복음의 능력을 미리 보게 해 주셨다.

할리우드 캠프 Hollywood Camp

아버지와 함께 했던 사역 중에 또 기억에 남는 것은 할리우드 전도캠프다. 한국 본부 찬양팀이 와서 견인 트럭 두 대를 연결하고 Avenue of Stars 할리우드 거리에서 찬양캠프를 진행했다. 사탄 마귀 어둠의 세력을 무너뜨리고 귀신들을 쫓아내는 찬양을 부르는 동안 우리는 그리스도의 빛을 비추고 지나가는 사람들에게 복음을 전했다. 이 사람들 중 일부는 그리스도를 영접했을 때 감격하며 눈물을 흘리기도 했다. 그 지역은 점술사, 사이언톨로지 롯지, 그리고 록앤롤을 외치는 헤비메탈 음악이 있는, 타락과 우상의 거리였다. 그럼에도 불구하고 한 가지 확실한 것은, 할리우드조차도 생명의 복음을 막을 수 없다는 것이다.

서밋을 향한 언약의 여정

나는 전도자인 아버지와 함께 하는 삶의 여정을 통해 하나님의 자녀의 소중한 삶에는 결코 우연이 없다는 것을 알게 되었다. 우리가 그리스도를 만난 바로 그 시점조차도 하나님의 영원한 계획과 절대주권 속에 있으며, 그것은 하나님께서 성취하시고 앞으로 우리의 삶을 통해 영광 받으실 하나님의 천명을 미리 보게 하시는 예표인 것이다. 아버지는 서울대학교에 다닐 때 그리스도를 만났고, 대학 복음화를 위해 제자를 키우려는 언약적 한을 가지고 있다. 내가 미국에 오자마자 UCLA 대학에 들어가기 전, 캘리포니아 오렌지 카운티 지역에 있는 커뮤니티 칼리지인 Cypress College에 다니고 있을 때, 아버지는 매주 캠퍼스에 오셔서 학생들과 교직원들에게 복음을 전했다. 이곳에서 나는 내 인생의 첫 전도의 열매를 경험했다. 사도 바울이 빌립보 지역에 갔을 때 기도처를 찾던 중 제자 루디아를 만났던 것처럼, 우리가 캠퍼스에서 기도할 곳을 찾았을 때 강당이든 학교 로비든 도서관의 공부방이든, 또는 심지어 식당 밖에 있는 테이블에서도, 하나님께서는 대만의 그레이스 린, 베트남의 두이, 필리핀계 미국인 마크 베이탄 등 다양한 인종과 언어 배경에서 예수를 그리스도로 영접하기 위해 온 많은 사람들의 마음을 열어 주셨다. 또한 캠퍼스에 전도하러 온 CCC나 갈보리 채플 교회의 전도자들을 만나, 만남의 축복을 누리며, 함께 하나님을 찬양하고 하나님께 영광을 돌리고, 하나님 나라의 확장을 위해 서로를 격려하고 축복했다. 안타깝게도 성경에서 볼 수 있듯이 대학 현장에는 미국의 몰몬교, 여호와의 증인은 물론 한국의 신천지 등 많은 이단들과 이미 다양한 이데올로기, 철학, 종교가 후대를 사로잡고 있었으며, 그들에게 어두움과 혼란을 주고 있었다. 아버지는 때로는 신학적으로 변증

하며 그들이 후대들을 속이지 못하도록 했고, 오직 구원의 유일한 이름 예수 그리스도의 당위성을 담대히 증거했다.

하나님께서는 캠퍼스에서 만나게 된 제자들을 로마서 16장의 만남처럼 전도자의 보호자, 동역자, 식주인으로 준비하셨다. 필리핀계 마크 베이탄은 Cypress College의 반 친구 중 한 명이었다. 그는 로마 가톨릭 교회에서 헌신하며 한때는 신부가 되기를 기도했었다며 복음을 듣고 싶어했다. 마크는 그리스도를 영접한 후 진심으로 하나님의 말씀을 따랐고 전심으로 하나님을 경배했고, UCI 대학 전도집회에 참석하며 랩으로 찬양 부르며 대표기도까지 하는 믿음의 진전을 보였다. 하나님께서는 그에게 많은 응답을 주셨다. 그는 지금까지도 줌 온라인을 통해 주일 예배에도 함께 참여하여 드릴 만큼 복음운동의 일꾼이요 희망교회에 충성된 그리스도의 제자다.

내가 UCLA 4학년때 언니는 영국 런던대학을 졸업하여 디자이너로 활동하였으며 동생은 애니메이션으로 잘 알려진 Walt Disney가 세운 California Institute of the Arts(CalArts)에 새내기로 입학을 하였다. 언니와 동생은 문화복음화를 위해 기도하는 렘넌트 동역자가 되었다. 아버지는 두 캠퍼스를 오가며 기도하고 복음을 전했다. 많은 학생과 교직원들이 그리스도를 믿게 되었다. 언젠가 천국에서 모두를 만나게 되면, 아버지도 생명의 면류관이 될 귀한 다민족 제자들을 보며 기뻐할 것이라 확신한다.

아버지는 대학생들이 싸워야 할 영적전쟁이 세계관이라고 말했다. 어릴 때 교회를 다녔던 많은 사람들이 대학에 가서는 복음과 반대되는 세계관에 노출된 후 결국 교회를 떠나게 되는 모습을 현장에서 많이 보게 되었다. 복음과 성경이 우리의 세계관으로 장착되지 않는 한, 우리는 자신과 다른 사람들과 세계와 과거, 현재, 미래, 우리를 둘러싼 모든 환경과 상황, 알려진 것과 알려지지 않은 것을 사탄의 12가지 문제적 세계관을 통해 바라볼 수밖에 없다. 창세기 3장(하나님을 떠나 사탄이 주인된 자기 중심적 삶), 6장(악령으로 접신된 네피림), 11장(세속적 욕망에 의해 틀린 가짜 성공의 노예된 삶)의 원죄와, 사도행전 13장, 16장, 19장에 나타난 세상의 악한 관습과 문화, 이데올로기와 가치, 그리고 불신자의 상태를 대학현장에서 보며, 아버지는 오직 복음과 성경의 말씀이 나의 세계관이 되도록 끊임없이 알려주었고 하나님의 형상이 세계관이 되도록 항상 도와주었다. 또한 아버지는 기도수첩 학원복음화 메시지 개요인 구약성경 각 권을 연재로 기고했고, 렘넌트들이 복음 세계관을 가지고 각 성경의 책마다 흐르는 언약의 흐름을 미리 보며 붙잡을 수 있기를 간절히 기도했다. 그 결과 하나님께서는 나를 복음 중심의 성경적 세계관과 가치관으로 법을 공부할 수 있도록 UCLA 정치학과 경제학을 전공한 후, 트리니티 로스쿨에 갈 수 있도록 인도하셨다. 나의 천명과 CVDIP(언약, 비전, 꿈, 이미지, 작품)는 하나님의 나라를 위한 복음운동을 위해 후대에게 언약을 전달하는 것이다.

하나님께서는 아버지를 미국 주류사회에서 성공한 엘리트 전문인들과 만나게 하셨다. 멕시코 남미 등 의료 선교에 대한 소중한 열정을 가진 PK 의료 전문인이 연결되었고, LA 코리아 타운에서 큰 병원을 하고 있는 원장 Andrew 의사는 복음과 말씀에 목말라 했다. 하나님은 우리의 모든 만남을 주관하고 계신다. 아버지는 매주 그를 만나 언약의 비밀을 전했고 그 병원에 근무하는 모든 의료진들에게도 생명의 복음을 전했다. 하나님께서는 그에게 은혜를 부어 주셨고 그 후 매주 토요일마다 계속해서 온 가족이 복음을 들을 수 있도록 그 분의 아내와 자녀들의 마음을 열어 주셨다. 연결된 청소년 학생들은 부유하고 교육열이 높은 Harvard-Westlake고등학교에 다녔다. 하나님께서는 그들의 삶의 이유와 목적이 복음안에서 새롭게 재창조될 수 있도록 지적이며 도전적인 질문을 할 수 있는 지혜를 주셨다. 학업 성취도가 높은 청소년들이 주말에 성경 공부 다락방에 와서 점점 예수가 그리스도라고 고백하며 변하기 시작했다. 청소년들이 대학에 가기 전에 오직 복음이 각인되기를 간절히 기도하며, 이들의 삶의 여정 중 어디에 있든 그리스도께서 주인 되심에 집중하기를 나는 기도한다. 아버지의 사역을 통해 나는 세상의 업적이나 부에 관계없이 우리 모두는 오직 그리스도 예수님이 필요하다는 것을 더욱 더 깨닫게 되었다. 하나님과 분리되어 원죄와 저주 상태에 빠진 인류는 지옥의 배경과 재앙, 사탄의 통제 아래 근본적인 문제로부터 그 누구도 스스로 빠져나올 수 없으나 예수님이 사탄의 일을 멸하셔서 우리를 지옥 멸망의 운명에서 해방시켜 주셨다. 월요일마다 병원 전체 의사들과 간호사들이 모여 복음을 듣고 마음과 생각과 그들의 가정까지도 치유되었다. 복음을 들은 사람들은 한결같이 모두 살아났다. 그리고 또 다른 이들에게 복음을 전하기 원했다.

마약 중독자 치유 사역

한편으로 아버지의 영혼 사랑에 대한 사역은 다양하고 더욱 깊어만 갔다. LA Orange County Buena Park에서 마약에 빠진 한인 청년을 만나게 되면서 중독자 사역을 시작했다. 마약·알코올·도박 중독자, 갱, 그리고 성매매 여성들에게 치유와 전도사역을 했다. 많은 형제들이 예수는 그리스도 복음을 듣고 치유받아 회복되고 살아났다. 그들은 한결같이 예수께서 그리스도이심을 고백하고 하나님을 찬양하며 성령 하나님의 인도하심을 받기 시작했다. 안타깝게도 그 중에는 목회자의 자녀들도 있었다. 그들은 지금은 모두 정상적인 생활을 하며 믿음생활을 잘 하고 있다. 아버지는 이것을 참으로 큰 보람을 느끼게 하는 사역이었다고 말한다.

아버지는 LA 가든그로브 한인회 정치인들에게도 복음을 전하며 기성 한인 사회와 2세들을 통해 미국 주류 사회와 미국에 온 다민족 후대들에게 언약이 전달되는 기도를 끊임없이 했다.

"주는 그리스도시요 살아계신 하나님의 아들이시니다." (마태복음 16:16)
그리스도는 하나님 만나는 길이 되십니다 (요한복음 14:6)
그리스도는 죄와 저주에서의 해방을 주셨습니다 (로마서 8:2)
그리스도는 사탄을 이기는 권세와 승리를 주셨습니다 (요한일서 3:8)

그리고. 5천 미전도종족 복음화를 향한 언약의 여정

"현희야, 하나님의 불가항력적인 은혜의 창공을 향해 독수리처럼 날개를 펴서 마음껏 날아오르면 된다." 아버지는 내가 움츠러들 때마다 항상 이렇게 말하며 복음의 본질을 심어 주었다. 종교는 나의 열심이지만, 복음은 나의 노력과 내 힘과 뜻이 아닌 하나님께서 은혜로 주신 그리스도를 믿음으로 주신 사명을 다할 때까지 주의 권능으로 살아가는 것임을.

세계복음화의 센터 한국으로 귀국

COVID-19 코로나 바이러스 전염병이 미국을 휩쓸자, 하나님께서는 아버지를 한국으로 부르셨다. 237, 치유, 서밋을 위한 아버지의 언약의 여정은 현재 진행 중이다. 아버지는 미국에 있을 때 AUC, RU, 미주 총신에서 강의했던 것처럼, 현재 인도와 파키스탄의 현지인 목사들과 제자들에게 줌을 통해 온라인으로 조직 신학을 가르치며 복음을 전하고 있다. 영어로 현지 언어로 통역하며 강의를 하는데, 5천 미전도종족 복음화를 향한 성령의 역사는 아무도 막을 수 없다. 또한 대한민국에 하나님의 나라가 회복되기를 기도하는 서울대 트루스포럼 팀과 연결되어 독실한 크리스천 대학생들에게 말씀을 전하고 있다.

이제 아버지의 머리카락은 하얀 눈처럼 변하고 있다. 아버지에게는 식물 살리기, 키우기 취미도 있다. 어떤 식물이든 생명이 있으면, 다 죽어가는 것처럼 보이는 식물까지도 기어코 살려낸다. '아버지는 정말 생명을 사랑하는 분이시구나!' 더욱 더 깨닫게 된다. 한편으로는, '아버지께서 연세가 들어가시는구나' 하는 것도 새삼 느끼게 된다. 그럼에도 불구하고, 나는 아버지의 전도자의 삶을 통해, 복음에 대한 하나님의 새로운 힘과, 열정과, 변함 없으신 절대적 사랑을 본다. 인생의 여정에는 명확한 방향과 목적지가 있다. 복음을 거부하는 자들에게는 사탄과 함께 지옥으로 끌려가는 고통스러운 운명이 기다리고 있다. 복음을 받은 하나님의 자녀들에게는 우리 주 예수님이 이끄는 천국행 여행으로의 언약의 여정이 기다리고 있다.

하나님의 절대 주권 속에서 우리의 소중한 믿음의 선조들을 통해 일어나는 성경적 전도의 성취를 보는 것은 너무나도 놀랍다. 성삼위 하나님께서 우리 아버지와 어머니와 함께 하셨고, 나와 함께 하시는 것처럼, 우리의 후손과, 후대와 남은 자들과 함께 하시기를, 우리와 우리 후손, 모든 남은 자들이 그리스도의 재림 때까지 더욱 더 오직 예수 그리스도만 믿고 따르고 순종하며 경배하고 예수가 그리스도임을 증거하기를 기도한다.

> "예수께서 나아와 일러 가라사대 하늘과 땅의 모든 권세를 내게 주셨으니
> 그러므로 너희는 가서 모든 족속으로 제자를 삼아 아버지와 아들과
> 성령의 이름으로 세례를 주고 내가 너희에게 분부한 모든 것을 가르쳐
> 지키게 하라 볼찌어다 내가 세상 끝날까지 너희와 항상 함께 있으리라 하시니라."
> (마태복음 28:18-20)

The Story of My Father, a Servant of Christ

"Saved by grace, living by faith, and triumphant by mission"

In all my memories my father has always been an evangelist with a passion for the gospel. Even to this day, when we ride a taxi, visit a park, or go to the grocery market together, he always seeks for evangelism opportunities, and anyone who encounters or talks to him recognizes that he is a pastor or someone who is specially "set-apart." As a child, I used to feel so embarrassed whenever I saw him sharing the gospel to a park ranger, a restaurant owner, a barber, a cashier, a security guard, and even to my grade school homeroom teacher. Now that I have journeyed with him for all these years as his middle daughter, I am greatly honored and I also feel greatly privileged to leave a record of this small story about my father, who is living for God's calling and striving toward His mission even though there is little recognition from the world. This story is about my father, my beloved Dad, a servant of Christ, who loves the gospel timelessly and increasingly, and is always delighted to share Jesus whom he reveres as his Lord.

A Servant of Christ, Set Apart Before the Time of Creation

My father was born as the youngest child of a quite wealthy family in Jongro, Seoul. Both of his parents, (who are my grandparents of course), came from affluent and highly educated backgrounds, and they raised their children as educators, entrepreneurs, and a pastor. However, because he was born in less than a month after the outbreak of the Korean War, he was not able to enjoy any of the comfortable living that his older siblings enjoyed before the war. Everything was in chaos. It was in a complete state of panic and terror. Korea needed, once again, God's mercy. I picture my father who was an infant, a newborn baby, crying in his mother's bosom as bombs explode with a terrifying roar. I feel tearful and have compassion toward him who was so vulnerable, yet within God's perfect protection. Everyone rushed to evacuate their homes in panic. They barely packed their belongings while carrying their infant children on their back, holding the hands of their toddlers, and gently hurrying them to walk, although it might have been only a month or two their little feet and legs learned to do so in order to leave the homes as soon as possible before the North Korean army occupied Seoul. The Han River bridge was destroyed by massive air raids, and my father's family had to hide from the eyes of the communist army until the restoration of Seoul on September 28th by General MacArthur's landing operation in Incheon. While my father's whole family was hiding under the manhole, a communist soldier saw them. The soldier was someone who used to work at my grandfather's company, and once he recognized my grandfather, he immediately helped my father's family to escape the place safely. The whole family passed pitfalls several times and met with heart-dropping moments of death one after another. Notwithstanding the foregoing, God delivered the whole family from the unprecedent perils. My father had already experienced God's grace earlier on in his life, and his whole family went on a long-distant refuge. While I had the privilege of growing up listening to the gospel, praises, prayers, Bible stories, and God's Word, my father had to experience the hellish childhood trampled by war without any fault of his own because that was the spiritual state of Korea. It was a desolate land, a land of resentment and wounds that had deeply settled with poverty and ideological division for many years under the Japanese occupation, shamanism, and idolatry.

"Claire, when you think you have no choice, remember that it's because God has all of the choices in His hand." My father always told me not to despair just because I could not see a way. As a teenager I was filled with many questions and frustrations, as well as hopeful dreams for aspiration. In hindsight, I am grateful because that was exactly what was happening. His words were right: God had all the choices in His hand to save Korea, my father, my family, and even me. I was born as a middle child, and my father is genuinely proud of living inside a flower garden, which is referring to my mother, my older sister, my little sister, and hopefully, me as well. However, when I was born, which means now there is another daughter in the family, my paternal grandmother who preferred a son according to Confucius' beliefs and values, did not particularly appreciate nor welcome me into the family. Never once have I ever felt that I was less important because I was a girl or a second child. My parents, especially my father, always enlightened us with the gospel that we are God's precious daughters bought and saved by the blood of Jesus Christ, and that nothing was impossible for God's children.

My father was a full-time educational assistant pastor at Choonghyun Church and a resident ministering pastor at the prayer retreat center run by the church while he was attending the graduate school seminary of the General Assembly Chongshin University and teaching Hebrew as an instructor at the Korean Theological Seminary. Although my father was wearing many hats with little monetary compensation as a student and an assistant pastor, he had resilient faith in God that He will take care of his family. When my mother was pregnant and having me in her womb, she could not afford to buying anything nutritious for her due to the financial difficulties as a pastor's wife. And I was born very weak. I almost had to be put into the incubator and intensive care. My parents prayed earnestly with tears, and God strengthened me day by day. Living in the prayer retreat center, my first birthday celebration was with a big crowd of prayer warriors and their blessings. I was able to grow healthy in spirit and body while having so much fun just as a young Remnant Samuel in the Bible who lay next to the ark of the covenant and grew up in God's temple. I was nurtured and raised by the Word of God and the praise and prayers of the saints as well as beautiful sunshine and nature which are all God's creation in the countryside of Gwangju, Gyeonggi-province.

Father's Love Story

I usually don't get to hear my father's childhood stories directly from him. Most of the time, I hear stories that were replayed so vividly and excitingly through my mother. In retrospect, I can now understand that as a very caring (and perhaps a bit overly protective, from the eyes of a teenager) father of three daughters, he must have been incredibly careful and selective about his upbringing stories which may inadvertently cause negative impact on us. He, however, does not hesitate to forum about all the matters and even scars with my mother. There is something extraordinarily special about the partnership and bond between my parents, which I am yet to learn with my future husband. They have a deep loving care for each other although their love is expressed not as romantic as I see in K-dramas. They met as faithful Christians while pursuing God-given career in the world. My mother was a journalist for a business and economics journal. At that time, she had to conduct an interview with a director of a successful pharmaceutical company in Myeong-dong and write a news article about a new pharmaceutical product the company made. My father was working there as a highly promising employee who assisted the director with providing information and data my mother requested in support of writing the article.

"Do you believe in Jesus? I would like to introduce you to Jesus if you haven't met Him yet."

My mother, who was a beautiful, smart, and sophisticated journalist professional, kindly thanked my father with the heart of Christ for preparing the article information. She hoped that this energetic and passionate young man, who was well-built in stature from playing college American football at Seoul National University, would find true life and happiness in the joy of salvation by believing in Jesus Christ. My father, who was already a believer of Jesus and attending church and serving as the president of the young adult department, was in awe to have met a woman he could not even dream about. At that time, my father led the Bible study with his colleagues by renting a conference room at YWCA near his company in Myeong-dong. And from then on, my mother became my father's best co-worker in his field ministry, and they were a great joy for each other.

Whenever people ask my father how he met his wife, he proudly and gratefully shares this anecdote of their first impression. He says that the moment he heard my mother sharing about Jesus Christ he immediately thought that "This is the woman!" and he wanted to marry her and realized right away at first sight that she was the one God had prepared for him. God was indeed their matchmaker! So, they boast that it was a predestined marriage arranged and prepared by Jesus. It is always interesting to hear the other side of the story. Unlike my father's dramatic and emotional story, my mother's version is slightly different. She said she had no interest in him except that she was praying to share the gospel through her vocation as most people in her career fell into many temptations, cultures, and ways of the world. She was an evangelist, and I hope God has given me such spiritual DNA as well.

A Wife of the Servant of Christ, Set Apart Before the Time of Creation

My mother met Jesus when she was in the fourth grade of elementary school. Bashfully and embarrassingly, she would tell us, her own daughters, that she used to tease her classmate before she received the gospel. She used to make fun of her friend who ironically was a pastor's kid that believed in "Father God." "How is that you have two fathers? How can there be another father?" My mother feels sorry that she was mean to her friend. One day, God knocked and opened her heart. At that time, she lived in Wonhyo-ro, Yongsan-gu, Seoul. Namsan was visible in the distance from her house, and she says that a church on the hillside of Namsan looked very beautiful and celestial. God gave her, although she was a young elementary school kid, a desire to go to church. In those days, churches were built in red bricks with a big cross on the rooftop that had a church bell underneath. She recalls the sound of the local church bell ringing each Sunday morning to announce the commencement of the Sunday worship service. It sparked her heart with an overwhelming yearning to go to church. It was God's total election and guidance. A ten-year-old girl, whose family was lost in idolatry, shamanism, and Buddhism, started to go to church by attending early morning prayer worship service every day. God planted a seed of the gospel within my mother's family through her and through her earnest and fervent prayers and worship in tears for the salvation of her family. My beloved maternal grandmother who is now in heaven with the Lord used to persecute my mother so severely and harshly. I remember clearly and deeply in my heart that my grandmother shed tears whenever she repentfully told me her story of meeting Jesus after scolding my mother in order to stop her from going to church. When I came to Korea in the summer of 2017 for the World Remnant Conference, I had the privilege of living together with my grandmother until the end of 2019 when the Lord God called her to move to live eternally with Him in heaven, our everlasting home. My grandmother told me many fun, exciting, and heartwarming stories of how she became Christian, after our prayer, praise, and Bible reading each night as we slept next to each other side my side holding hands in prayers:

In trembling and tearful voice, she often said,

"I regret persecuting your Mom. She never stopped telling me about Jesus every day. I was wrong to think that if I believed in Jesus, our family would be destroyed. Why did I do that to her... It's so good to believe in Jesus, it's so sweet and happy to believe in Jesus!"

This little girl, according to my grandmother, throughout elementary school, junior high school, and high school sang praises on the way to school, do excellently in school, joyfully walk home to save bus fare to give offerings to the Lord God for the Lord's Day worship. My mother humbly praises God that it was the work of the Holy Spirit who enabled her to live the life of faith and joy of bearing fruits of the gospel God had put in her soul.

My mother saw that only Christ was all she and her family needed. She enjoyed walking with Jesus every day, and it was her dream to share Jesus to her family, and she saw her family evangelization being fulfilled in advance as her vision. And as the next anecdote will tell, she saw the conquest of family evangelization in advance when she encountered a shaman woman who tried to befriend my grandmother and frequented their house.

It was a rainy day and though it was a usual summer shower that would cool off the heat of the summer noon, but flashing lightning and terrifying thunder in the daylight kept everyone inside their house in fear. That was particularly the case for the shaman. As soon as she heard the thunder and saw a strike of the lightning she crawled into my grandmother's apron and started shivering. As my mother walked into the gate of the house, returning from school early because it was Saturday (back in the days school classes were held on Saturday morning), she saw the absurd and pitiful scene and immediately ran out to their front porch and garden in thunder and lightning and shouted to the shaman, "What is scary? I'm not afraid of anything because I believe in God!" She boldly said to the shaman that unless the shaman believes in Jesus, the shaman would be bound by fate in hell for eternity and emphasized that the only way to be saved is by believing in Jesus. My mother was not afraid of the thunder or lightning because of her faith in Jesus, who saved her and made her a child of God, who is the Creator of thunders and lightning. After that event, the shaman became afraid of my mother, and every time the shaman saw my mother, the shaman ran away and no longer came to see my grandmother. That very year, my grandmother became a believer of Jesus Christ, and one after another the entire family was saved. Praise the Lord of salvation!

A Family of the Servant of Christ, Set Apart Before the Time of Creation

Although I took a quite a bit of a detour from my father's love story, I will now resume the love story of my parents. After all, it is so true that our spiritual state determines our lives. This heart-thrilling scene where my father hears about Jesus from my mother on their first encounter, and he recognizes that she is the one God prepared, I have no choice but to give thanks to God for calling me into this family and family line. My parents had no idea that they would go on this path of a pastor and pastor's wife, but because they loved each other so much in Christ, they could understand each other deeply and follow God's calling and absolute plan as missionaries. I am just left in awe and speechless whenever I think about God's absolute plan in His absolute sovereignty. My parents started dating and sharing faith in Jesus shortly thereafter by attending evening worship services at Youngrak Church near Myeongdong where their offices were. It seems that God had trained my mother to accept and love my father as he is because my father had a rough upbringing compared to my mother who came from a Christ-believing loving family after the whole family was evangelized by God's amazing grace. And God had already trained my father to be able to recognize my mother to be his wife because he met Jesus and accepted him as his Christ during an evangelism conference held on his college campus and a summer retreat hosted by the Christian Student Association of Seoul National University. It was God's marvelous grace.

Because of You – Meeting Christ

"Jesus was nailed to the cross. He died for you! Your past, present, and future sins are finished!" In the early 1970s, Rev. Richard Wurmbrand (1909-2001), who was one of the most renowned living martyr in Romania came to SNU as the main speaker to share the message to the SNU Christian Student Association hosted by Pastor John Ross for their summer retreat. When Rev. Wurmbrand exclaimed "Jesus died for you!", my father felt the tip of the pastor's finger was pointing right at him out of numerous students in the hall at that time. God opened his heart and eyes to meet Jesus and it was just Jesus and my father, and no one was there to block him from receiving Jesus into his heart. God came into his life to be with him forever. That very night, after meeting Christ, my father had irresistible joy and thanksgiving for the grace of salvation and he shed endless tears in delight. Ever since then, the master of my father was changed, and his self-centered ego was broken. Christ was now reigning as the Lord of his life and he began to attend church wholeheartedly. He shared the gospel to his parents and his entire family. To my father's astonishment, my grandmother who used to memorize Buddhist sutra accepted Jesus Christ into her heart and enjoyed the blessing of salvation. She served as a senior deaconess (encourager) of Choonghyun Church until the Lord called her to heaven. My father gladly left and put the success of the world behind him to follow only Jesus and God's calling to become a pastor and live the life of the evangelist. God of my father is my God, and I pray that may God be the God of my posterity for all coming ages until Jesus comes again.

I, however, used to complain and envy my friends who received Barbie dolls and Disney school supplies from their fathers on business trips. While other kids would dine out frequently at high-end restaurants, I was content with eating out with a McDonald's Happy Meal set for my birthday celebration. While other kids were snacking at a shop next to school, I had no interest in snacking because I felt I had to save money for our church offering.

God has shown me throughout my life journey until now together with my whole family that never once have I ever felt I was prevented from doing something God had prepared for me because our family lacked money. When our family could not afford health insurance in America, God made sure we were not sick. When our family could not afford my tuition fees when I received admission letter from UCLA and Trinity Law School, God made me excel in my schoolwork to be awarded with academic scholarships. God absolutely takes a full responsibility of taking care of His children. God is our reward. It is important to note that it is not earned by our humanistic hard work based on our own zealous efforts and calculations, but by God's overflowing grace that empowers us to live victoriously and powerfully in trusting God's everlasting help for His glory.

Chapter 1. Covenant Journey for the 237 Nations

On September 1, 1993, my father took us, the whole family to the United Kingdom to pursue further studies in theology. God gave him a clear calling to my father who served in church planting ministries and associate pastoral ministries in both small and mega churches in Gangnam. He realized that God wanted him to go deeper into the root of the true gospel as he saw through an exemplary faith of missionary Thomas who was martyred for the evangelization of Korea. God led our family to the U.K, where we had met with several missionaries and their families in England, Wales, and Scotland during our last Christmas family trip. It was Great Britain that once ruled the entire world, and many believed in exclamation that upon whose empire the Sun would never set. However, contrary to many expectations, without the gospel, the Sun did set, and there was little glimpse of any light of life of Christ because the gospel movement seemed to have died. Being compelled by God's calling, although my father had already completed his master's degree in theology at General Assembly Theological Seminary (also known as Chongshin University), and became a senior pastor, he pursued further studies at London Theological Seminary which was founded by Rev. Martyn Lloyd Jones to commemorate the martyrdom of Mr. Kennsit during the Henry VIII's reign. The seminary was established to raise biblical church leaders, and our family lived in the school dormitory on campus in Finchley, London. I used to roam around the solemn school library full of books with worn out covers written in ancient calligraphy, or playing in the seminary courtyard while jumping rope, which was one of my fun after-school activities. The seminary regularly held a missions night festival and as a potluck party, students from various parts of the world brought dishes to represent their nation. Tandoori-chicken from Indian missionary family, shish kebab from Pakistan students, jacket potatoes from an Irish couple, and apple pies with custard cream for dessert from faculties were obviously popular. My father was so eager to introduce Korean food to his fellow seminarians, and we drove over an hour and half to buy Korean ingredients such as gochujang, because there was only one Korean grocery back then. I still remember that professors and multi-ethnic missionaries loved my mother's japchae and bulgogi. I heard amazing stories from these missionaries who fled from their towns or who were disowned by their families because of their faith in Christ. Although I was young, I sensed that God is leading them very dearly and that there was something that God had placed in their heart that made them so special. I did not know that was the heart of missions of the missionary until I saw through my father's ministries in Britain, Canada, the U.S., and now here in Korea.

"I fear John Knox's prayers more than all of the assembled armies of Europe." – Bloody Mary, Queen of Scotland.

"Give me Scotland, Lord, or I die!" – Pastor John Knox

Sadly, John Knox who awakened Scotland to save the nation and people, was no longer remembered by the British. The U.K had become a barren land and spiritually desolate. Increasing presence of Islamic refugees, and the peoples from former British colonies showed a sorrowful aftermath and downfall of an empire that was built on sand and not on a rock of faith. They enacted anti-discrimination law, through which Muslims began to seize politics, economy, and society. Now, in the central region of Edinburgh, the capital city of Scotland, there is a massive mosque and a round dome established where many Muslim politicians come from. The U.K. is no longer a country that carries out the world missions but a nation that must be evangelized.

"I go to church on Christmas and Easter, so, yes, I am Christian, but I don't practice Christianity in my life or have Sunday worship services regularly."

I heard a lot of British people saying that they did not practice Christianity. Now that I think about it, it was a nonsensical statement. All my friends said they were Christians, but also added an oxymoron, a self-contradiction that they did not practice Christianity. I thought it was just a cultural difference, a lifestyle that our family was not familiar with. In retrospect, it was the spiritual darkness that oppressed the whole generation with Satan's deception of spiritual blindness and backward religiosity that had no power of righteousness and life of Jesus. Beautiful church buildings turned into mosques, pubs, and B&B lodgings. We even saw a hotel named Auld Kirk, which means "Old Church" in Scottish. My family left the dormitory upon my father's graduation, and we moved to Richmond, a region south of London. We lived near the beautiful and romantic Thames. In our vicinity there was an Anglican church, and we rented the church building for our Lord's Day worship in the afternoon after their morning worship service was done. The Anglican vicar and congregation welcomed our family and our Korean church members whom we met in England in God's perfect plan. Something was missing though. The gospel was very dim and they were not able to capture the minds of young people. It was the elderly generation that kept the church going. God put into my heart His consuming passion and desire for the restoration of His church where people of all nations and all age groups gather as worshippers to save the fields as witnesses of Christ.

I thought we were all by ourselves. No one else but our family. It must have been very lonely for my parents because they seldomly made international phone calls to our relatives and friends as making international phone calls was too expensive. We all intently waited for international mails to arrive from Korea from our home church prayer team and relatives. It was a time for us to look to Jesus alone. Each morning even before my alarm loudly awakened a sleep-craving teenager, I heard hymns and praise songs that my parents sang in their fervent early morning prayers and joyful delight, trusting that the Lord would guide us all through the wilderness on the path that was never tread.

"When we walk with the Lord in the light of His Word
What a glory He sheds on our way!
While we do His good will He abides with us still,
And with all who will trust and obey.
Trust and obey, for there's no other way
To be happy in Jesus, but to trust and obey." (Hymn #449 "When We Walk With the Lord")

When the IMF hit Korea in 1997 with a series of economic crises sweeping across Asia, members of our missions prayer team also lost their jobs and had a hard time sending missions funds. It was when my father was writing his final thesis after completing his Ph.D., at the University of Wales. He did not hesitate to let go of his studies and postpone his degree for our family to follow God's plan. There was a request for a senior pastor to serve a church and shepherd a congregation in Korea, and my parents and little sister left England first to promptly obey God's calling, and my older sister Christy took care of me to finish the school semester and pack our luggage. I did not know what to expect as we were being uprooted from the country where I thought I would live here forever. To the contrary, God put His assuring confidence in our hearts that He is holding onto our lives and leading us step by step according to His absolute sovereignty and reigning over every moment of the life of His servant. My father once again placed himself and his whole family into God's hand for he was a servant of Christ.

Temporary Stay in Korea

After we came to Korea from Britain, I felt as if we were on a sabbatical year. Gratefully I was able to transfer to Sookmyung Girls' High School. However, it must have been so hard for my father to see his teenage daughters in cut-throat competition in Korean schools because speaking, writing, and studying in Korean was not quite comfortable. He prayed for us continually, and soon thereafter my friends and schoolteachers noticed that something was special about the life our family was living. What I had learned in England was ahead of what students in Korea were learning. My friends came over to my house to learn Chemistry from me, and I was so fascinated by the Korean history as I saw it from a comparative viewpoint juxtaposed to the British history.

Exposure of Satan's work and God's inseparable love

God called my father to Canada at the end of 1999. My father arrived in Canada with the vision of Korean ministry and world missions beyond a local church ministry. However, the church in Canada was under Satan's attack and the church was already divided into two groups even prior to my father's acceptance to serve, and each group claimed legitimacy of occupying the church building for their own group. It was truly a troubling time in my life as I saw the church authority utilizing its political power and humanism for a chance to place a pastor of their own taste to take over the church and the church building. I saw my parents, who had just arrived without knowing anyone or having any affiliation with the local people in Canada, simply following and obeying God's direction in response to God's calling to the church in the midst of quarrels, legal disputes, and spiritual chaos. God caused us to relentlessly pray to God for His mercy and healing of all church members. I was in the 11th grade at Walnut Grove Secondary School at the time. I had no leisure to date a boyfriend or complain about schoolwork or grade. Every moment was so precious and grateful. Seeing my father being challenged and persecuted by a gang of church officers, I earnestly prayed to God and wrote him a letter recalling God's comfort through the Book of Romans 8: God is so loving and His love for us is everlasting from eternity to eternity. When He closes a door, He opens another door, and this time it was a door to world evangelization for all posterity of our family line.

Blessing of Meeting with Pastor Ryu, Kwang-Su, a Historic Evangelist for World Evangelization

It was a bright day in Canada that cast away in shadows the totem poles, grizzly bears, and unknown rituals that held the natives in captivity to drugs, casinos, and hopelessness, and God's liberation was shining to set the captives free.

My parents were invited to Washington D.C. by a close family acquaintance, who was a deaconess of our former church in Korea. She shared her life story since the time our family left Korea, and my parents heard how Christ was the only answer to this precious deaconess who almost committed suicide to end her life due to family problems that seemed impossible to be solved. Her beautiful daughters are married inside of the covenant, and the curses that seemed impossible to end were cut off because the deaconess became rooted in Christ. She introduced my parents to Rev. Ryu, Kwang-Su who proclaimed messages at an evangelism conference at the time in D.C. My parents who saw the work of Satan through the church authority's politics, confirmed the spiritual reality and actual activities of Satan, and found the answer of only Christ through Rev. Ryu's message. I remember my parents being completely liberated from the attacks and persecution that shackled our family until then, and they were just content because of the indisputable fact that God knows it all, and that He is indeed in control over all things. My parents listened to Rev. Ryu's message tapes every day. They became deeply rooted in the clear gospel and resolved to live only for the gospel and world evangelization. When my father heard various unwarranted remarks and disdainful comments about Rev. Ryu, my father, not merely in defense, but with much assurance and conviction refuted them all in accordance with the sound and biblical theology and confirmed to many that this is the gospel we all must firmly hold to as our life. I vividly remember, and it seems just like yesterday that we all gathered in the living room to watch the message videos and listen to his sermons. God's abounding grace allowed us to be deeply rooted in the gospel. We were not lacking at all because of knowing Christ as our Lord and that He is our true King, true Prophet, and true Priest. Our church members were overflowing with thanksgiving and joy because they became alive and were so happy to hear the gospel my father preached by God's grace. I began to interpret my father's messages into English for English speaking church members. My parents unceasingly proclaimed the gospel throughout the week. Youth group kids, young adults, church officers, and committed workers listened to the gospel with overwhelming joy.

In the summer of 2001, God led our family to the 1st level camp training in Korea. On the plane, on the road, on the bus, in the taxi, at train stations, with relatives or strangers, God opened the doors to share the gospel with whomever my parents met while receiving training in Korea. In particular, my younger sister, Angela, who was an elementary school kid, stayed at our maternal grandmother's house and said to her, "Grandma, Jesus is the Christ, and He crushed Satan's head." Angela shared the original gospel of Genesis 3:15. As a high school student, I was so grateful to hear the gospel message that overturned all our family's struggles into praises: "You have turned for me my mourning into dancing." (Psalm 30:11)

The WRC and the 1st level camp training had so much impact in my heart that I yearned to go to a place where I can be part of the remnant movement. There was this new strength of life that welled up inside of my heart that gave me courage and deep longing for world evangelization as I began my first semester at the University of British Columbia where I experienced God's blessing of meeting and opening of the doors of evangelism. Truly, the meeting with Rev. Ryu, Kwang-Su, a historic evangelist for world evangelization, has been such a great blessing of God to our family. God's calling and mission made our family to move once again according to His perfect plan. As God's answer to our prayers God led our family to the next missions station: the U.S.A.

It was the Thanksgiving week in 2001. Those who opposed the gospel movement in Canada and those who were overtaken by the malicious church politics, made false reports about our family to the immigration office. We were dumbfounded by the extent of such evil works that seemed to have no end for those who oppose the gospel and run Satan's errands. It was a night of Troas for our family just as Paul's missions team prayed. We knelt in prayers to seek God's grace and His plan. My father was sad to leave the church members who received the gospel so well. But he continually encouraged them with assurance in Christ because he trusted that the Lord God will be their Shepherd leading them beside quiet waters for world evangelization. Just as God opened the door to Macedonia, God opened the door to the south. Our family flew to California, the U.S.A.

"Are you all travelling together? Where are you going?" An immigration officer asked.

"Yes, with my family." My father confidently replied with earnestness.

"Have a happy Thanksgiving!" Upon the immigration officer's Thanksgiving greetings for our departure from Canada, our family landed in Los Angeles on November 23, 2001. Our family celebrates to this day that God opened the door for us to see Rome and testify Christ there also.

Life in America was a journey of personalizing only Christ as our Lord, experiencing evangelism taking place by the work of the Holy spirit, and meeting committed workers and disciples who staked their life for the sake of the gospel movement. We saw countless works of healing, even in our own family, the works of transformation, spiritual growth, and maturing in faith, and Satan's old snares and strongholds shattered into pieces.

God opened important doors for our family to enter the depth of the gospel despite Satan's relentless grip to lay out traps and trials through people. It was truly God's grace for us to have experienced isolation and loneliness although we could not comprehend the reason why at first. Later we found it was God's loving kindness that disciplined us and compelled us to seek only God alone. No one was there to help, and people would sporadically ask how things were. No one seemed to be praying other than giving disdainful and condescending criticism that "it's because you don't have the gospel." Some people criticized our family that we were not in Darakbang ministry, and some others criticized us for being in Darakbang ministry.

Regardless of all the gossip, criticisms, comments, and rumors people gushed out, God was so steadfast in His loving grace, and held our family in His mighty hand ever so gently so we could be content with listening to His Word that muted out all the noise and clamor of unbelief. We turned our eyes upon Jesus, and He showed us the dying field of the 237 nations and 5,000 ethnic and language groups living in the U.S, a superpower nation that attracted people in search of the American dream. It was our mission to enlighten them with God's vision of world evangelization. God's covenant remains unchanging, and Christ is the only answer for yesterday, today, tomorrow, and forever for all peoples. Because of God's resilient consuming passion for the gospel, He allowed my parents to conform to God's heart to remain inside of the covenant to quietly receive God's guidance in the evangelism movement.

Himang Church Ministry – A Platform for the Gospel Movement

God entrusted Himang Church to my father in 2002, and it was a platform for reaching out to non-Koreans living in the U.S., mending the wounds of the broken families and their children to be set free from the shackles of drug addiction, gambling, alcohol, violence, suicide, homosexuality, mental disorders, and many other issues that left scars in their heart, thoughts, body, and soul. Although we were few, one of the consistent answers that God gave to us was that the word movement that proclaimed the gospel that Jesus is the Christ who solved all problems on the cross, took place in various fields daily. And we enjoyed God's blessing of meeting people from various countries and backgrounds: Turkish, Romanian, Taiwanese, Chinese, Japanese, Brazilian, German, Filipino, Vietnamese, Hispanic, Iranian, Ghanaian, and many other language and ethnic groups.

Chapter 2. Covenant Journey for Healing Ministry

One of the most special memories of evangelism movement in the U.S., is at Anaheim Mental Health Care Center in Orange County, California. One of the church members' son was hospitalized for his mental disorder, and my parents went to the hospital each week to share the gospel. Even though the son did not show much progress, with the visitor pass my parents could meet with others in the hospital who had suffering members in their family. Each week after the Sunday worship service, a group of us went to the center to sing praises in the main hall where the patients would gaze on TV with no focus on their eyes while being numbed by depressant medications. We met an American guy named Earl. He sang along with us and prayed to receive Jesus as his Christ repeating after my father's prayer for the people there. A week after another, he showed so much progress as he nodded affirmatively in faith to the gospel message. After we sang praises with guitars, my father proclaimed the Way of Salvation and invited not only the patients, but also doctors and nurses to accept Christ Jesus as their Savior and Lord. Almost everyone received Jesus into their hearts, and more and more new patients came to our praise camp and worship each week. After a couple of months, Earl, who was an ailing patient, came back to his senses and regained strength and clarity in his mental state, and all of us gave praises to God for restoring his spiritual state! God is so good. He is the Creator who heals and saves His people. He is the God of salvation. When we sing praises to God, demons and evil spirits flee, and Satan kneels in surrender before the name of Christ. Hallelujah!

God's healing mercy was upon Earl. He was discharged from the hospital soon thereafter, and he even came to our church regularly and wanted to praise God with his guitar. We later found out his mother had much severe spiritual problems which affected him in a worse way. Although his mother did not respond to the gospel, I was able to see how the spiritual curse in the family line gets broken when just one family member accepts Christ! There are many amazing episodes, one of which is that we met a girl who seemed to be in her early twenties was put on medication because she was having auditory hallucinations. When I asked her why she was hospitalized, she showed her wounded wrist and said because she kept hearing voices telling her to die. I held her by hand and invited her to sing praise with us and listen to the gospel message. She repeated after the acceptance prayer, and after the worship was done, I went to her and asked her how it was for her. I was amazed and in complete awe of God's grace upon her because she said, "I don't hear the voices anymore!" Praise God! He is good and His love endures forever!

Nurses noticed changes among their patients who came to the praise worship. The nurses began to join and participate in singing praises, until one day an unbelieving doctor prohibited us from coming to the medical center, and later we heard the doctor refused the gospel. It was incredibly sad not being able to see God's healing power on these patients. I was worried that the patients might lose their last chance of hearing the gospel. God was showing us the spiritual state of the U.S. in advance, and we all witnessed the power of the gospel that drove out demons and gave salvation and healing to those who received Jesus who is the Christ.

Hollywood Camp

Another memorable ministry I enjoyed with my father is the Hollywood Evangelism camp. A praise team came from the headquarter in Korea, and we connected two towing trucks and parked next to the Avenue of Stars and held a praise concert. While the praise team sang praises that broke down the forces of darkness and expelled the demons to flee, we shone the light of Christ and shared the gospel with those who were passing by. As some of these people accepted Christ, they cried in tears with overwhelming emotions. It was a street that had psychics, a Scientology lodge, a music institute, and heavy metal music shouting rock & roll. Notwithstanding the foregoing, one thing sure is that even Hollywood could not block the gospel.

Chapter 3. Covenant Journey for the Summit

I have learned through my father's life journey as an evangelist, I have come to know that there is no coincidence in the precious life of God's children. Even at the very moment when we first met Christ, we are in God's eternal plan and absolute sovereignty that reveals us to the foreknowledge and foresight of God's heavenly mandate that God will fulfill and be glorified through our lives with Him. My father met Christ when he was in college, and he has a covenantal consuming passion to raise disciples for college evangelization. When I was attending Cypress College, a local community college in Orange County, California, shortly after we came to America and before I transferred to UCLA, my father came to campus every week to share the gospel to students and faculty members. This is where I also experienced my first evangelism camp and the fruits of evangelism. Just as the Apostle Paul met with Lydia while he was looking for a place to pray when he came to Philippi, when we looked for a place to pray on campus, whether it was a lobby of a lecture hall, a study room in the library, or even a table outside the cafeteria, God opened the hearts of Grace Lin from Taiwan, Dui from Vietnam, Mark Baytan, a Filipino American, and many others, who came from diverse ethnic and language backgrounds to accept Jesus as their Christ. We also met with evangelists from Campus Crusades and Calvary Chapel, and we all praised God and gave glory to Him and encouraged and blessed each other for the expansion of God's Kingdom. Unfortunately, just as we see in the Bible, the college field was already infiltrated by all kinds of heresies such as Mormonism, Jehovah's Witnesses, and even Shincheonji from Korea. Ideologies, philosophies, and religions that derive from the separation from God cast darkness and confusion in the minds of the next generation. My father reasoned with apologetics, and boldly refuted with sound theology to testify the legitimacy and supremacy of the uniqueness of only Jesus who is the Christ.

God prepared disciples who remain as patrons, fellow-workers, and hosts of the evangelist. Mark Bayton was one of my classmates at Cypress College. He used to be an altar boy at a Roman Catholic church, however, he was desperately yearning to hear the gospel. After receiving Christ, Mark sincerely followed God's Word and wholeheartedly worshipped God, and God bestowed him many answers, and he is still a faithful disciple of Christ at Himang Church to this day where he participates in the Sunday worship service online.

When I was a senior at UCLA, my older sister had already graduated from the London College of Fashion, U.K., and worked as a fashion designer. My younger sister started her freshman year at California Institute of the Arts (CalArts) founded by Walt Disney to major in Character Animation & Design. My father frequently visited both campuses to pray and to share the gospel. Many students and faculty members accepted Christ and I am sure he will be happy to meet all these precious multi-ethnic disciples who will become his crown of life in heaven.

My father has told me the most urgent and pivotal spiritual warfare college students must fight is the worldview. I have seen many believers who went to church growing up end up leaving the church after they become exposed to contrary worldviews in college. Unless the gospel and God's Word become our worldview, we have no choice but to view the world including ourselves and everyone and everything surrounding us from the past, present, and future, the knowns and unknowns, through the lens of what Satan has instilled within us through sinful practices, ideologies, and values of the world that are of the original sin that derive from Genesis chapter 3 (self-centered separation from God), 6 (immersion in Nephilim of evil spirits), and 11 (consumed by the worldly desires). Prevalent practices are of Acts chapter 13, 16, and 19 where idolatry, divination, and fortune-telling are proliferated as artistic cultures and trends to destroy our next generation with irreparable harm to further drift away from the gospel. Satan has seized the intellectuals and elites with blinding illusions only to make them even more vulnerable in the states of an unbeliever. Amidst this strong current of the darkness, my father has influenced my worldview and helped me to be reformed according to God's image. He wrote the School Evangelization introductory summary for the Remnant Prayer Journal with prayerful heart that our remnants may be imprinted with the gospel to the extent that it becomes our worldview by holding on to the covenant and being led within the stream of the covenant that flows in each book of the Bible. As a result, God has used him to prepare me to go to Trinity Law School after completing my degree in Political Science and Economics at UCLA. It was God's inevitable providence that has allowed me to study law through the gospel-centered biblical worldview and Christian values. And this has become my heavenly mandate and CVDIP (Covenant, Vision, Dream, Image, and Practice) ever since to live my life for the gospel movement for God's Kingdom.

As time passed by, God allowed my parents to meet a medical professional, Dr. Andrew, who was successful and has earned much wealth. Although he was a PK who had such a precious passion for medical missions in Mexico and Latin America, he was thirsty for the gospel and God's Word. God orchestrates all our meetings. My father met with him each week and preached the mystery of the covenant and the gospel life to all the medical staff working in the hospital. God poured out His grace upon him and God opened the heart of his wife and children to listen to the gospel continuously each Saturday thereafter. These students were attending Harvard-Westlake where those who are affluent and academically excelling could afford to go. God gave me wisdom to impose intellectually challenging and faith-awakening questions that started to reform the reason and purpose of life of these teenagers. These overachieving youth came to our weekly Bible study and confessed that Jesus is the Christ. In retrospect, I pray for them that they continue to seek the Lord and concentrate on Christ wherever they are in their life journey.

I saw through my father's ministry that regardless of worldly accomplishments or wealth, we all need Jesus because only He is the Christ, who solved the fundamental problems of mankind who became separated from God and fell into the state of the original sin of curses and disasters having the background of hell under Satan's control. Every Monday, medical doctors and nurses gathered in the hall to hear the gospel and received healing of their hearts, minds, and families. They became spiritually alive and strong, and they also yearned to share the gospel with others.

Drug Addiction Healing Ministry

In furtherance of God's Kingdom, God poured His grace upon my father to grow the love for the souls more and more, and his ministries became even more diversified and deepened in all aspects. He began a healing ministry to heal those who became addicts. He first met with a Korean young man who fell into drug addiction in Buena Park, Orange County. Through this ministry, my father reached out to heal and evangelize those who fell into drug overdose, alcohol, gambling, gang violence, and prostitution. Many people received the true gospel and became healed and revived. They all confessed that Jesus is the Christ. No one could stop their singing praises to God and they all enjoyed the Holy Spirit guidance in their lives. It was heartbreaking to see many PKs among them. Nevertheless, God healed them, and they are all living a victorious walk of faith now, and my father tells me that it was truly the one of the most rewarding experience God has given to him. My father preached the gospel to Korean American politicians and community leaders in Garden Grove and Los Angeles, and earnestly and unceasingly prayed to relay the covenant to the mainstream and all multi-ethnic posterity that have come to the U.S., through the current and 1.5 and 2nd generation Korean Americans.

"Jesus is the Christ, the Son of the Living God" (Matthew 16:16)

Christ is the way to meet God (John 14:6)
Christ has set me free from sin and death (Romans 8:2)
Christ gave me the power to win over Satan (1John 3:8)

And. To the Unreached 5000 People Groups

"Soar on wings as eagles and spread your wings and fly in the sky of God's irresistible grace." Whenever I crouched or retreated in fear, my father constantly reminded me of this essence of the gospel to ensure it is imprinted within me. Religions compel us to live by our own righteousness and zeal, but the gospel is living by faith in Christ whom God has given to us in order to save us by His grace and not by our own effort or will, so that we absolutely triumph in power by God-given mission to its completion.

Return to Korea, the Center of World Evangelization

After COVID-19 coronavirus pandemic swept the U.S, God called my father to Korea and his covenant journey for the 237, Healing, and Summit is ongoing even right now. Just as he taught at AUC and RU when he was in the U.S., my father is currently enjoying teaching systematic theology to pastors and disciples in India and Pakistan online. His lectures in English are interpreted by native speakers there, and the work of the Holy Spirit for evangelization of 5000 people groups is unstoppable. Moreover, God has connected him to his alma mater, Seoul National University college evangelism ministry, and he is giving messages to devout college students at the SNU Truth Forum team that desires to restore God's Kingdom in Korea for world missions. Recently I noticed that my father's hair is turning whiter and grayer. I also see that his pastime is reviving plants that appear to be externally dead with wilted leaves just as he loves saving lives. Although it dawns upon me that he is getting old, yet I see God's renewed strength and passion for the gospel in my father's heart.

Our journey in life has a definite direction and destination. For those who reject the gospel, it is an agonizing fate of being dragged along with Satan to hell. For those who received the gospel, it is a heavenward journey being led by our Lord Jesus.

In God's absolute sovereignty, it is so amazing to see the fulfillment of biblical evangelism taking place through our precious forefathers of faith. Just as our Holy Triune God has been with my father and mother, and just as He has been with me, I pray that may our next generation remnants and all their posterity believe, follow, love, worship, and testify that Jesus is the Christ.

> And Jesus came and said to them, "All authority in heaven and on earth has been given to me.
> Go therefore and make disciples of all nations, baptizing them in[a] the name of the
> Father and of the Son and of the Holy Spirit, teaching them to observe all that I have commanded you.
> And behold,I am with you always, to the end of the age."
> (Matthew 28:18-20)

아버지 이상환 목사

Father - Rev. Joshua Rhee
아버지 - 이상환 목사

Father & Mother
아버지와 어머니

Seoul National University
모교 서울대 캠퍼스

Father & Daughter (Claire Rhee)
아버지와 딸 (이현희)

LA Oxford Hotel Lobby
LA 옥스포드 호텔 로비에서

Sunshine of the Spring
봄의 따스함

Word Movement - Jesus is the Christ!
말씀운동 - 예수는 그리스도!

In front of the National Assembly
여의도 국회의사당 앞에서

Hwadam Arboretum
화담숲에서

작가 이현희 PK

이현희(1982년생)
PK, MK, TCK
임마누엘서울교회 집사
다락방 본부 영어 통역자
LG Display 국제변호사
희망교회 파송, 법조인 렘넌트 선교사
세계산업선교 영산업인회, 해외 부회장
렘넌트 세계관 연구팀, 부리더
법률 / 대학국 / RLS / TCK 멘토
Trinity 로스쿨 법학박사
UCLA 정치학 및 경제학 학사

Claire Rhee (1982)
PK, MK, TCK
Immanuel Seoul Church, Deaconness
Darakbang HQ, English Interpreter
LG Display, Corporate Attorney
Himang Church commissioned Remnant Lawyer Missionary
World Businesspersons Association for
World Missions YBAWM, Vice President
Remnant Worldview Research Team, Vice President
Trinity Law School, J.D.
UCLA, B.A

UCLA Graduation Ceremony At Royce Hall　　　　　Trinity Law School Graduation
UCLA 졸업식 로이스홀 앞에서　　　　　　　　　트리니티 로스쿨 졸업식

2006 UCLA Closing Worship Service
2006 UCLA 지교회 종강예배

2008 Hollywood Praise Camp – Shining the Light of Christ at the Avenue of Stars. A homeless, actor, drug addict, and alcoholic, receives the gospel and the work of the Holy Spirit arises.
2008 할리우드 찬양 캠프 스타의 거리, 그리스도의 빛을 비추다. 배우 지망, 마약, 알코올 중독 홈리스가 아버지가 전하신 복음을 받고 성령의 역사가 일어나다

Himang Church
희망교회에서

Darakbang Ministry
다락방 사역

Phelan, California, Drug Healing Ministry
캘리포니아 필렌 지역, 마약 치유 사역

Drug Healing Ministry – A work of re-creation by the gospel
마약 치유 사역을 통해 복음으로 살아나다

Lecturing Theology
신학교 강의

Sharing the gospel to a lawyer
원로 법조인 서석구 변호사에게 복음을 전하다

2020 24th World Missions Convention – Deokkpyung RUTC
2020 제 24차 세계선교대회 – 덕평 RUTC

RTS

RUTC

Stand in front of the 237 nations
237 앞에 서라

Jeju Island
제주도에서

Lake Arrowhead, California
캘리포니아 Arrowhead 호수가에서

UCLA Undergraduate Graduation
UCLA 대학 졸업식

Trinity Law School Graduation - The Three Daughters (Christy, Claire, and Angela)
트리니티 로스쿨 졸업식에서 세 딸들

Interpreting Rev. Ryu, Kwang-Su's Message
류광수 목사님 메시지 통역

Angela & Fabien with Rev. Ryu Kwang-su in LA, California
LA에서 류광수 목사님과 동생 부부

Grandmother and Rev. Ryu, Kwang-Su
외할머니와 류광수 목사님과 함께

Family Word Forum via Zoom (Dad, Mom, Christy, Claire, Angela & Fabien)
온라인 가족 말씀 포럼 (아빠, 엄마, 언니, 나, 동생 & 제부)

Christy and Angela at Descanso Garden, California
캘리포니아 데스칸소 가든에서 언니와 동생

In front of LG Twin Towers
LG 트윈타워 앞에서

이상환 | 이현희 183

Coram Deo 하나님 앞에서

주영혁 목사

경기도 군포시 둔대리 출생
서울 광현교회 담임목사
237, 치유, 서밋을 위해 예배가 살아나는 교회
위드 노인복지 사역('빈 곳' 현장 사역)
평생의 언약: 사도행전 20:24

무엇을 위해 살 것인가?

나의 어린 시절, 시골에 살던 시절을 생각하면 행복하고 즐거운 기억들이 많다. 눈이 오는 겨울에 언덕 위에 비료포대를 끌고 올라가 눈썰매를 탔고, 봄에는 예쁜 꽃과 책 속에 나오는 개구리, 뱀을 볼 수 있었고, 여름에는 여기 저기 시냇가와 계곡으로 물놀이를 다니며, 가을에는 논밭의 추수를 구경할 수 있었다. 이런 노스탤직한 기억들 사이에 끔찍한 사건과 사고들도 자리 잡고 있다. '죽음'이 그 중 하나다.

시골에는 나이드신 어르신들이 많다. 그리고 그만큼 장례식도 많이 생긴다. 국민학교도 들어가기 전, 그 어린 시절의 아버지는 많은 동네 어르신들의 죽음을 보며 '나도 언젠가 저렇게 죽는구나.' '사람은 왜 사는가?' '죽으면 끝인데 나는 사는 동안 무엇을 하면 제일 좋을까?'를 고민했다고 한다. 아버지는 어쩌면 인생을 다 살다 간 어른들의 죽음보다 어린 시절 자신의 친형제들의 죽음을 보며 이런 철학적이고 심오한 질문을 하고, 일찌감치 인생에 대한 깊은 생각을 한 것이 아닌가 하는 생각이 든다.

아버지는 주(朱)씨 씨족이 모여 살던 경기도 둔대리에서 유교집안의 종갓집 3남 4녀 중 여섯째로 태어났다. 종갓집의 특징대로 집안에는 제사가 정말 많았다고 한다. 특히 봄에는 한식 때, 가을에는 추석 때 큰 제사가 있었는데, 우리 집안의 제사뿐 아니라 다른 집안의 제사까지 받아서 대신 지내주기까지 했다. 나의 할아버지는 이승만 대통

령이 집권하던 시절, 자유당 마포 국회의원을 지낸 오○○ 씨의 산과 논을 관리하면서 그 집의 제사도 차려 주었다고 한다. 그 정도로 제사가 많고 영적으로 흑암 속에 있던 집안에서 할머니는 교회에 나가기 시작했고, 예수 믿는다고 핍박을 받으면서도 신앙을 지킨 할머니를 통해 아버지가 태어났다. 그렇게 우리 집안은 모두 예수를 믿는 집안이 되었다. 참으로 하나님의 은혜이고 너무나 감사한 일이다. 그런데 제사와 우상숭배로 흑암 가득하던 종갓집이 예수를 믿으니까 어려움도 많았다고 한다. 시골에는 굿이 많는데, 하루는 할머니가 이웃집 굿 구경을 하고 집에 돌아오니 세 살 된 첫째 아들이 "엄마!"하면서 눈을 뒤집고 죽었다. 아버지의 첫째 형이 그렇게 죽은 것이다. 그 후 아버지의 누나 한 명과 후에 태어난 남동생도 일찍 죽게 되었다. 이런 문제들이 일어나자 서울에서 기도하는 기도할머니들이 심방을 와 찬송하고 기도해 주었다. 영적으로 보지 않으면 이해할 수 없었을 우리 가문의 문제들과 그것을 해결하기 위해 여러 방법으로 노력을 했던 모습들이 보인다.

할아버지에게도 훗날 문제가 생겼다. 우리 할아버지는 새벽 4시부터 일어나 부지런하게 열심히 일을 하던 분이었다. 할아버지가 14살 때 증조할아버지가 돌아가셨기 때문에, 장남인 할아버지는 그때부터 소년 가장이 되어 낮에는 쟁기로 논을 갈고 나무를 해 놓고, 밤에는 마차로 낮에 해 놓은 나무를 팔러 한강 다리를 건너 서울에 다녀오곤 했다. 그렇게 열심히 일을 하며 5명의 동생들을 시집, 장가보내고, 논밭을 사서 세간을 내 주던 성실한 할아버지였는데, 어느 날

장례식에 갔다가 무언가를 본 것인지 영적으로 약간 이상해졌다. 그 후로는 예전처럼 일을 못하게 되자 가정이 어려워지면서 소유하고 있던 땅들도 모두 없어지게 되었다. 이 일은 나중에 아버지가 신학교에 입학할 때 즈음 일어난 일이라, 아버지는 어려워진 가정 형편 때문에 학비를 못 내기도 하고 어려움이 있었다고 한다.

흑암을 없애는 그리스도의 교회 하나

주일 아침, 초등학생이었던 나와 내 동생은 매일 교회 종탑을 울리곤 했다. 가끔 누가 먼저 종을 칠 것인지 싸우기도 했던 것 같지만, 주일 아침 온 동네에 울려 퍼지는 교회 종소리가 좋았다. 흑암 가득한 율암리 동네를 그리스도의 빛으로 비추는 유일한 교회였다.

아버지의 고향인 둔대리는 영적으로 볼 때 흑암 가득한 우상 동네였다. 그러한 우상 동네에 하나님의 은혜로 1903년 3월 1일 둔대교회가 세워졌고, 하나님은 이곳으로 할머니와 아버지, 온 가족을 인도하셨다. 아버지가 국민학교 1, 2학년 때 즈음이었다. 당시 둔대교회의 김준호 목사는 긴 수염에 온화한 모습을 하신 명화 속 예수님의 모습이 떠오르게 하는 인상을 가졌었다. 주일 아침이면 시골 동네를 돌아다니며 사람들을 불러 모으고 함께 예배할 수 있도록 나름대로 전도를 보여준 열정이 넘치는 분이었다. 이미 어린 시절부터 인생에 대한 여러 가지 질문을 하던 아버지는 그런 모습을 보고 목회자의 길을 걷고자 하는 마음을 서서히 품기 시작한 것 같다고 한다. 서울에서인지 누군가에게 받은 예수님의 일생을 담은 작은 병풍을 보며 예수님과 성경에 대해 조금씩 알아갔고, 전도와 복음에 대해 강하고 뜨겁게 무언가를 체험하지는 못했지만 어린 시절의 아버지는 그렇게 자연스럽게 하나님과의 관계 속에서 자라게 되었다.

아버지는 가끔 "모태 신앙은 못하는 신앙이라고 하는 말이 있다"며 자신의 어린 시절 이야기를 할 때가 있다. 아버지는 어릴 때부터 교회를 다닌 덕분에 기본적인 신앙은 있었지만, 어떠한 특별한 체험을 해보지 못했기 때문에 그냥 그런 밋밋한 신앙생활을 하게 되었다. 그런 상태로 훗날 신학교에 갔을 때에는 불세례를 받아야 한다는 학장의 말에 정말 뜨거운 무엇인가를 체험해보기 위해 산 위 공동묘지에 가서 기도도 해보고 여러 기도원을 다녔었다고 한다.

어릴 적 아버지는 두려움이 많았다. 해가 지고 저녁이 되어 밖이 캄캄해지면 안방에서 마루를 지나 건넌방을 가지 못했다. 어릴 때는 그만큼 무서움을 탔다. 그런 아버지가 국민학교에 다니던 시절이다. 하루는 밤에 자기 전 할머니에게 새벽기도에 갈 때 자기도 깨워달라고 했다. 할머니는 아버지를 깨운 후 새벽기도에 갔고, 아버지는 전기가 없던 시절이라 호롱불을 들고 캄캄한 새벽에 감을 주우러 동리로 나갔다. 지금처럼 과자 같은 간식이 없었던 그 시절에는 감나무에서 연시가 떨어지면 동네 아이들이 그것을 주워다 집에 놓고 간식으로 먹곤 하였다. 아버지는 다른 아이들이 떨어진 감을 모두 가져가기 전에 감을 미리 가져오겠다는 계획이었는데, 캄캄한 새벽에 간

신히 감을 다 줍고 무서운 마음으로 집에 거의 도착해 대문으로 들어오는 길이었다. 가뜩이나 무서워서 긴장을 하며 대문을 열려는 순간, 옆집에서 그 새벽에 누군가 큰 소리로 소리를 질렀다. 아버지는 그 소리에 놀라 대문을 열면서 "엄마!" 하고 소리를 지르며 뛰어 들어갔고, 그때 큰고모와 온 식구들이 자다가 마루로 나와 아버지를 안아주면서 왜 그러냐고 했다고 한다. 그때 너무 놀라서 한참 동안 정신을 잃었던 것 같다고…. 아버지는 그때 너무 놀랐던 것이 지금도 잊혀지지 않는다고 한다. 아마 새벽 일찍 수원 우시장으로 소를 팔러 가야 하는 이웃이 사람들을 깨우는 소리였던 것 같다고 한다. 이렇게 두려움이 많았던 아버지는 가끔 친구들이 옆 동네로 참외 서리, 닭 서리를 하러 가자고 하면 간이 콩알만 해지는 느낌이 들 정도로 두렵고 떨리는 마음으로 마지못해 뒤꽁무니를 쫓았던 기억을 하곤 한다.

문제 속 축복 / 눌림과 누림 사이

"이름이 뭐니?"
"주향기요."
"아버지가 목사님이니?"
"네."
내 이름을 물어보는 사람들은 종종 내 이름을 듣고 아버지가 목사인 것을 단번에 알아차렸다. 어린 시절 나는 아빠가 목사라는 사실이 좋았고 목사의 딸(PK)이라는 사실에 자부심이 있었던 것 같다.

아버지는 시골 교회에서 목회를 하며 성도들 사이에서 매일 일어나는 사건과 사고를 통해 하던 질문이 있다. '왜 예수 믿는 성도들이 이렇게 힘들어야 하나?' '왜 하나님을 믿는 기독교인들에게 계속 문제가 생기는 것일까?'

1982년 4월 28일. 신학교를 다니는 전도사 시절, 아버지에게 시골 교회의 목회 자리가 소개되었다. 충청남도 부여군 장암면 지토리… 신학교를 갓 졸업한 젊은 전도사는 고민할 것 없이 아무런 연고 없는 시골 마을 교회에 전도사로 들어가 섬기게 되었다. 시골에서는 결혼도 안 한 총각 전도사가 들어온다고 하니 얼마나 신이 나고 감사한 일이었겠는가. 홀로 사역을 한지 2년 후, 아버지는 시골 생활은 전혀 해보지 않은 서울에서 온 어머니와 결혼을 하게 된다. 어머니는 평생 교회에서 하나님을 위해 살고 싶어서 기도하다가 우여곡절 끝에, 하지만 하나님의 절대 주권 속에서 아버지를 만나 결혼을 하게 되었다. 1984년 3월 1일, 눈이 많이 오던 날에 아버지와 어머니는 결혼을 했다. 결혼식은 수원의 기독교회관에서 치러졌다. 부여 시골에서 총각 전도사의 결혼을 축하하기 위해 시골 교회의 성도들은 승합차를 타고 수원으로 올라왔는데, 결혼식을 마치고 부여로 내려가는 중에 승합차가 눈에 미끄러져 한 바퀴 돌면서 논두렁으로 차가 처박혔고, 차문이 갑자기 열리면서 차 안에 있던 성도들이 차 밖으로 튕겨져 나오는 사고가 있었다. 감사하게도 하나님이 보호하셔서 허리를 조금 다쳐 치료를 받아야 하는 남자 집사 한 분 빼고 더 큰 부상은 없었다고 한다. 행복한 결혼식 날 정말 큰 사고가 날 뻔했다.

모든 목회 현장은 영적 전쟁터고, 흑암 세력은 여러 모양으로 성도들이 은혜 받지 못하고 전도운동이 일어나지 못하도록 방해를 할 것이다. 아버지는 초임 목회를 하던 장암면 지토리 성흥교회에서 성도들이 서로 싸우는 모습을 많이 봤다고 한다. 예배 후 주기도문이 끝나자마자 일어나 서로 싸우는 집사들, 사이가 안 좋아 자기가 싫어하는 집사의 집 앞에 똥을 뿌리고 간 집사…. 드라마에 나올 법한 일들이 교회 안, 성도들 사이에서 일어나고 있었다.

내가 3살이 되던 해, 우리는 부여군 율암리의 율암교회로 이사를 가게 되었다. 나와 내 동생에게는 초등학교 시절 많은 추억들을 남겨준 곳이라 아직도 생각이 많이 나고 그리운 율암리다. 하지만 내가 지금 생각해 보면 이곳에서의 아버지 사역도 쉽지만은 않았을 것 같다. 율암리에서는 많은 성도들이 사고를 당하고 죽기까지 했다. 나도 이곳에서 초등학교 시절을 보내면서 여러 성도님들의 사고와 죽음에 대해 듣고 함께 슬퍼하기도 했다. 나와 내 동생이 가장 예뻐하고 친하게 지내던 어린 동생의 갑작스런 사고와 죽음, 영적 문제로 시달리다 스스로를 자해한 내 친구의 엄마, 여러 성도들의 일터에서 일어나던 끊이지 않는 사고…. 그 당시 아버지와 어머니는 문제가 끊이지 않는 성도님들을 보며 '왜 예수 믿는 성도들이 이렇게 힘이 들어야 하나?' '왜 하나님을 믿는 기독교인들에게 계속 문제가 생기는 것일까?'를 생각하고 기도했다고 한다. 그 당시 부모님은 성도들에게 끊이지 않는 문제에 대한 답을 주길 얼마나 간절히 원했을까…. 그런데 모든 것을 주관하시는 하나님은 아버지와 우리 가족이 창세기 3장으로 가득한 이런 현장을 보게 하신 것이다. 교회 안 성도들이지만 정확한 복음을 알지 못하고 누리지 못하면 불신자보다도 못한 삶을 살고, 얼마나 눌려 살아야 하는지를 보여주신 것이다.

문제 속에는 축복이 있다. 하나님의 자녀에게는 이 말이 사실이다. 하나님은 어떤 방법으로도 해결되지 않고 끊이지 않는 인간의 문제 속에서 드디어 모든 문제의 해결자이신 예수 그리스도를 준비하셨고, 우리의 문제 속에서 그리스도를 정말 체험할 수 있도록 축복을 준비해 두셨다.

1993년, 어머니는 수원에서 목회를 하던 이모와 이모부를 통해 류광수 목사의 다락방 전도집회 메시지 테이프를 받아 듣게 되었다. 두 분은 메시지를 듣는 순간, "예수는 그리스도, 모든 문제 해결자!"라는 이 말이 모든 문제의 해답처럼 들리게 되었고, 예수님이 왜 그리스도이신지 깨닫고 복음이 복음으로 이해되기 시작됐다. 아버지는 복음메시지에 충격을 받은 후, 강단에서 오직 예수 그리스도만 선포하기 시작했고, 우리 가정에도 변화가 생기기 시작했다.

다락방을 만나기 전 내가 기억하는 주일의 모습이 있다. 우리는 주일에 절대 돈을 쓰지 못했다. 우리 집에서 주일에 마트에 가서 과자를 사먹는 것은 큰 죄였다. 내가 기억하는 대부분의 어린 시절 우리 집에는 TV가 없었고, TV가 생긴 후에도 내 기억에 주일에는 TV를 볼 수가 없었다. 그런데 어느 순간부터 우리는 주일에도 물건을 살 수 있었고, TV도 자유롭게 볼 수 있었다. 갑자기 바뀌어버린 모습에 어린 시절 살짝 혼란스러웠던 기억이 있다. 하지만 너무 신나는 변화였다. 부모님이 복음을 좀 더 정확히 이해하고 난 후 우리는 확실히 여러 의미에서 자유를 얻었고, 우리 가족에게 영적으로 눌림보다는 누림의 삶이 시작되었던 것 같다. 아버지는 율암교회 성도들과 함께 대전으로 전도학교를 다니다가, 우리가 살던 부여군에서도 전도학교를 시작해야겠다는 마음을 갖게 되었다. 그래서 그 당시 부여중앙성결교회를 빌려 류광수 목사를 초청했고, 그렇게 부여에 전도학교가 시작되었다. 훗날 알게 된 이야기인데, 그때 아버지를 통해 시작된 부여 전도학교는 우리가 부여를 떠난 후에도 지속되었고, 그 속에서 훈련을 받은 사람들 중에 중요한 중직자들도 세워졌다는 이야기를 들었다. 아무도 모르는 오래된 일이지만 복음을 위해 결단하고 한 모든 일들은 영혼을 살리고 결국 영원히 역사 속에 남을 것이라는 것을 다시 한 번 확인하게 되었다.

아버지가 열심히 다락방의 집회와 훈련들을 전국 방방 곳곳으로 따라 다니며 참석하기 시작할 때였다. 아버지의 목회 사역이 예수 그리스도의 복음과 세계복음화 전도운동으로 불이 붙고 있을 때, 우리 가정에 또 다른 시련이 닥쳐왔다. 다락방이 이단이라는 누명과 시비가 커지게 되어 주변의 목사들은 다락방 집회에 다니고 류광수 목사의 메시지에 영향 받고 있는 아버지를 말리기 시작했다. 전도학교는 부여 시내의 작은 개척 교회로 옮겨지고, 많은 사람들이 다락방을 그만두게 되었다. 그러나 많은 사람들의 만류에도 불구하고 아버지는 혼자서라도 훈련에 따라 붙었다.

하지만 몇 년 후, 율암교회의 반대로 아버지는 다락방의 메시지 흐름을 따르고 교회를 떠날 것인지, 다락방을 포기하고 교회에 남을 것인지를 선택해야 했다. 그 당시에는 여러 면에서 다락방을 하지 않고 교회에 남는 것이 유익하게 보였을 것이다. 많은 성도들과 주변의 목사들은 아버지가 교회에 남는 것을 선택하도록 회유와 권고도 했다고 한다. 하지만 하나님의 주권 안에 성령께서 역사하셔서 아버지의 마음을 굳건하게 하셨고, 나름 보장되고 약속된 눈 앞의 이익을 선택하는 대신, 모든 것을 내려놓고 오직 복음만 전하기로 결단하며 교회를 떠나기로 했다.

세계복음화

아빠 : 예수는,
나 : 그리스도!
아빠 : 모든 문제,
나 : 해결자!
아빠 : 세계,
나 : 복음화!
한겨울, 새벽기도를 끝내고 들어와 자고 있는 내 얼굴에 차가운 손

을 대고 기도하며 외치던 아버지가 아직도 기억난다. 중학교 때 수원으로 올라와 개척을 하면서 나와 내 동생에게 본격적으로 세계복음화의 비전을 매일 심어 주고 기도했다. 차가운 손이 얼굴에 닿아 새벽에 놀라며 깨던 그 때에는 아버지의 반복되는 기도와 세계복음화 구호가 짜증이 나기도 했다. 그런데 그 기도의 열매로 이제 나는 어린 렘넌트들을 복음으로 각인 시키고 선교사로 키우는 세계복음화의 현장인 EMS에서 세계복음화에 동역하고 있다.

시골 마을에서 그래도 큰 규모였던 율암교회를 떠나 수원에서 시작된 아버지의 개척 교회 사역은 겉으로 보기에도 쉽지 않고 낙심되는 순간들도 아주 많이 있었을 것이다. 교회가 성장하지 않고, 정착하는 성도들이 없어서 실패처럼 보일 수도 있었을 것이다. 서울로 이사를 한 후 지금까지도 우리 교회의 규모가 크지는 않다. 하지만 강단에서의 아버지의 말씀처럼, 세계복음화는 나로부터 시작된다는 사실을 믿는다. 내가 복음을 더 깊이 누리고 이해할 때 주변의 사람들에게 증인이 되고, 지역과 나라와 세계를 살리는 세계복음화의 주역이 된다는 것을 믿는다. 아버지는 매일 세계복음화를 위해 살고 있다. 아버지의 입술에서는 매일 찬양이 흘러나오고, 60이 넘은 나이지만, 매일 블루투스 이어폰을 끼고 다니며 메시지를 듣는다. 매일 교회 단톡방에 기도수첩과 강단 말씀을 듣고 묵상한 내용을 올리고, 현장에서는 구원 받을 영혼들을 찾아다니며 복음을 전한다. 아버지는 감성적이고 공감을 잘 하는 분이다. 설교를 하다가 감정에 복받쳐 눈물을 참는 모습도 여러 번 보았다. 겉으로 표현을 잘 하는 분은 아니지만 아버지가 하나님을 정말 믿고 사랑한다는 것을 느끼고 알 수 있다. 아버지는 신기할 정도로 성경 말씀을 아주 많이 외우고 있는데, 강단에서 자주 인용하는 구절 중에 언제부터인가 로마서 14:7-8의 말씀이 나에게 강하게 꽂혀왔다. "우리 중에 누구든지 자기를 위하여 사는 자가 없고 자기를 위하여 죽는 자도 없도다 우리가 살아도 주를 위하여 살고 죽어도 주를 위하여 죽나니 그러므로 사나 죽으나 우리가 주의 것이로다." 로마서 14:7-8 말씀은 사실 내가 인도선교에서 뎅기열에 걸려와 죽을 뻔한 경험을 한 후로 더욱 강하게 내 마음에 남게 된 말씀이다. 내가 중환자실로 옮겨졌다면 거의 죽을 수도 있었던 그 밤에, 그 위급하고 낙심될 수 있는 상황에서도 어머니와 아버지는 로마서 14:7-8의 말씀을 붙잡고 고백하며 나를 주님께 오로지 맡겼다. 하나님은 아직 나를 통해 하실 일이 있으셔서 나를 살려두셨는데, 아버지와 어머니는 그 후 인도와 바누아투, 카렌, 필리핀 등 뎅기와 풍토병으로 위험할 수 있는 선교 현장에 가야 하는 나를 말리지 않고 믿음으로 축복하며 보냈다.

무엇을 하며 살더라도 주를 위한 삶, 전도와 선교를 위한 삶을 사는 것이 최고의 삶인 것을 알게 하고 보여주는 아버지와 어머니의 모습이 자랑스럽고, 두 분의 믿음이 나 또한 그런 삶을 살도록 나의 가치관도 형성시켰다는 것을 안다. "우리는 구원 받는 자들에게나 망하는 자들에게나 하나님 앞에서 그리스도의 향기니" 고린도후서 2:15의 말씀을 붙잡고 '그리스도의 향기를 전하는 딸'이 되라고 주향기라 이름을 지어준 아버지의 기도대로, 나 또한 아버지와 같이 오직 그리스도의 향기를 전 세계 237 나라에 전하는 전도자가 되길 기도한다.

Coram Deo 하나님 앞에서

나 : 이제 하나님 앞에서 앞으로 아빠 목회 인생의 다짐이나 기도제목 좀 주세요.

아빠 : 무엇에 쓰려고 자꾸 이런 걸 물어보냐?

나 : 아빠에 대해 글을 좀 쓰고 있어요.

아빠 : 뭘 그런 걸 쓴다고 그래. 그냥 너만 알고 있고 어디 보내지 마라.

나 : ….

짧은 시간이었지만 이 책을 준비하면서 아버지의 인생, 하나님이 어떻게 아버지를 준비시키시고 사용하고 계신지에 대해 조금 더 깊이 알게 된 소중한 시간이었다. 아버지는 자신의 이야기가 스토리로 쓰여 사람들에게 읽히는 것에 대해 부끄럽게 생각할지도 모른다. 내 생각이지만 자신은 별로 위대한 일을 하지 않았다고 생각할지도 모르겠다. 그런데 고린도전서 15:58 "… 너희 수고가 주 안에서 헛되지 않은 줄을 앎이니라" 하신 말씀처럼, 아버지가 하나님 앞에서 영혼 구원을 위해 한 모든 일은 하나도 헛되지 않고, 하나님 앞에서 복음을 위해 살아온 아버지의 인생은 그 자체가 영원히 기록될 인생 작품(masterpiece)이다. 그것이 내가 이 기록을 남기기로 결심한 이

유다.

2022년이면 아버지의 목회 인생은 40년이 된다. 최근 하나님 앞에 목사로서 아버지의 다짐과 기도제목을 물었다. 아버지는 성경 구절과 함께 다음과 같이 내게 답했다.

> "내가 달려갈 길과 주 예수께 받은 사명 곧 하나님의 은혜의 복음을 증언하는 일을 마치려 함에는 나의 생명조차 조금도 귀한 것으로 여기지 아니하노라."
> 사도행전 20:24
>
> "However, I consider my life worth nothing to me, if only I may finish the race and complete the task the Lord Jesus has given me -- the task of testifying to the gospel of God's grace."
> Acts 20:24

"복음이 없어서 전 세계 교회가 무너지는 이 시대에, 세계의 교회사 중 놀랍도록 유례없이 부흥을 한 한국 교회가 지금은 점점 쇠퇴해 가는 것을 보면서 안타까움을 금할 길이 없구나. 물론 정확한 복음이 아니기 때문인 결과임을 알지만 그래서 주님 오실 때까지 참 복음을 가지고 전하는 교회를 남기고, 후계자, 중직자, 렘넌트를 세우고 가야 되는 숙제를 안고 있는 것 같구나. 오늘 화요집회 메시지처럼 다 흔들려도 목사님들이 바로 서면 다 산다고 하셨고, 또 결국 현장에 있는 중직자들이 살아야 현장이 살고, 복음 가진 렘넌트들이 살면 된다고 하신 말씀처럼 결국은 시대마다(구약시대, 신약시대, 현재) 진짜 복음 가진 1%, 0.1%, 0% 의 사람을 통해서 반드시 하나님이 세계복음화를 이루실 것이기 때문에 그 속으로 들어가는 것이 가장 우선인 것 같다. 오늘 집회 말씀 같이 코로나 시대, 앞으로 더 한 시대가 올 수도 있는데 교회도 거품들이 다 빠질 것이라는 말씀이 맞는 것 같다. 어쨌든 눈에 보이는 것(특히 한국 사람들은 눈에 보이는 것을 중요시 하는데)보다 하나님 앞에서 내가 어떻게 서느냐가 가장 중요한 것 같다."

— 2021년 2월 23일 주영혁 목사 —

아버지는 이제 교회의 노인복지 사역을 통해 지역의 빈 곳, 약하고 도움이 필요한 많은 사람들에게 들어가 복음을 전하고 있는데, 앞으로도 아버지만의 달란트와 유일성으로 하나님 아버지께 가는 그날까지 많은 영혼을 살리고 복음을 위해, 그리스도를 위해 달려갈 것을 믿고 기도한다.

나는 글을 잘 쓰는 전문 작가도 아니고 아버지의 모든 것을 한 치의 오차도 없이 정확하게 기록할 수는 없지만, 지금까지 아버지의 삶을 인도하시고 그를 통해 나의 어머니와 나와 내 동생, 그리고 많은 영혼들을 살리시고 인도하신 하나님께 감사드리며 이 글을 마친다.

가족

렘넌트들과 부모님

아버지 주영혁 목사

둔대교회

신학생 시절

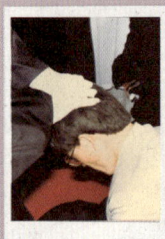
1987년 5월 5일 목사 안수

둔대리에서 할머니 할아버지와

목사 안수 후

목사 안수식 축하하러 온 양가 식구들

목사 안수식 후 가족 사진

목사 안수식

언약의 동역자

작가 주향기 PK

PK 주향기(1985년생)
주영혁 목사의 1남 1녀 중 장녀
2007년 풋풋한 20대의 시작부터
EMS 영어선교학교 근무,
현재 부원장으로 섬기는 중
초등 1~2학년 시절 르완다 의료 선교 영상을 본 후로
언제나 전 세계로 돌아다니며
세계복음화 하는 꿈을 꿔왔던 렘넌트…

UCLA 방문

세계 복음화의 꿈을 키운
율암교회 렘넌트 시절

대천 겨울 바다에서, 나와 동생

아버지와 나

EMS 렘넌트 사역

2017년 EMS 10년 근속상

류광수 목사님과 EMS 교사들

아빠와 우리

2016년 가족

세계복음화를 위한 가정

세계복음화를 위한 가정

2015년 필리핀 바기오

필리핀 바기오 선교지 방문

세계복음화를 위한 가정

2019년 WRC 세계복음화를 위한 가정

성전 건축 전 율암교회

성전 건축 후 율암교회

1990년 율암교회 성전 건축 기공식

율암교회 성전봉헌예배

2006년 광현교회 성탄절 기념

2011년 광현교회 이전 및 임직 감사예배

렘넌트의 신학원 한 학기 종강을 축하하시는 아버지

광현교회 가족들과

렘넌트들과 부모님

렘넌트들과 태권도

렘넌트들을 사랑하시는 아버지

렘넌트를 위한 삶

렘넌트를 위해 기도하시는 아버지

렘넌트를 위해 기도하시는 어머니

뷰티풀 라이프

아기 렘넌트들을 가르치시는 어머니

예배의 삶

필리핀 바기오 가족 선교 여행

필리핀 바기오 선교지

현장 전도자 아버지

EMS 렘넌트들과 말씀 포럼

WRC 때 KINTEX에서

2014년 동생과 함께 한 첫 선교 여행 –
인도, 뎅기열에 걸렸던 여행

2017년 인도 EMS가 시작된 후 다시 찾은 인도

단 하나의
레퍼런스를 가진
전도자 김한기 목사

김한기 목사

강원도 강릉 출생
광명 주원교회 담임목사
백만 목회자, 이천 지교회, 일만 다락방, 70만 평 부지
한 가정 한 지교회, 한 선교사 파송
언약의 말씀: 수1:9, 마1:21, 마16:16, 고전2:2, 행1:8, 골2:3

광명 주원교회(1990. 12. 15. 개척 ~ 현재)
기독신학교(현 백석신학대학교) 목회학석사
세계복음화 전도협회 북방선교 부회장(시베리아 담당)

오직 예수의 유일성과 완전성의 증인 되는 전도자가 되게 하소서

강원도 산골짜기의 당돌한 아이(엡3:1-6)

강원도 작은 시골 마을. 당회장 목사님은커녕 전도사님 한 명 없이, 은혜받은 한 서리집사님에 의해 세워진 예배당은 오랜만에 활기를 띠었다. 부흥사 목사님을 초대하여 부흥회가 열리기 때문이었다. 작은 체구에 당돌해 보이는 한 소년 역시 설레는 마음으로 부흥회를 기다렸다. 교회에 다니는 가족이 단 한 명도 없었고, 오히려 교회에 대해 부정적인 생각을 갖고 있던 부모님의 눈을 피해 교회로 향하는 것임에도 불구하고 소년의 발걸음은 빠르다 못해 가볍게 느껴졌다. 맨 앞자리에 앉아 큰 소리로 찬양하고, 부흥강사 목사님의 질문에 가장 큰 소리로 대답하던 그 소년에게 목사님은 "너 앞으로 커서 목사 되겠다"라고 말했다. 그 이후 누구도 기억하지 못했을 그 말은 소년의 마음에 담겼고, 왜소하고 햇볕에 검게 그을린 그의 얼굴은 그날의 햇빛보다 더 밝게 빛났으며, 눈빛은 반짝이기 시작했다.

강원도 산골의 작은 소년

강원도 산골 사천에서 7남매 중 막내로 태어난 소년의 집안은 경제적 형편이 여의치 않았다. 시대가 그러했지만 소년의 집안은 그에 비해서도 어려운 가정이었다. 소년의 아버지는 산골 마을의 비공식적인 치과 의사였다. 그 당시 일본으로 건너가 치과 아카데미에서 자격증을 취득해 왔으나, 한국에서는 인정되지 않는 자격증이었다. 치과 진료 자체가 드물었던 시대였던지라, 비공식적인 치과 의사에게라도 진료를 받기 위해 이곳저곳에서 그의 아버지를 찾아왔다. 나름대로 수입이 보장된 기술이 있었지만, 소년의 아버지는 가족 부양에 대한 책임이 강한 가장은 아니었다. 비공식적 의료 행위로 받은 대가는 하룻밤에 음주 및 윤락으로 탕진하였으며, 자라나는 자녀들을 제대로 부양하지 않았다. 자녀들에게 '공부하면 다 도둑놈 된다'는 논리로 교육에 관한 지원도 하지 않았다. 아내는 둘째 치고, 한창 자라고 있는 어린 자녀들에게조차 한없이 원망스러운 아버지의 모습이었다. 이러한 환경 속에서 힘겹지만 최선을 다해 자녀들을 먹이고 자라게 한 소년의 어머니는, 유독 작고 눈물 많은 막내였던 그 소년에게 항상 입버릇처럼 말했다. "내가 죽고 싶어도 너 때문에 못 죽는다." 소년은 그때는 미처 몰랐으리라. 이렇게 어렵고 힘겨웠던 시간들과 한없이 원망스러웠던 아버지가 후에 모두 증거 거리가 될 것을⋯.

서울로 상경한 소년

초등학교를 졸업한 어린 소년은 돈을 많이 벌어야겠다는 야심 찬 꿈을 가진 16세의 청소년이 되었다. 지금 16세의 청소년을 생각하노라면 여전히 부모님의 보호와 보살핌이 필요한 시기지만, 당시 그는 오롯이 돈을 벌기 위해 서울 상경을 결심하였다. 빈 두 주먹을 불끈 쥐고 아무 연고도 없이 서울로 올라갔다. 가지고 온 돈도 없고, 잘 곳도 없이, 친척이 소개시켜준 일자리에서 일을 시작하였다. 추운 겨울에도 트럭에서 잠을 청하기 일쑤였고 그렇게 2년이 흘렀다. 그는 트럭 운전사의 조수 노릇을 비롯하여 돈을 벌 수 있는 일들을 성실하게 열심히 하며 운전을 배우기 시작했다. 가난이 평생의 한이 되었기에 돈을 모으기로 작심한 그는 영양실조 현상이 몸에 일어날 만큼 먹지 않고 쓰지 않으며 돈을 모으기 시작했다. 빈손으로 시작한 그가 20살이 되던 해에 택시를 구입하였고, 이후 꾸준히 돈을 버는 일에 몰두하였다. 청년으로 장성하여 군대에 가는 날 그는 '환난 날에 나를 부르라 내가 너를 건지리니 내가 나를 영화롭게 하리라'라는 말씀을 붙잡게 되었고 그때 그는 처음으로 말씀을 붙잡고 한 기도가 응답된다는 것을 체험하였다. 여전히 그의 마음에는 "너 크면 목사 되겠다"라고 한 목사님의 말이 불을 지피고 있었고, 순수하게 하나님을 믿는 신앙생활은 지속되고 있었다.

세 딸의 아버지가 된 책임감 있는 가장

깡다구 있던 청년은 어느새 결혼을 하고 가정을 이루어, 슬하에 세 딸을 둔 가장이 되어 있었다. 아버지의 무책임한 태도로 자신은 물론 고생하는 어머니와 형제들을 지켜봐 왔던 터라, 자신만은 아버지가 되었을 때 가장의 역할을 톡톡히 잘 해내고 싶었다. 성실이 몸에 배어 있고 유난히 사업 수완이 좋았던 그는 직장 생활을 하면서 우유 배달도 하고 가게도 하며 돈 버는 일에 게으르지 않았다. 16세

빈털터리로 서울로 상경한 그가 자동차와 아파트가 귀한 그 시절, 20세에 택시를 구입하고(당시 주간에 자신은 직장에, 퇴근 후에는 본인이 직접 운전함), 27세에 13평의 작은 아파트지만 자신의 아파트를 마련할 정도였으니 어느 정도로 열심히 일을 했는지 짐작할 수 있다. 그러면서 자녀들만큼은 고생시키지 않고 남부럽지 않게 먹이고, 입히고, 가르치리라 다짐하였다.

세 딸들의 아버지가 된 그는 그 당시 여러 상황을 보며 '돈보다도 중요한 것은 공부'라고 생각했다. 공부만 잘한다면 모든 성공이 보장된다는 생각이었다. 그리고 경제적 형편으로 인해 배우지 못한 자신의 한을 풀 수 있는 좋은 수단이기도 했다. 그래서 시간만 나면 세 딸을 차에 태우고 서울대학교로 향했다. 그리고 서울대 캠퍼스로 들어가 학교 전체를 돌았다. 그때마다 그는 세 딸에게 "여기는 앞으로 너희들이 올 학교다. 이 학교에 오려면 공부를 열심히 해야 한다"며 각인시켰다. 그리고 세 딸들의 공부와 성공한 사람으로서의 교양을 갖추게 하는 일이라면 어떤 것에든 돈을 아끼지 않았다. 그 당시 가장 비싼 호텔 음식점, 뷔페, 한식당, 중식당, 양식당을 데리고 다니며 음식을 먹는 교양과 순서, 분위기 등을 경험하게 한 것은, 평생의 한이었던 가난으로 인해 배우지 못함과 그로 인한 서러움 속에 생긴 상처에서 비롯된 실천이었을 것이다.

신학교 입학과 함께 시작된 본격적 열심주의와 율법주의

나름대로 사회경제적 지위를 갖고 풍요롭고 여유로운 생활을 하던 그는 더 이상 외면할 수 없는 신학의 길을 가야만 한다는 것을 직감하였다. 언젠가 목사가 되어야 한다는 막연한 꿈과 희망을 갖고 틈틈이 영어나 한문을 공부한 그는 검정고시를 치르고 신학교에 입학하게 된다. 그리고 본격적인 신앙생활을 시작하였다. 유난히 공부에 큰 한이 있었던 그는 신학교에서 참고하라는 모든 서적을 구입하고 도서관에나 있음직한 성경 주석을 세트별로 모두 구입했다. 다행히도 당시 시작한 건강원 사업은 세 딸을 풍성하게 키우기에 충분할 정도로 번창하였다.

신학생이 된 그는 이 모든 것이 하나님의 은혜임을 알았다. 따라서 어떻게 해서든 말씀대로 살기 위해 노력했고, 경건한 생활을 하기 위해 몸부림쳤다. 그러나 사업을 하는 그에게 말씀은 늘 상충되었고, 그가 죄를 해결하기 위해 선택한 방법은 철야와 금식이었다. 잠을 자지 않는 것과 먹지 않는 것만큼 인간의 육체를 괴롭게 하는 것이 무엇이 있으랴. 말씀대로 살려 하면 할수록 올무처럼 죄어오는 죄의식과 또 그 무시무시한 하나님의 진노를 피할 방법은 오직 회개였으며, 율법적 회개가 늘 그러하듯 자신의 입술로 생각나는 모든 죄를 고백했다. 그리고 어찌 보면 믿음으로 구원을 받는다는 성경의 가르침과는 맞지 않게, 고백하는 죄는 없어지고 고백하지 않는 죄는 그대로 있다고 생각하였다. 기도의 마지막은 생각나지 않는 것까지도 죄를 용서해 달라는 것으로 마무리를 했다. 어머니의 품에서 젖을 깨문 것까지도 회개해야 한다는 감리교의 창시자 요한 웨슬레의 설교집 내용이 그에게 회개의 기준이자 정의가 되었다. 그러므로 쏟을 수 있는 힘을 다해 회개를 했음에도 불구하고, 죄를 다 해결하지 못했다는 불안감과 또다시 자신이 그 행동을 반복할 것이라는 찜찜함이 지속될 때는 금식으로 이어나갔다.

율법의 초점으로 성경을 열심히 파고들수록, 태어날 때부터 죄인으로 태어나 하는 모든 생각이 악할 수밖에 없는 육신을 가지고 의인이 되기 위해 할 수 있는 일이 무엇이겠는가? 자신의 육신을 쳐서 복종시키는 것이 아니겠는가? 세 가장의 아버지로서 자신의 모든 것을 결단하고 늦은 나이에 목회를 선택한 그가 생각할 때, 어떻게 해서든지 육신을 치는 가장 합리적인 방법은 철야와 금식이었다.

그러나 율법주의의 마지막은 죽음밖에 없다. 왜냐하면 자신이 악한 행위를 저지른 것도 회개의 제목이 되었지만, 헐벗은 사람을 지나쳐 간 것, 수많은 과부와 고아를 돌보지 않은 채 자신의 배를 불린 것조차 하나님 앞에 송구하고 죄송하였기 때문이었다. 그리고 말씀대로 살지 못하는 죄의식으로 시달려야 했다. 이러한 신앙은 자녀들에게도 전달되었다. 어릴 적부터 훈련된 가정예배와 경건의 시간(Q.T.), 말씀암송은 중요한 가정의 루틴이 되었다.

이 뿐 아니었다. 한번 시작한 일은 끝장을 보고야 마는 그는, 신앙생활도 그러한 오기, 칠전팔기의 집념으로 했다. 기도응답이 안 되는 것 같으면 며칠씩 금식을 하기도 하고, 산꼭대기에 올라가 부르짖기도 했다. 그래도 뭔가 마음이 안 잡힐 때는, 며칠이고 기도원에 머무르며 금식을 하고 몸부림을 쳤다. 그동안 신비도 체험하고 치유도 체험하고 예언도 체험하였다. 당시 운영하던 건강원 사업은 잘 운영

되어 그의 지갑은 항상 두둑했다. 그리고 그 축복의 근원이 하나님임을 알기에 그에게 하나님은 감사한 분이면서, 말씀대로 살지 않으면 벌을 내리시는 무서운 분이셨다. 말씀대로 살지 못하면 받을 무서운 형벌에서 벗어나고자 더욱 기도에 매달리고 금식에 매달릴 수밖에 없었다. 그러한 행위 뒤에는 이상하게 응답이 왔다. 또 말씀대로 살지 못할 때는 반드시 손해가 오니, 그 많은 말씀을 지키지 못하는 자신을 점검하는 것이, 그래서 벌을 받지 않는 것이 신앙생활의 목적이 된 듯 보였다. 그렇게 세 딸의 아버지는 유난히 성경의 모든 말씀을 지켜 행하기 위해 노력하지만 잘 되지 않는 자신의 체질로 인해 죄의식에 시달리는 김 목사가 되었다.

목회의 고단함과 열심주의의 한계

신학교를 졸업하고 목사가 되던 해 금천구 시흥동에 작은 교회를 개척했다. 당시 시흥동에는 빈민가들이 매우 많았으며 서울에서 경제적 수준이 가장 낮기로 유명하였다. 자신이 어렵게 살아온 탓에 김 목사는 어려운 지역에서 봉사하며 목회하기를 소망했다.

몇 사람이 모이지 않은 성도지만 개척한 교회에는 허구한 날 문젯거리가 끊이지 않았다. 성도 간의 갈등도 모자라 성도들 간의 갈등이 사라지면 목사님이 문젯거리로 떠올랐다. 목사님이 목동이라는 위치에 있는 아파트에 사는 것 자체가 성도들에게 시험 거리였으며, 목사님에게 돈이 많다는 것이 성도들의 가십거리였다. 그 당시 목회자는 가난한 것이 미덕이었으므로, 좋은 집이 있고 차가 있는 것은 가난한 성도들에게는 마냥 풍요로운 삶을 사는 것으로 보였다.
이미 모든 삶을 주님께 드리기로 결심한 그였고, 그대로 실천하는 자였기에 조금의 망설임도 없이 아파트와 차, 일평생 모았던 것을 하나님께 드렸다. 그럼에도 불구하고 여전히 교회는 시끄러웠으며, 그러한 일이 거듭될수록 그는 더욱 열심을 다해 엎드렸다. 눈이 오나 비가 오나 지속되던 '산 철야기도'를 비롯하여 21일 단식과 금식, 강단과 목회의 일을 감당하며 한 40일의 금식까지, 인간으로서 할 수 있는 모든 열심과 실천을 다 했다. 하지만 그럴수록 턱까지 숨이 차오르듯 답답한 그의 마음은 이루 표현할 수 없었다. 누구에게도 말할 수 없었던 자신의 한계는 계속해서 그를 쫓아다니며 그를 괴롭혔다. 그 누가 그때 그의 마음을 알 수 있었으랴….

94년 7월, 무릎을 치던 날 –
죄에 눌려본 자만이 만끽할 수 있는 해방감

그러한 한계에서도 그는 결코 놓지 못했던 것이 '전도'였다. 교회 지역 내 노인정, 놀이터, 노방 전도 등 이 역시 열심과 끈기, 성실이라는 그만의 특유한 성격으로 부딪혀냈다. 자신의 승용차에 스피커를 매달고 마치 야채 판매 트럭이 '야채 팔아요'를 외치듯 '예수 믿고 천국 가세요'를 외쳤다. 큰 사탕 봉지 하나 사가지고 놀이터로 가서 모든 아이들을 선동하여 '예수 천당, 불신 지옥'을 외치기도 일쑤였다. 하루는 밤에 일을 하고 낮에 잠을 자야 하는 한 남자가 놀이터 부근에 살았는데 낮에 시끄러워 잠을 잘 수가 없자 화가 나서 2층에서 물을 끼얹었다. 김 목사는 이것도 전도를 위해 핍박을 받는 것이라고 생각하며 더욱 기쁨으로 예수 천당, 불신 지옥을 외쳤다. 며칠 뒤 길을 가는데 한 남자가 무릎을 꿇고 죄송하다며, 그 일 이후 잠을 한숨도 못 잤다고 용서해 달라는 남자에게 김 목사는 괜찮다고 말할 뿐, 진짜 일어나는 전도의 역사에 대하여는 어떻게 해야 할지 몰랐다. 아무튼 맡은 일은 남들보다 두 배는 더 열심히 해야 직성이 풀리는 체질이었기에 이스라엘교회 부근의 사람들은 그 작은 이스라엘교회를 모르는 사람이 없을 정도였다.

94년 7월, 여느 때와 같이 김 목사는 이러한 교회의 문제가 자신의 부족함으로 생긴 것이라는 생각에 하나님의 옷자락을 붙들고 늘어져서라도 능력을 받고 싶었다. 그 능력은 금식과 철야의 반복에서 잠깐씩 나타나는 것일 뿐 지속되지는 않는 유통기한이 짧은 것이기에 괴로웠다. 이렇게 목회 3년 만에 자신의 한계에 부딪힐 즈음, 금천구에 위치한 벧엘교회 옆을 지나다 '전도학교'라는 현수막을 발견하게 되었다. '전도'라는 단어에 항상 눈이 번쩍 뜨였던 그였기에 그의 마음은 두근대기 시작했다. 성령의 역사하심으로 가던 차를 돌려 무작정 그 교회로 들어가 끝자리에 앉았다.

"주는 그리스도시요 살아계신 하나님의 아들이시니이다." 음성의 높낮이도 거의 없이 조용하게 말하는 그의 세미나는 여느 부흥회와는 달랐다. 조용한 음성이었지만 그 어느 때보다 강력한 메시지로 그의 귀와 마음에 박혔다. 예수님이 나의 과거, 현재, 미래의 모든 죄를 해결하셨다는 말씀, 예수님이 그리스도라는 말씀을 듣는데, 그 순간 그는 손으로 무릎을 쳤다. 그리고 그 어떤 곳에서도 느껴보지 못했던 평안함과 안도감이 가득 채워지는 것을 느낄 수 있었다. 그때 그가 속으로 되뇌이던 말을 그는 지금도 생생히 기억한다. "아… 이제 살았다."

이 말씀을 듣고 밖으로 나온 그는 깜짝 놀랐다. 분명히 아까와 같은 그 길, 그 나무, 그 하늘이었는데 얼마나 밝게 빛나고 있는지… 나를 위한 길, 나를 위한 나무, 나를 위한 하늘임이 느껴져 뛸 듯이 기쁘고 이제 드디어 살았다는 그 안도감. 그 누가 알 수 있으랴… 비바람 치는 벼랑 끝에 수십 년을 매달려 있는 그를 강력한 팔로 건져내 편안하고 푹신한 요람 위에 뉘인 그 순간에 느껴진 그 기분을….

이날 이후로 그는 목회가 쉬워졌고, 정말 행복한 인생이 되었다. 교회에 전쟁과 분열이 그치고 제자들이 붙었다. 청년들이 앞장서서 눈이 오나 비가 오나 화이트보드를 들고 현장에 나가기 시작했다. 마치 마틴 루터가 '오직 의인은 믿음으로 말미암아 살리라'에 충격을 받았던 것과 비슷한, 아니 그보다 더욱 큰 충격으로 다가왔다. 죄의식 그 하나가 풀리니 모든 것은 술술 풀리기 시작했다. 목회의 어려움과 고단함으로 지쳐있던 그가 지금까지도 한 번도 누리지 못한 자유함을 누리기 시작하였다.

단 하나의 레퍼런스

마틴 루터가 종교개혁을 할 수 있었던 것이 그가 가진 죄의식의 무게가 큰 만큼 '오직 의인은 믿음으로 말미암아 살리라'가 새롭게 깨달아졌던 것이 아니었을까?

김 목사는 예수가 그리스도이심을 깨달은 그날부터 성경을 파고들었다. 성경의 근거를 성경으로 하기 위하여 성경 66권을 틈만 나면 읽고 또 읽어 내려갔다. 워낙에 레퍼런스는 학자들이 자신의 의견을 펼치기 위하여 저명한 학자나 보편적으로 받아들여지는 이론을 가져와 자신의 이론을 뒷받침하는 것이다. 그렇다고 세상의 학문과 이론을 배격하는 것은 아니다. 단지 김 목사는 하나님 말씀을 전하기 위해 하나님보다 그 어떤 권위자가 없으므로 하나님 말씀인 성경을 레퍼런스로 활용한다는 심플하면서도 당연한 논리이다.

그가 성경만을 파고드는 이유. '나는 왜 그 예수를 이 성경에서 발견하지 못했을까? 나름 성경을 많이 읽었다고 자부했는데 나는 왜 예수가 그리스도라는 그 사실을 이 성경을 통해 깨닫지 못했을까?'

시대적 전도자가 설명해 준 성경은 자신이 이제까지 읽어왔던 내용과 달라도 너무 달랐다. 그 충격은 그를 성경 66권 전체가 하나의 스키마처럼 머릿속에 자리 잡을 정도로 성경을 읽고 또 읽도록 하였다. 그리고 성경 66권 전체가 전부 예수 그리스도를 통하여 영생을 얻게 하기 위함을 설명한다는 것을 계속 깨달아 나가도록 성령께서 그의 눈을 열어주셨다. 그에게 어떤 말씀이 어디 있는지를 물으면 대부분의 말씀이 그냥 툭 튀어나온다. 휴대폰 앱을 이용해 검색하는 것보다 가히 빠르다 할 수 있다. 그리고 어디를 펼치든 복음의 관점으로 막힘없이 성경 신구약을 왔다 갔다 하며 설명하는 모습은 과연 경이로울 지경이다. 시대적 전도자를 통하여 설명된 예수 그리스도의 복음의 불씨가 김 목사에게까지 전달되고 김 목사의 목회 방향을 바꾸어놓았다. '예수 이름만 믿으면 되는 것을 왜 나는 그 가장 기본 된 예수 이름을 믿지 않았을까….'

예전의 김 목사에게는 공부와 경제가 한(恨)이었다. 그러나 복음을 깨달은 지금 김 목사는 '오직 예수'가 한(恨)이다. '예수가 그리스도 이심을 몰라서, 그 이름 안에 그리스도 비밀이 담긴 것을 몰라서 이제까지 헤맸구나.' 예수가 그리스도셨구나. 이것을 모르는 사람들에게 전하는 것이 그의 평생 사명이요 소명이다. 그리고 어디를 가든지 묻는 것이 있다. "당신은 죄인입니까? 의인입니까?" 집요하게 캐묻는 데에는 이제까지 그의 신앙 고백이 있고 하나님 앞에 받은 사명이며 자신과 같은 자가 없기를 바라는 간곡함이기도 하다.

오직 예수를 말한 이후 문제가 아예 없었던 것은 아니다. 누군가는 회개가 없다고 - 단언코, 회개가 없는 것이 아니라 단지 언어적 표현으로, 즉 우리의 행위로 우리 죄가 없어진다고 생각하는 회개 관념이 없는 것이다. 우리는 날마다 오직 예수 그리스도를 바라보는 회개를 해야 한다 -, 편협적이라고, 때로는 이것만 말하는 것을 보니 다른 것은 모르는 무식한 목회자라며 교회를 떠나기도 하였다. 그가 하는 선교 현장에서도 이러한 것을 문제 삼기도 하였다. 그러나 그 모든 것이 그에게 문제 되지 않았다. 왜냐하면 그가 외치는 오직 예수 그리스도가 성경이 말하는 모든 것임을 발견하였으므로.

목회의 결말을 향하여…

그는 지금도 강단에서 외친다. "예수님은? 그리스도! 그리스도는? 모든 문제 해결하신 자! 십자가에서? 다 이루었다! 최고의 누림은? 전도와 선교!" 이 네 가지 질문에 그의 인생, 그의 철학, 그의 목표, 그리고 그의 한이 모두 담겨있다. 그리고 이 일에 증인이 되고 있다.

"나는 여러분이 내가 오직 예수 한다고 다 떠나간다면, 나 혼자서라도 오직 예수 하겠습니다."

"그럴 일은 없겠지만 내가 계속 선교한다고 여러분이 나를 꽁꽁 묶어놓는다면, 나는 데굴데굴 굴러서라도 선교지에 가겠습니다."

이러한 강단에서의 고백에는 모든 성도들의 심금을 울리는 그의 중심이 담겨있다. 이제 목회의 결말을 향하여 걷고 있는 그에게 제자의 사명이 남아있다. 특히 러시아에서 수많은 오해와 핍박이 있었지만 제자가 한 사람이라도 발견된다면 그 제자 하나를 위해서라도 꿋꿋이 철판을 깔고 사역을 하는 그를 통하여, 세 딸들은 복음을 말로만이 아닌 경험으로 체득하였다. 이제 김 목사의 철학과 가치, 신념이 완전히 바뀐 만큼 그의 제자들도 바뀌었다. 전도와 선교를 위한 인생, 오직 예수만을 증거하는 인생이 그의 목표가 되었듯 이제 그의 제자들 역시 그것이 목표가 되어 있다. 열심으로라면 두 번째 가라면 서러울 정도로, 열심이 특심이었던 그는 이제 열심히 하지 않는다. 가만히 있는 것이 특기가 되었다. 그리고 문이 열리면 손익을 따지지 않고 나간다. 이것이 그의 목회 방향이자 제자를 세우는 방법이기도 했다. 때로는 지금도 그를 오해하여 많은 말을 듣기도 하고, 억지스러운 소리들이 들려오기도 한다. 오히려 주변에서 "대응해야 하지 않겠습니까?"라고 묻는 사람을 무안하게 만들 정도로 그는 여유로운 웃음을 지을 뿐이다. 그리고 어김없이 말한다. "예수님은 그리스도시다. 하나님은 다 알고 계시고, 우리는 그분 앞에서 하면 된다. 그러면 아무 문제없다."

하나님은 순전히 오직 여호와만 앙망하는 그에게 수많은 축복을 쏟아부어 주셨다. 100여 명 남짓 하는 작은 교회를 통하여 신학교가 세워졌고, 선교사가 파송되었다. 365일 중 200일 이상은 현장 선교에 가 있는 목회자를 돕기 위하여 6명의 부교역자들은 그보다 더 진하게 오직 예수를 선포한다. 세 명의 딸들은 모두 각자 분야의 교수가 되어 그를 든든히 보위하고 있다. 어떻게든 그의 사역을 돕고자 하는 13명의 장로들이 든든히 그의 목회를 도우며, 단 하나밖에 없는 레퍼런스에 근거한 말씀을 듣기 위하여 인도, 파키스탄, 러시아 제자들이 몰려왔다. 누군가는 그 많은 선교 사역비는 어디서 나는지를 궁금해 하기도 한다. 김 목사는 자신 있게 말한다. 우리 아버지가 부자고 은행에 가면 돈이 많다고…. 누군가는 이것을 허투루 듣고 넘긴다. 그런데 사실 그의 말이 맞다. 한 번도 그가 돈이 없어서 사역을 못한 적이 없다. 꼭 가야하는 사역지에 가야하는데 돈이 없다면 은행에서 빚을 지고라도 간다. 은행 마이너스 통장이 꽉 차서 더 이상 돈을 구하지 못 할 때면 – 선교를 하는 누구나가 경험한 바이겠지만 – 생각지도 못한 누군가를 통하여 꼭 사역비를 감당하게 하신다. 그리고 하나님은 다양한 방법을 동원하시어 생각하지 못한 방법으로 경제를 채워가셨다. 이러한 체험을 한두 번 한 것이 아니니 이제는 우리 아버지가 부자고 은행에 가면 돈이 많다는 말밖에 할 말이 더 있겠는가!

그는 어린 시절부터 성공에 대하여 열망한 자다. 그리고 그 성공에 대한 열망은 예나 지금이나 똑같다. 그러나 그 기준이 바뀌었다. 부와 명예가 성공의 기준이었던 그에게 하나님은 복음을 깨닫게 하시고 이제는 영혼 구원이 성공의 기준이 되게 하셨다. 나를 통하여 한 영혼이라도 주께 돌아오도록 한다면, 내가 하는 업을 통하여 한 명이라도 전도할 수 있다면 그것이 성공이고 그것이 행복이라는 김 목사는 지금도 현장에서 복음을 전한다. 또 그 방법이 오직 성령인도임을 안다. 그래서 문을 만들어 힘들게 전도했던 그는 이제 가만히 있다가 문이 열리면 나가는 전도자가 되었다. 그 문이 놀이터라면 놀이터로 가고, 러시아라면 러시아로 간다. 아무리 어려운 상황에서도 열리는 전도, 선교 문을 놓치지 않는 것이 그의 신념이다. 이것을 목회학적으로 좋다, 나쁘다 할 사람이 누가 있겠는가? 하나님께서 여시는 문대로 가는 것이 목회자 아니겠는가? 그리고 그 신념이 통하는 자들이 모여 그들과 함께 동역하는 것이 목회라고 생각한다. 그런 그는 지금도 이렇게 자신 있게 말한다. "나보다 행복한 목회자 있으면 나와 보라고 해!"

그리고 그의 기도제목은 한결같다. "오직 예수의 유일성과 완전성의 증인되는 전도자가 되게 하소서." 그는 "백만 목회자와 이천 지교회"

를 감당하기 위해서 지금도 기도한다. 그리고 그 일이 지금 하나씩 이루어져 감을 목도하고 있다.

나의 사랑하는 아버지이자, 목사님…

한계 있는 글솜씨와 지면이 당신의 인생을 어찌 다 담을 수 있을까요. 이 점이 염려스럽고, 감히 당신의 인생에 가득 채워져 있는 하나님 사랑을 표현하는 것이 마냥 한계가 느껴지기에 그 시간을 미루고 미루어왔답니다. 이제 간략하게나마 당신의 인생을 담고 당신의 인생을 세심한 손길로 인도하신 하나님의 사랑을 글로 그리고 있자니 나의 마음 한가득 떨림과 감격 어린 벅참이 있습니다.

이제 더욱 뻗어 나가십시오. 오직 예수 그리스도가 전 세계 5천 종족 속으로 뻗어 나가는 그 길을 당신을 통해 세워진 곳곳의 제자들이 함께 뒤따라가고 있습니다. 당신의 인생을 통해 '오직 예수'를 보게 해주셔서 감사합니다.

아버지 김한기 목사

작가 김보림 PK

P.K. 김보림(41)
김한기 목사의 세 딸 중 차녀
광명 주원교회 유치부 교육전도사
용인 송담대학교 유아교육과 교수
산업인 서승조 장로와의 슬하에 시아, 시은 두 딸을 두고 있으며
복음 유아교육 플랫폼이 되기 위한 비전을 품고 있음

세자매: 김보희, 김보림, 김보배

세 자매 모두 단 한 해도 거른 일이 없는 (어린 아기를 들쳐 업고서라도) WRC는 우리 가문의 중요한 행사다. (2018, 2019 WRC)

직장이나 각자의 일로 인하여 PK수련회를 매해 참석하지는 못하나 우리에게 늘 힐링이 되는 수련회였다. (2017년 PK수련회)

20여 년 전.
세 자매 모두 결혼하지 않았던 20대의 모습.
아빠 목사님의 가르침을 따라
매일 혹은 매주 화이트보드를 들고
놀이터에 현장 전도를 뜨겁게 나갔던
우리 세 자매.
그때의 현장 경험은 40대가 된
지금까지도 영향을 미치고 있다.

이제 모두 아이 둘씩을 둔 아줌마가 된 지금.
언니는 미국의 미드 웨스트 대학교 음악학부 연구 교수로,
나는 용인 송담대학교 유아교육과 교수로,
동생은 한국 청소년 정책 부연구위원이자
중앙대학교 학부와 대학원의 외래 교수로 활동하고 있다.
그러나 우리 모두의 주업은 전도자임을 잊지 않고 있다.

"보희 언니는 아빠한테 늘 모범생 딸이니까 아빠가 아무리
 율법적으로 눌러도 끄떡없이 다 지키면서
 아빠한테 칭찬받는 딸이었겠지."
"보림 언니는 고집도 세고 반항심이 있으니까
 아빠한테 엄청 맞고 집을 나갔을 거야."
"보배야. 너는 너무 마음이 여리고 착해서 아빠한테
 대들지도 못하고 참다 참다 정신병원 가지 않았을까?"

가끔씩 우리 세 자매는 아빠가 다락방을 만나지 못하고
복음을 깨닫지 못한 채 율법이 충만한 채 목회를 했다면
이렇게 됐을 거라며, 우리를 살린 건 복음이라며 히히덕거린다.

우리 세 딸의 롤 모델이자 아빠만큼이나 존경하는 분이다.
새벽을 깨우는 기도는 항상 이루어진다는 것을 직접 보여주신
현숙한 여인이자 세 딸과 아빠 목회에 헌신적인 최정순 사모님.

결혼 2주년 기념

결혼 3주년 기념

결혼 7주년 기념

결혼 10주년 기념

2018년 WRC

2017년 P.K. 수련회, 세 자매

사랑하는 가족들과

사랑하는 가족들과

1992년 목사임직 후 주일예배

1992년 8월 목사임직

복음 깨닫고 난 후 여름성경학교 사역

신학교 시절

2016년 주일예배 후 렘넌트들과 함께

2016년 대심방 기간 중

2018년 WRC 마치고

2019년 렘넌트들의 새해 인사

2020년 장로 임직시 축가

러시아 바드나울 사역

러시아 옴스크 제자 로만 목사 교회사역

시베리아 꾀메르바 렘넌트들과 함께

2016년 캄보디아 선교

10여 년이 넘는 시간 동안 러시아어 통역으로 함께하다 이제는 천국에 있는 제자 율리아

2016년 세계 선교대회를 앞두고 러시아 선교사들 초청

시베리아 옴스크 사역

케냐 사역

2012년 케냐 선교

케냐 사역

2018년 러시아 바드나울의 제자 세르게이 목사 교회

2019년 세계 선교대회를 앞두고 러시아 선교사 초청

파키스탄 사역

2020년 러시아 시베리아 신학교 (온라인 사역)

2020년 카자흐스탄 알마타 신학교 (온라인 사역)

김한기 | 김보림　233

제주도에서
카렌까지

강군일 목사

1955년 제주도 안덕면 출생
1979년 경기도 부천 영생교회 1년 교육전도사
1980년 서울 시흥 애광교회 2년 담임전도사
1983년 강원도 사북교회 1년 협동전도사
1984년 강원도 고한교회 2년 협동전도사
1986년 강원도 철암 동점교회 4년 담임전도사
1990년 고려신학교 졸업(목회학석사)
1990년 수원 탑동제일교회 개척
1993년 고려총회 남서울노회에서 목사 안수
1993년 다락방전도 1차합숙훈련
1994년 고려교단 탈퇴
현 에벤에셀교회 담임목사(32년차 목회)
수원노회(전도) 증경노회장
2004년부터 현재까지 카렌 노포캠프 담당 선교사

제주도 소년, 불신자 가정 (1~11세)

1955년 제주도 안덕면, 아버지는 십 남매 중 아홉째로 태어났다. 제주도에는 조상들의 선산이 많이 있었다. 할아버지는 가문의 제장으로서 제주 사계리 향교 제주였고, 중요한 날에는 친척들이 많이 모여서 조상 제사를 지냈다. 집안 어른들은 제사, 결혼, 장례 등으로 모일 때마다 매번 큰 소리로 싸웠는데, 이러한 가문의 분위기를 당시 어렸던 아버지께서도 늘 이상하게 생각했다고 한다.

가정 형편은 어려워서 아버지의 어머니께서는 매일 새벽부터 밤 늦게까지 밭일을 했다. 아버지 기억에는 당신의 어머니가 밭일, 부엌일, 빨래, 베틀질, 바느질 등 많은 일로 인해 단 한 번도 누워 주무시는 모습을 본 적이 없다고 했다. 아버지는 어머니를 '고생 많이 한 불쌍한 엄마'로 기억한다. 나이 차가 많은 형제들은 일찍이 사회에 뛰어들었고, 차차 결혼으로 분가하며, 집 분위기는 점차 조용해져갔다.

하나님 안녕하세요, 엄마 아빠 안녕 (12~18세)

처음 교회 생활

1966년 봄, 12살이었던 아버지는 어느 주일날 아침, 동네 친구들과 놀다가 친구의 권유로 처음으로 교회를 가게 되었다. 처음 발을 디던 안덕면 감산교회(통합측 장로교)의 느낌은 너무 좋았다고 했다. 동네 어른들은 억세고 투박했는데, 교회 선생님과 전도사님은 너무 자상했고, 따뜻한 말로 어린 아버지를 맞이해 주었다. 그 후로는 주일마다 스스로 교회에 가게 되었고, 이때 아버지는 전도사가 되고 싶다는 꿈을 갖게 되었다.

어머니가 돌아가시고 이어서 아버지마저

그러나 신앙생활 시작은 항상 험난한 것이었던가. 교회를 다니기 시작한 그 해 6월, 할머니는 일하시다 저녁에 과로로 쓰러졌고, 53세 나이로 그날 밤에 돌아가셨다. 그 후로 할아버지도 급속하게 쇠약해지더니, 결국 이듬해 돌아가셨다. 아버지는 나이 13살, 작은 아버지 나이 9살에 고아가 된 것이었다. 물론 어른이 된 형제들이 있었기에, 형제들에게 의지하고 싶은 마음이 있었지만, 다들 어려운 형편에 동생인 아버지와 작은아버지를 보살필 수 없었다고 했다. 두 번의 장례를 치르면서, 동네 어르신들과 친척들은 어린 아버지에게 "세상 독하게 살아야 한다"고 조언을 해 주었는데, 그 인간적인 말이 오랫동안 각인이 되어서, 신앙생활을 하는 데에는 오히려 더 어려움이 되었다고 했다.

구름 너머 저 하늘 위에

결국 아버지와 당시 9살이던 작은아버지는 작은할머니의 보살핌 속에 2년을 지내게 되었다. 교과서조차 살 수 없었던 형편 속에, 용돈

벌이를 위해 지네도 잡고, 꿩도 잡았다. 해어진 교복을 수선하지 못할 정도로 가난했던 아버지의 모습은 전교생 중 가장 초라했다고 한다. 소일거리를 찾다가 잠시 풀밭에 누워 하늘을 볼 때마다, 구름 너머 높은 하늘에서 돌아가신 할머니의 얼굴이 아버지를 내려다보는 것 같다고 했다. 이후 1년 동안은 유일하게 예수님을 믿었던 새댁 형수(큰어머니)의 보살핌으로 중학교를 졸업하게 되었다. 이때에는 형수와 믿음의 친구들과 함께 부흥회, 사경회, 구역예배 등 많은 은혜의 자리에 참석하면서 은혜로운 추억을 쌓아 나갔고, 중학생 중에서는 유일하게 유년주일학교 보조교사로 헌신할 정도로 교회 속으로 들어갔다. 이를 통해 현실의 가난과 마음의 고통을 잠시나마 잊을 수 있었을 것이다.

고향을 떠나면서 다짐하고 또 다짐하면서

고등학교에 진학할 수 없어서, 17살에 큰아버지의 도움으로 제주도를 떠나 육지로 올라와 공장 일을 시작하게 되었다. 제주도를 떠날 때에 '절대로 고향에 가지 않겠다. 마음을 독하게 먹고 살아야 한다'고 생각하면서도, 하나님께 다짐하며 세 가지 서원 기도를 했다고 한다. "하나님, 주일을 꼭 지키겠습니다. 십일조를 반드시 드리겠습니다. 매일 새벽기도를 드리겠습니다. 하나님, 저는 고아입니다. 저를 지켜주세요." 제주시에서 배를 타고 부산을 거쳐 서울로 올라오는데 배 멀미로 인해 부산에 계신 큰누나(큰고모)집에 잠시 머무르는 동안 용두산 공원에서 전도하던 할아버지를 본 아버지는 '나도 저렇게 전도하며 살아야겠다' 고 감명 받았다고 한다.

무방비 상태로 첫 사회생활 추위와 굶주림

철공소 일을 하면서, 첫 해는 이불 없이 추운 겨울을 보냈다. 얼마나 추웠는지, 밤을 지내려면 네다섯 번을 깨어나 몸을 녹여야 했고, 누운 자리 곁에 있던 마실 물은 꽁꽁 얼어있었다고 했다. 첫 해 월급은 2500원, 동료와 함께 분담하는 한 달 식 생활비는 2800원. 하루 동안 한 끼의 식사로 버티던 날도 많았다. 훗날 돌아보면, 그때 하나님이 왜 나를 살려두셨을까 생각하며 감사했다고 한다. 그때 위가 많이 상했던 탓에, 20여 년간 속쓰림에 위장약을 먹던 아버지의 모습은 내 기억에도 선명하게 남아있다.

내가 너의 아버지가 되어주마.
하나님의 은혜로(19~23세)

세상을 원망하며, 부모님을 원망하며, 하나님을 원망하며

공장에서 일을 하면서, 조금씩 기술을 배워나갔지만, 외로움과 고된 일 속에 마음의 상처는 커져만 갔다. 제주도에서 믿음의 친구들과 열심히 교회를 다니던 그때와 달리, 육지에 올라와서는 교회를 가지 못했던 날이 많았다. 날마다 남쪽 고향 하늘을 바라보며 울었고, 어느 날부터는 공장 일을 마치면 밤마다 사람들의 눈을 피해 가까운 교회(예장합신 영생교회)에 가서 불이 꺼진 예배당에 앉아 혼자서 매일 두세 시간을 울었다고 한다. 기도가 아니라 신세한탄이었다. 돌아가신 부모님을 원망했고, 하나님을 원망했다. 부모의 보살핌 속에 학교 다니는 고향 친구들을 생각하면 부러웠고, 질투하며 절망했다. 배고플 때 걱정해 주는 사람도, 아플 때 위로해 주는 사람도 없었고, 이대로 죽어도, 신경 써 줄 사람은 아무도 없다는 생각이 드니 너무도 외로웠고 서러웠다. 왜 살아야 하는지 이유를 몰라서 "하나님! 나 죽여주세요. 죽고 싶어요. 어머니! 아버지! 나도 데려가 주세요"하며 수없이 가슴 아프게 울부짖었다. 이 세상에 존재하는 것조차 원망스러웠다. "하나님이 공평하시다고요? 나한테는 아니에요. 절대로 아니에요. 나는 새벽 5시에 일어나, 밥 해먹고, 도시락 싸고, 회사 가서 아침부터 밤까지 일하고, 돌아와서 밥 해먹고, 설거지, 방 청소, 빨래를 다 하고 밤 11시 넘어서야 잠자리에 드는데, 이렇게 해도 돈은 항상 모자라요. 나는 거지, 나는 고아, 나는 양아치입니다. 그런데 친구들은요? 이게 공평해요? 나한테는 아니에요. 내가 왜 살아야 해요? 죽여 주세요! 죽여 주세요!"

내 마음속에 들려주신 하나님의 음성, 너는 내 아들이라

매일 밤 교회에 가서 울기 시작한지 1년 정도 지났을 무렵, 그때 하나님의 음성이 마음에 선명하게 들렸다고 한다. "너 왜 그러니? 내가 너의 아버지가 되어주마, 내가 영원히 너와 항상 함께하마." 이 음성은 아버지의 인생에 진정으로 하나님을 만나는 가장 결정적인 순간이었다. 그때부터 처음으로 하나님을 "아버지! 아버지! 아버지! "라고 부르짖으며 얼마나 울었는지 모른다고 한다. 하나님을 만난 그 은혜의 감격으로 교회 생활을 다시 시작하면서 성경을 보게 되었는데, 마태복음 28장 20절을 보고 너무 놀랐다고 했다. 마음에 들려주신 그 음성이, 성경에 이미 기록되어 있던 것이다. 그렇게 마태복음 28장 20절은 아버지 인생 언약의 말씀이 되었다. "볼지어다, 내가 세상 끝 날까지 너희와 항상 함께 있으리라."

42일 군 훈련 중 맞아 죽을 줄을 알면서도

아버지는 하나님을 만났던 그 교회, 부천 중동에 위치한 영생교회에서 신앙생활을 제대로 다시 시작하게 되었다. 초창기 성도로서 청년회 핵심 일꾼으로 활동했고, 교회가 부흥, 성장하는 중에 제주도 방위로 군 입대를 하게 되었다. 입대하기 위해 부모님이 안 계신 고향 땅을 밟은 첫날 낮 12시, 두 형과 누나 집이 있었는데 어디로 가야할지 고민했다고 한다. "아버지, 나는 어디로 가야 하나요? 나는 갈 데가 없습니다. 하나님 아버지가 내 집입니다." 그렇게 고백하고는 어릴 적 추억이 있던 감산교회로 갔다. 평일 아무도 없는 예배당에서 혼자서 기도도 하고 찬양도 하다가 저녁이 되어서야 어디든 가야 했기에 작은 형의 집으로 갔다고 한다. 군 생활 기간 동안 추운 겨울은 너무 힘들었다고 했다. 다른 전우들은 면회 온 부모님들이 보내주신 내복이 있었지만, 아버지에게는 면회 오는 사람도 없었고, 아무 것도 없이 군복 하나로 버텼다고 한다. 눈보라가 치는 어느 겨울, 야간

초소 보초를 설 때는 손발이 모두 얼어붙었다. 며칠이 지나 추위를 도저히 참을 수가 없어서, 소대장이 알면 죽을 줄을 알면서도 내무반 모포를 반으로 잘라 반쪽 모포를 옷 속, 온 몸에 두르고 밤에 나가서 보초를 섰다. 6주의 짧은 훈련 기간 동안, 손, 발, 귀에 모두 동상이 걸려 고생을 했다.

목회, 꿈의 여정 (24~39세)

군 전역 후, 다시 부천으로 올라와 교회 청년회 부흥에 앞장섰다. 1년 반 동안, 밤마다 산에 가서 기도를 했고, 이를 눈치 챈 교회 사모님은 '그곳이 성산'이라며, 아버지를 격려해 주었다. 기도하면 하나님은 역사하신다. 아니, 오히려 하나님은 응답을 예비하시고 우리로 하여금 기도하도록 인도하신다. 그 증거로, 기도하던 아버지에게 놀랄만한 새로운 길이 열렸다. 아버지는 이러한 기도 응답 체험으로, 아들인 나에게 기도하라고 자주 이야기한다.

영생교회에서 첫 교육전도사

아버지의 사정을 자세히 알게 된 최수웅 담임목사는 신학 공부를 권했고, 꿈에 그리던 전도사가 될 수 있는 길이 있다는 소식에 아버지는 매우 기뻐했다. 꿈을 향한 소망으로 부푼 가슴을 안고, 공부를 시작하게 되었다. 결국 신학교에 입학할 수 있는 학업 과정을 마치고,

1978년 24세 나이에 서울 영등포에 있는 한양신학교(학장 양세록 목사)를 다닐 수 있게 되었다.

교회에서 청년회 회장으로 전도사로

교회의 청년회 회장으로, 그 뒤에는 전도사로 새벽마다, 금요 철야 기도때마다 열심히 기도하고 전도했는데, 주일 오후면 청년들을 데리고 매주 전도 현장에 나갔다. 심지어 부천 중동 영생교회에서 서울 김포에 있는 소속교회, 경기도 시화에 있는 소속교회까지 나가서 원정 전도를 하기도 했다. 5명으로 시작한 청년회가 4년여 만에 25명이 되었고, 남전도회나 여전도회보다 청년회가 더 힘이 있었다고 했다.

고마워요, 여보!

담임목사님의 권유로 교회 청년이었던 어머니와 결혼을 하고, 그 다음해에 나를 낳았다. 가진 것도 없을 뿐더러 너무 부족하고 초라해서 결혼을 꿈꿀 수 없던 아버지에게 시집 온 어머니가 너무 고마웠다고 했다. 그런 아버지에게 시집을 온 어머니의 믿음과 결단도 참으로 위대했다. 복음에 전혀 무관심했고 우상을 숭배하던 외할아버지는, 부모도 없고 가진 것도 없으면서 신학을 공부한다는 아버지를 너무 못마땅해 했고, 철저하게 외면했다. 그럼에도 불구하고, 어머니는 아버지의 믿음 하나를 보고 시집을 온 것이었다. 물론, 외할아버지도 부모님의 어려운 신혼살림에 마음 아파했다고 한다. 신혼의 삶은 가난하고 외로웠지만, 그래도 아버지와 어머니는 하나님을 의

지하며 행복해했고, 하나님께서 선물로 주신 자녀가 든든했다. 아들인 나의 이름을 지을 때 가문의 돌림자를 따르지 않고 '반석'이라 지어주었다. 야곱이 자녀들에게 이름을 지어주며 믿음을 고백하였듯이, "하나님의 은혜로 이제 든든하다"라고 고백했다고 한다.

온 가족이 하늘나라 입구에서 돌아오고

내가 태어났던 해 겨울, 어느 날 밤에 이제 넉 달 된 갓난 아기였던 내가 많이 울었다고 한다. 아버지는 잠결에 어머니에게 "아기 젖 좀 줘요" 하는데, 어머니는 기척이 없었다. 아무리 흔들어 깨워도 어머니가 일어나지 않자, 겁이 나서 일어나서 깨우느라 얼굴을 많이 때렸는데, 그래도 깨어나지 않자, 아버지는 교회 집사님에게 리어카를 빌려와 엄마를 싣고 병원에 가야겠다고 생각하고, 문을 다 열어놓고 집을 나서자마자 고꾸라졌다고 한다. 그때야 방 안에 연탄가스가 들어왔다는 것을 알아차렸다. 하늘이 땅으로 왔다, 땅이 하늘로 갔다 할 때마다 아버지는 이리 쓰러지고 저리 쓰러지고, 무릎 네 발로 기어도 이리 저리 쓰러졌다. 겨우 기어서 집사님 집 앞에 이르러 쓰러진 채 문에 매달려 문을 두드렸단다. 다급한 마음에 집 문들을 다 열어놓고 나간 덕분인지 어머니는 겨우 깨어났고, 집으로 돌아온 아버지는 하나님이 아들을 통해 우리 가정을 살렸다고 고백했다.

첫 목회지 서울 시흥 애광교회

그 일이 있고 얼마 지나지 않아, 담임목사의 권유로 아버지는 당시 교역자가 없던 시흥에 있는 애광교회(예장합신)를 맡아서 사역하게 되었다. 그러는 동시에 서울 관악구에 위치한 고려신학교(학장 석원태 목사)에 다니게 되었다. 둘째 아들도 낳으면서, 형인 베드로 반석이 하고 사이좋게 세계선교하라고 이름을 '요한'이라 지었다. 2년 동안 사역하면서 성도의 수는 조금씩 성장했다. 10평 지하실 교회였지만 성도들이 25명이나 되었다. 돈을 빌려서 천막을 만들어 쳤는데 광명시청으로부터 두 번이나 천막 철거를 당하고 빚을 떠안게 되면서, 목회 사역을 계속할 수 없게 되었다.

목회 일을 잠시 접고 탄광으로

1982년 겨울, 빚 청산을 위해 결국 교회를 다른 전도사에게 맡기고, 위험하지만 돈을 많이 벌 수 있다는 탄광 일을 시작하게 되었다. 먼저 강원도로 간 아버지를 따라 뒤늦게 3살, 1살 난 두 아들을 데리고 강원도로 이사한 어머니도 열악한 생활환경에 고생이 많았다.

탄광 폭파 사고에서 살아남고

아버지는 빚을 갚기 위해 열심히 일하다 영양실조로 3일간 쓰러지기도 하셨다. 탄광일은 갱도를 뚫는 일과 탄을 캐는 일이 있는데 아버지는 갱도를 뚫는 일을 했다. 이때 다이너마이트 12개가 폭발하는 사고가 일어나 병원에 45일 동안 입원하기도 했다. 당시 사고 직후에는 회사 관계자들도, 어머니께서도 아버지가 죽은 줄 알았다고 했다. 폭파 사고 현장에서 살아남았던 팀원들은 전도사 아버지 때문에 살았다고 기적이라고 이야기했다. 아버지는 사고 후 다시 굴 속으로 출근하는 것이 마치 죽으러 들어가는 것 같았다고 했다. 그러나 빚 청산과 개척 자금을 벌기 위해 3년 동안 탄광 일을 해야만 했고, 그렇게 신학공부는 잠시 중단할 수밖에 없었다.

사북교회와 고한교회에서 협동전도사로

사북교회(예장합동)에서 1년, 고한교회(예장합동)에서 2년을 평신도 사역자로 있으면서, 교회 학생회, 청년회, 남전도회가 부흥하는 데에 일조를 했다. 고한교회가 2년 동안 중고학생회를 맡아서 20명에서 70명으로, 청년회를 맡아서 3명에서 12명으로 부흥시켰다. 교회 남녀 전도회도 활성화되는 데에 아버지의 역할이 컸다. 이석원 담임목사는 사명이 충만했던 아버지를 많이 좋아했다.

태백 동점교회 담임 전도사로

1986년 강원도 태백에 위치한 동점교회(예장합동)에 교역자가 없어서 담임목사의 권유로 사역을 맡게 되었다. 3년 반 동안 목회를 하면서, 다시 신학 공부를 시작했는데, 주일 저녁에 서울로 출발하면 금요일 저녁에 돌아오던 이 기간 동안 어머니는 상처를 많이 받았다고 한다. 당시 30대 초반이었던 어머니는 대부분의 시간에 혼자서 어린 두 아들을 양육했다. 집에 도움을 구걸하는 걸인들이 올 때마다 무서웠고, 동점교회 교인들은 전임 목회자가 덕이 되지 못한 모습으로 교회에 일천만 원의 부채를 안기고 교회를 떠나자, 목회자에 대한 부정적인 선입견으로 처음부터 우리 부모님을 좋아하지 않았고, 빨리 다른 곳으로 가라고 협박하기도 했다고 한다.

수원에서 새로운 시작

같은 교단 목사들(수정교회 이우찬 목사, 성곽교회 김경식 목사, 예림교회 설문희 목사, 수향교회 모철형 목사)이 수원에 있었는데 이들의 권유도 있었고, 몇몇 큰아버지들이 수원에 있었던지라 나름 의지하는 마음으로, 1990년 수원에 와 탑동제일교회(예장고려)라는 이름으로 개척을 했다. 해마다 사택은 이사를 해야 하는 고생이 있었지만, 3년 만에 교회가 70명까지 성장하였고, 1993년에는 드디어 목사 안수를 받게 되었다. 신혼부터 지금까지 고된 어려움의 연속이었지만, 목사의 꿈을 이루고, 교회는 안정되어 갔던 이 순간만큼은 우리 가정이 가장 평안했던 때인 것 같다.

사모가 처음 다락방을 접하면서

1993년 봄, 어머니는 그간의 고생과 스트레스로 인해 몸에 문제가 왔고, 두 번의 수술로 몇 개의 문제가 있던 장기를 적출하게 되었다. 수술 중에 어머니는 두려운 체험을 했는데, 영혼이 분리되어 누워있는 자신과 자신에게 다가오는 사탄의 존재를 보았고, "똑바로 믿고, 똑바로 전하라"고 하시는 하나님의 음성을 들었다. 수술 후 깨어나서는 두려움과 함께, 구원의 확신에 대해 많은 고민을 하게 되었다. 누구보다 말씀대로, 율법대로 신앙생활을 잘 해왔다고 생각했는데,

하나님을 잘못 믿었다는 생각이 머리에서 떠나지 않았던 그때, 성곽 교회 사모의 권유로, 기독교 100주년 기념관에서 열린 다락방 전도 집회를 처음 참석하게 되었다.

다락방 전도운동 속으로 (40~49세)

다락방 전도 집회에서 강사 류광수 목사가 전하던 그리스도의 삼 중직을 듣는데, 뒷자리에 앉았던 어머니는 복음에 대해 충격을 받았고, 아직 기력이 회복되지 않은 상태임에도, 무릎으로 기어서 강단 가까이 나아갔다고 한다. 그때 들은 복음, 그 은혜가 우리 가족이 다락방을 시작하는 계기가 되었다. 1993년 여름에 부모님은 1차합숙훈련을 받았다. 합숙훈련을 받는 도중 택시 운전기사에게 전도하였는데, 그분이 복음을 듣고 영접하자, 아버지는 너무나 감격스러운 첫 영접기도에 얼마나 감동이 되었던지 많이 울었다고 했다. 합숙훈련을 받고 와서 전 교인들에게 구원의 길 메시지로 다락방을 시작했다. 그러면서 교회 건축을 위해 기도하면서 67평의 땅도 매입하게 되었다.

고려교단을 탈퇴하면서

그런데, 고려교단에서는 다락방 전도운동을 조사하였고, 교단 내 모든 목회자에게 다락방 전도운동은 사이비 성향이 있으니 참석하지 말라는 통보를 해 왔다. 이러한 총회 지침을 놓고 아버지와 어머니가 밤새도록 고민한 것이 내 기억에 또렷하다. 아버지에게는 가족만큼이나, 신학교가 소중했다. 마음을 의지할 만한 영적 스승이 있었고, 믿음의 동역자들이 있었기에 고민을 많이 했다. 그러나 어머니의 강력한 권유로 하나님 앞에서 오직 전도만 하기로 결단을 하고, 1994년에 봄 노회 전에 탈퇴를 결정했다.

이단 바람이 불면서 80여 명의 교회 성도 대부분은 교회를 떠났고, 예배 출석 성도는 30명 정도가 되어 교회는 삭막해졌다. 그래도 전도운동은 하나님 앞에서 올바르다는 확신으로 오직 복음만 전했고, 부모님은 매일 현장 전도를 나갔다. 내가 학교를 마치고 집에 오면, 두 분이서 현장 전도를 나가기 위해 기도하던 그 모습은 내 기억에 선명하게 각인될 정도로 너무 은혜로웠다. 주일날도 오후 시간이면 교회 성도님들과 함께 수원역 또는 동네에서 매주 찬양 전도를 하였다. 이단 분위기 속에서도 교회는 전도하면서, 50명 정도로 성장해 나갔고, 훈련의 열정은 뜨거웠다.

아들인 나에게 이단의 굴레는 이해하기 어려웠지만, 정통에서 이단으로 바뀐 상황에서도 예전과 똑같이 나의 신앙은 흔들림이 없었다. 하나님 앞에서 올바른 복음운동이라는 확신이 넘쳤던 부모님을 보며, 나 또한 확신을 가지고 학교에서 전도했다. 부모님과 함께 수원노회 목사들과 사모들은 자주 모여서 기도하고, 함께 전도했고, 개교회 중심이 아닌 순수한 전도 운동의 모습을 보면서 너무나 큰 은혜와 자부심을 느꼈다.

그래도 참 행복합니다

아버지의 전도 신학원 입학 면접 때, 동부교회 김동권 목사는 아버지에게 이렇게 질문했다. "강군일 목사는 당신이 복되다고 생각합니까?" "네, 그렇습니다. 제주도 고향에는 절이 3개, 교회가 1개 있었는데, 그때 하나님은 저를 교회로 인도하셨고, 통합측에서 합신측으로, 이후에 합동측 교회에서 신앙생활을 하며, 고려교단에서 신학을 공부하고, 다락방 전도운동으로 인도하셨습니다." 하나님께서 아버지의 인생을 인도하신 그 여정이 한 눈에 보이는 답변이었다.

길바닥에 나 앉게 되었구나

1997년, 훈련에 앞장이셨던 30여 명의 성도들이 결국 교회를 이동하는 사태가 발생했다. "우리 목사님의 말씀은 복음이 아니고, 저 교회 목사님의 말씀은 복음이다"라고 말하면서 다락방 내 수평 이동을 했는데, 이는 부모님이 훈련에 대해 잠깐 회의감을 갖게 된 순간이었다. 교인 이동 사태는 수원노회 대부분의 교회에서 일어난 일이었고, 이는 노회에서도 중대한 이슈였다. 교회는 다시 출석 20명 정도가 되어 어려워졌고, 경제적 어려움으로 다락방 훈련을 따라가기에 너무 버거웠다. 매일 새벽마다 신문 배달도 하면서, 두 아들의 학비를 감당하던 중에, 1998년에는 사택 전세마저 경매로 넘어가게 되었고, 결국 거주할 곳이 없는 상태까지 가게 되었다.

하나님이 예비하신 성전

이때 부모님은 거의 매일 싸웠다. 싸우고 싸우다 지친 부모님은 서로 말없이 눈물로 기도를 하게 되었는데, 매일 밤 어머니는 교회에 가서 울면서 기도했고, 아버지는 서재에서 기도했다. "하나님! 하나님이 제사장의 기업이라면서요. 하나님 돈 주세요." 나는 찬송가 435장 '나의 영원하신 기업' 찬양을 부를 때마다, 이때 아버지의 기도가 항상 떠오른다. '나의 영원하신 기업, 생명보다 귀하다. 나의 갈 길 다가도록 나와 동행하소서. 세상 부귀 안일함과 모든 명예 버리고, 험한 길을 가는 동안 나와 동행하소서. 주께로 가까이, 주께로 가오니, 나의 갈 길 다가도록 나와 동행하소서.'

이 순간만큼은 나에게도 매우 힘든 시기였다. 하나님이 원망스러웠다기보다는, 부모님의 감정적인 말들이 전혀 복음이 아니었기 때문이었다. 교회가 문을 닫는 상황에 대해서도 이해가 되었다. 그래도 전도훈련 메시지와 많은 현장의 간증들은 고등학생이었던 나에게 은혜였고, 계속 전도할 수 있는 힘이 되었다. 그리고 부모님과 교회와, 경제를 두고 더욱 간절히 기도할 수 있었다.

기도할 때마다 하나님은 길을 여셨다. 어느 날 제주도에 있어야 했던, 아버지의 조카를 만나게 되었고, 그분이 인테리어 일을 하시고 있었기에, 지금의 어려운 사정을 얘기하면서, '돈을 모두 다 모아도 3000만 원이 안 되니 그것으로 조립식 창고라도 지어 달라'고 부탁했다고 한다. 그분은 건축을 제안했고, 돈이 없던 아버지는 "나는 건축에 대해서는 아무것도 모르니, 조카가 알아서 해 줘"라고 하며, 하나님께 기도하면서 그분에게 모든 것을 맡겼다고 했다. 그분을 통해 어려운 소식을 들은 큰아버지가 도움을 주셨고, 은행 대출에, 몇몇 성도들의 헌신으로, 전에 매입했던 땅에 교회와 사택을 포함한 3층 건물을 짓게 되는 하나님의 역사를 우리 온 가족들과 교회 성도들이 보게 되었다. 모든 사정을 알고 계셨던 한 장로님은 그렇게 교회가 건축되는 것을 보고 '기적'이라고 고백했다. 이는 내 인생에서도 각인될 정도의 큰 기도 응답이었다.

선교의 축복, 이 모든 것이 하나님의 은혜라. (50~67세, 2021년 현재)

아버지의 고백 : 내가 제일 부러워했던 선교사, 나도 선교사

2000년 성전을 완공하면서 교회 이름을 에벤에셀교회(예장전도)로 바꾸고, 아버지는 목회를 다시 시작하는 마음으로 임했다. 그리고 2004년에는 많은 목회자들과 함께 처음으로 카렌 선교를 가게 되었는데, 아버지에게는 선교가 처음이었다. 신학공부, 결혼, 목회, 이 모든 것은 아버지에게 기적 같은 응답이었는데, 더욱 더 특별한 축복이라고 여겼던 선교에 쓰임받게 되는 것에 감격해했다. 한없이 부족한 자가 이제는 세계교회사의 중심이 되었다고 고백했다.

2004년 10월에 카렌 선교 사역을 시작하면서, 박원규 장로의 부탁

으로 노포 캠프를 담당하게 되었고, 그 이후로 작년 코로나 상황 전까지 16년 동안 매해 2월, 6월, 10월 세 차례 2주간 카렌 선교를 지속했다. 총 45회 선교 사역을 위해 헌신해 주신 에벤에셀교회 모든 성도들에게 매우 감사해했다.

선교 사역은 매우 바빴다. 편도 22시간을 이동하였고, 노포 캠프에 열흘 동안 머물면서, 08:30~09:30 경건회 예배, 09:30~12:00 신학교 오전 강의(구원의 길, 다락방전도훈련교재), 13:30~17:00 현장전도캠프 및 보고, 19:00~21:00 야간 강의(다락방전도훈련교재, 한글수업) 이렇게 신학교에서 매일 8시간 이상을 집중적으로 사역하였다. 뿐만 아니라 미션하이스쿨 사역, 고아원 사역, 현지 교회(실로암교회, 겟세마네교회) 주일예배 설교를 비롯해, 초대 받아 드리는 심방 예배, 졸업생들의 개척교회 방문 등으로 바쁜 사역 일정 속에, 함께 간 통역자들이 많은 고생을 하기도 했다.

45명 신학생, 300 다락방, 7곳 확장 주일학교 600명

다락방 메시지를 듣고 은혜 받으면서 가르치는 대로 잘 따라와 주었던 신학교 교장 부부가 있었을 때에는, 다음 방문 때까지 교장 부부와 45명의 신학생들이 가르침 받은 대로 전도캠프를 하고 다락방을 하여, 평상시 다락방 300곳과 토요일 확장주일학교 7곳으로 총 600명의 동네 어린 아이들이 참석하는 시스템이 매주 활발하게 움직여지기도 했다. 마음을 담은 교장 부부가 미국으로 가고 전도운동에 관심이 없는 후임 교장이 부임하자 전도의 바람은 금새 사그라졌고,

뜨거웠던 제자들도 졸업을 하면서, 현지에 있는 24시 사역자의 중요성을 더욱 체험하기도 하였다. 미국 텍사스 주로 간 교장 부부는 성도 300명 이상의 카렌 교회 목회를 하고 있는데, 계속 미국 방문을 요청하고 있어서, 아버지는 코로나 상황 이후에 방문할 계획이다. 노포 신학교를 졸업한 신학생 일부는 교회를 개척하였는데, 아버지는 이곳을 기쁨으로 방문하였고, 다락방을 하고 있다는 사역 보고도 받으면서, 더욱 기쁨으로 후원하기도 했다.

인생의 어려움을 알았던 아버지는 카렌 신학생들이 난민에게 제공되는 쌀과 간장, 나무껍질 등과 같은 풀로 식사하는 열악한 모습을 보고 많이 울었다. 계산해보니 한 명당 한 끼 식사비는 한화 약 70원 수준이었다. 밤에는 추워서 부엌 모닥불을 피워놓고 밤을 새는 모습과 얇은 담요로 생활하는 열악한 모습을 보고, 이불, 옷, 음식 등을 많이 사 주었다. 신학생들과 함께 현지 식사도 같이 했고, 김치 만드는 법을 가르쳐 주기도 했다. 그 후로 노포 캠프 때는 그들이 직접 만든 김치를 맛볼 수 있다. 카렌에 12번째 갔을 때 카렌 현지 교회 어른들이 아버지에게 식사를 대접했는데, 그동안 아버지를 지켜보았다고 하며, 감사한 마음을 전달했다고 한다.

푯대를 향하여(기도제목)

2012년에는 큰아들이 목사 안수를 받고, 2013년에는 둘째 아들이 목사 안수를 받으면서, 가정에는 목사 셋, 사모 셋이라는 응답이 있었다. 지금도 명절에 다 같이 모여서 가정예배를 드리면 제사장 가문이라는 고백을 한다. 아버지와 어머니는 두 아들을 목회자로 드리도록 기도했다. 시간이 흘러 아들들이 자라는 중에도 그 얘기를 계속 해온 것을 선명하게 기억한다. "하고 싶은 것을 하는 게 아니라, 목사가 돼라. 나는 모든 사람들이 다 목사가 되어도 좋다고 생각한다." 나는 아주 어릴 때에도 꿈이 목사였고, 목사가 되게 해 달라고 기도했었는데, 이는 아들을 드리는 부모님의 기도에 하나님께서 나에게 그 은혜를 주셨다고 확신한다.

아버지가 자주 이야기한 성경말씀이 있다. "우리가 살아도 주를 위하여 살고 죽어도 주를 위하여 죽나니 그러므로 사나 죽으나 우리가 주의 것이로다(롬14:8)." "그런즉 너희가 먹든지 마시든지 무엇을 하든지 다 하나님의 영광을 위하여 하라(고전10:31)." 이 말씀은 나에게도 중요한 인생 언약의 말씀이 되었다. 아버지는 천국을 향한 찬양도 많이 불렀다. '하늘 가는 밝은 길이 내 앞에 있으니', '나는 순례자 낯선 나라에', '저 멀리 뵈는 나의 시온성 내 거룩한 곳 아버지 집', 이 찬양을 들을 때마다 아버지의 수많은 인생 여정과 함께 아버지의 집, 천국에 대한 소망을 많이 느낀다.

어느 날 아버지와 함께 양화진 외국인 선교사 묘원에 간 적이 있었다. 아버지께서는 그 묘지들을 자세하게 한동안 둘러보았다. 아버지께서는 카렌 선교 현장에서 묻히면 좋겠다고, 카렌교회사에 남는 한국인 선교사로 불리기를 바란다고 말했다. 어머니는 추위를 많이 타서 따뜻한 곳에서 살기를 원하는데, 이는 우리 두 아들에게 숙제가 되었다. 아버지 가문에서도, 어머니 가문에서도, 우리 가정은 첫 목회자 가정이다. 그래서 믿음의 족보로 보면 1대였고, 우리 두 아들들은 2대 목회자가 되었고, 손주들이 3대째 목회자가 되기를 부모님은 지금도 기도한다.

2014년 첫째 손녀 돌잔치 때, 아버지 강군일 목사, 어머니 김봉선 사모, 큰 아들 강반석 목사, 첫째 며느리 민정임 사모, 둘째 아들 강요한 목사, 둘째 며느리 유자연 사모

아버지 강군일 목사

작가 강반석 PK

1980년 강군일 목사님의 첫째 아들로 태어남
어릴 때부터 변함없이 목회자 되기를 기도함
1993년 중학교 1학년 때, 다락방 전도운동을 만남
1999년 수원 수성고등학교 졸업
2003년 경희대학교 영어영문학과 졸업
2003년 육군 학사장교 43기
2007년 RTS 연구원과정 입학
2009년 평택한빛교회(강신국 목사님) 전도사 사역
2010년 RTS 11기로 졸업
2012년 에벤에셀교회(강군일 목사님) 전도사 사역
2012년 전도총회 수원노회에서 목사 안수
2017년 예전교회(장기훈 목사님) 부목사 사역
2017년 개신대학교대학원 성경신학석사과정 졸업

고려신학교 졸업식

고려신학교 졸업식

1989년 즈음 고려신학교 학생 수련회

아버지 목사 안수식

아들 강반석 장교 임관식

강요한 연세대 졸업식

강요한 목사 안수식

가족사진

영생교회

고한교회

동점교회

에벤에셀교회 입당식

에벤에셀교회

2016년 5월 15일 에벤에셀교회 남전도회 헌신예배

2016년 5월 8일 에벤에셀교회 야유회

2019년 8월 1일 에벤에셀교회 세계렘넌트대회

수원노회목회자 사이판에서

2008년 메홍손교회

2008년 멜라신학교 졸업식

노포바이블스쿨 3학년 학생들과 교수들

노포신학교에서 강의하는 모습

노포바이블스쿨 1학년 학생들과 교수들

음평바이블스쿨 학생들 단체사진

노포신학교에서 전도캠프 보고

2017년 노포미션하이스쿨 경건회 예배 모습

2020년 1월 카렌선교 45차

2017년 라세 촌장 고아원 식사 초대

전도 캠프 때 영접하는 모습

2017년 멜라신학교 경건회

2020년 1월 카렌선교 45차 5 미션하이스쿨 응접실

노포 실로암교회

실로암교회 주일예배

강군일 | 강반석 263

오직 전도 오직 생명

박왕재 목사

충청북도 제천시 금성면 출생
검단세계로교회 담임목사(1988년 ~ 현재)
북방선교회 회장(2001년 ~ 현재)
오직 복음, 오직 전도
교회 중심, 말씀 중심, 예배 중심
237나라, 5천 종족 살릴 일심, 전심, 지속하는 현장 전도자

단세계로교회

및 임직감사예배

2018년 11월 18일 오후 5시

임직자

오랜만에 검단세계로교회 목사인 우리 아버지와 목양실 테이블을 사이에 두고 마주 보고 앉았다. 지금부터 아버지의 전도 여정을 인터뷰할 참이다. 생각해보니 한 번도 아버지의 전도 여정이 어디서부터였는지 궁금했었던 적이 없었다. 그냥 처음부터 전도자였다고 생각했다. 어떻게 전도자로서의 소명을 깨닫고, 지금까지 그 길을 걸어왔는지 알고 싶어졌다. 그렇게 우리의 인터뷰는 시작됐다. 어색한 기운이 흘렀다. 둘 다 잠시 말이 없었다.

교회가 좋은 아이

아버지의 처음은 기억도 가물가물한 5살 즈음이었다. 그해 아버지가 살던 충북 제천의 작은 시골 마을에 '금성교회'가 세워졌다. 이전까지는 마을에 교회가 없었다. 얼마 되지 않아 20살이나 터울 지는 큰형을 시작으로 그 아래 형들과 누나도 모두 교회를 다니게 되었다. 어린 나이의 아버지도 자연스럽게 여름성경학교를 통해 교회에 가게 됐다. 어린 아버지에게 교회는 정말 좋은 곳이었다. 아버지가 살던 시골에는 일손이 항상 부족했고, 어렸지만 아버지도 예외는 아니었다. 하지만 교회 가는 날만큼은 모든 일로부터 해방되는 날이었다. 거기다 제사를 지내지 않아도 된다니, 종갓집의 장손으로 살던 아버지에게 교회는 정말 좋은 곳일 수밖에 없었다. 자연스레 주일날은 주일학교를 시작으로 아침부터 저녁까지 종일 교회를 섬기고, 평일에는 매일매일 새벽기도를 다녔다. 그래서인지 아버지의 아버지인 할아버지는 자식들이 교회를 다니는 것을 못마땅해 했다.

그러다 11살 즈음 할아버지가 돌아가셨다. 아버지는 그때부터 보다 자유롭게 신앙생활을 할 수 있게 되었다. 아버지의 큰형은 마을의 유일한 교회인 금성교회를 무척 아끼고 사랑했다. 아버지의 큰형은 교회 지붕을 수리하고, 교회 건축을 돕기도 했다. 아버지도 15살 때부터 이름 가운데 자를 따서 '왕 선생'으로 주일학교 교사를 시작했고 작은 시골교회에서의 신앙생활은 늘 즐거웠다. 금성교회의 김백흥 목사를 중심으로 권영순 전도사, 윤창열 목사, 박옥수 목사, 송영숙 선생의 지도로 어린 아버지의 믿음은 점점 자라나고 있었다. 여담이지만, 아버지와 함께 당시 금성교회를 섬겼던 어린이 중 19명이나 목회자가 되었다고 한다.

시간이 지나 나이가 들면서 형제들이 하나둘씩 그 작은 시골 마을을 떠나 도시로 갔지만, 아버지는 이대로 넓은 땅을 사서 낮에는 땀 흘려 일하고, 저녁에는 말씀을 나누고 기도하는 사람이 되고 싶었다.

엑스플로 74

1974년, 아버지 인생의 극적인 순간이 왔다. 마냥 예수가, 교회가 좋던 시골 청년이 목회자의 소명을 발견한 것은 5.16광장(現 여의도광장)에서 개최된 '엑스플로 74' 집회에서였다. '엑스플로 74'는 1952년 한국전쟁 당시 한국인을 위한 집회를 이끈 빌리 그레이엄 목사를 부흥사로, 영락교회 한경직 목사, 백낙준 전 문교부장관, 이화여대 김옥길 총장, 국제대학생선교회(CCC) 총재 겸 엑스플로 74 준비위원장이었던 윌리엄 브라이트 목사를 중심으로 '나라를 위한 대기도회'로부터 시작된 부흥회다. '민족의 가슴마다 그리스도를 심어 이 땅에 성령의 계절이 임하게 하자'라는 주제로 1974년 8월 13일부터 18일까지 5일에 걸쳐 진행된 이 집회에는 전국 방방곡곡에서 110만 명 이상의 성도가 모였다. 전국에서 모인 성도들은 뜨겁게 나라를 위해 한자리에 모여서 기도했고, 이 집회에 참석했던 시골 청년 아버지의 가슴도 민족복음화운동으로 뜨겁게 타올랐다. 집회가 끝나고, 다음 해인 1975년, 아버지는 목회자가 되기 위해 그렇게 서울로 올라왔다.

양적, 질적 성장기

뜨거운 복음에 대한 열정은 신학생이 되면서 더 간절해졌다. 말씀을 들을 수 있는 곳, 전도를 배울 수 있는 곳이라면 어디든 가리지 않았다. 신학대학을 다니는 동안 유년부 교사로 충현교회(故 김창인 목사 시무)를 섬길 때, 노량진에 있는 한국어린이전도협회(1959년 구요한 목사 내외를 통해 시작된 어린이 전도운동으로, 1972년을 시작으로 현재까지 세계어린이복음화를 위해 활발한 사역을 하고 있다)에 참여하며, 어린이들이 복음을 올바로 뿌리 내린 전도자가 될 수 있도록 도왔다. 또한 1970년 중반 윤종하 장로를 중심으로 성경을 배우기 위해 성서유니온선교회 활동을 하기도 했다(성서유니온은 우리나라 최초로 성경읽기표를 발행했으며, 현재 월간 매일성경을 지속해서 출간하고 있는 단체다). 아버지의 서재에는 아직도 윤종하 장로의 책들이 여러 권 남아있으며, 나와 인터뷰하는 중간에도 노랗게 바랜 책을 보여주며, 윤종하 장로와 함께했던 그 시절에 대해 한참을 얘기했다. 지금도 우리 교회는 그때의 영향으로 전 교인이 1년에 2번 이상의 성경통독을 한다. 신학생 시절 동안 신촌에서 열리던 두란노서원 집회도 매주 참석하고, 온누리교회의 경배와 찬양에 인도받기도 했다(온누리교회의 올네이션스 경배와 찬양은 1987년 온누리교회 하스데반 선교사가 이끄는 목요 찬양집회로 시작된 찬양사역으로, 지금까지 계속되고 있다).

신학대학 진학 1년 뒤 군 복무가 시작됐다. 아버지의 부대에는 교회가 없었다. 하지만 전혀 문제가 되지 않았다. 군 생활을 하면서도 지속해서 부대 안에 교회를 세울 곳을 알아봤다. 그리고 얼마 되지 않아 부대 안의 빈 건물을 하나님께서 마련해주셨고, 대대교회를 세우게 됐다. 그곳에서 아버지는 제대하기 전까지 매주 하나님 앞에 온전히 예배드릴 수 있었다.

하나님은 1979년 제대 후 '한 손에는 성서를, 한 손에는 괭이를'이라는 신념 아래 1962년 최초로 설립된 기독교 합숙 교육기관인 가나안 농군학교로 아버지를 인도하셨다. 그곳에서 젊은 신학생 아버지는 3개월의 시간을 보냈다. 가나안농군학교는 기도원과 정신교육소, 그리고 농장으로 이루어져, 아버지는 낮에는 농장을 살피고 정신교육을 받고, 매일 저녁에는 기도원에 올라가 뜨겁게 기도했다. 젊은 신학생 아버지에게 가나안농군학교에서의 3개월은 신앙인으로서, 목회자로서 갖추어야 할 정신적, 신앙적 영향을 가장 많이 준 시간이었다. 그렇게 가나안농군학교를 수료하고 나서 아버지는 그때 그 은혜와 다짐을 잊지 않기 위해, 매년 12월 25일 성탄예배를 마치면 새해를 준비하기 위해 12월 26일부터 새해 1월 1일까지 가나안농군학교 기도원에 머물며 말씀과 기도로 새해를 맞이했다. 그 발걸음은 1988년 가나안농군학교 설립자인 김용기 장로가 소천할 때까지 매년 계속되었다.

농어촌선교회

신학생 시절 젊은 아버지와 신학생 동기들은 진짜 목사가 되어야 하는가 고민하던 순간이 있었다. 그 고민을 안고 강원도 산골로 전도하러 가게 됐다. 거기서 한 화전민을 만났다. 화전민은 목회자가 될지 말지 고민하는 젊은 신학생들을 한 번에 바보로 만들었다.
"만약 자네 같은 사람들이 전도하러 여기까지 오지 않았다면 내가 어떻게 복음을 들을 수 있겠는가?"
그렇다. 참 쓸데없는 고민을 하고 있던 것이다. 그길로 아버지와 동기들은 전도회를 만들기로 했다. 복음 듣기 힘든 농촌, 어촌을 전도하는 농어촌전도회를 결성한 것이다. 당시 아버지는 지금의 검단세계로교회 개척을 준비하고 있었고, 농어촌전도회는 지금의 검단세계로교회를 첫 번째로 그 전도 여정을 시작했다. 당시 검단은 500~600세대 정도의 작은 농촌이었다. 농어촌전도회는 사람들이 잘 가지 않는 오지의 섬들로, 농촌으로 2박 3일씩 전도하러 다녔다. 아버지가 신학생이던 시절, 옆집 사는 이웃의 친정아버지가 서울 낙원상가에서 영사기를 팔았는데, 젊은 신학생 아버지에게 당시 200

만 원짜리 영사기를 선물했다. 그 영사기는 농어촌전도회에 크게 쓰였다. 낮에는 전도하고, 밤에는 영화도 보여주고, 부흥회를 했다. 당시 아무나 갈 수 없었던 나병 환자들이 살던 소록도로, 저 남쪽 끝 여수 개도로, 그 당시 배편이 원활하지 않던 울릉도로 전국을 순회하며 전도하러 다녔다. 현장에서 전도의 열매와 복음의 증거는 계속 일어났다. 많은 사람이 하나님을 만났다.

전남 개도로 전도하러 갔을 때는 개도 섬의 한 중학생이 복음을 듣고, 섬의 서낭당을 부수기도 했다. 시간이 지나면서 농어촌전도회는 농어촌뿐 아니라 점차 도시의 크고 작은 개척교회를 도와 전도하는 도시전도회로 발전했고, 해외 선교의 사명으로 중국 하얼빈과 헤이룽장성 등을 다니며 지구촌선교회로 그 규모가 커지게 되었다. 아버지의 지구촌선교회 활동은 다락방을 이유로 한남노회에서 제명되기 전까지 계속되었다.

믿음의 동역자

당시 아버지가 다니던 한국성서대학교에는 교육과, 성서학과, 외국어학과가 있었다. 성서대학교의 채플 시간에는 소속 과와 상관없이 가나다순으로 모여 앉았다. 그때 외국어학과를 다니던 故 박영진 선교사를 만나게 되었다. 박영진 선교사는 아버지 옆자리였고, 뜨거운 전도의 열정이 통했던 둘은 금세 단짝이 되었다. 마침 둘 다 인천 제물포에 살았기에, 외항선교회 소속으로 연안부두 외국배 선원들에게 함께 복음을 전하러 다녔다. 선교사의 꿈을 가진 박영진 선교사는 둘로스(현재 운항 중인 세계 최고령 여객선으로 전 세계를 항해하며, 자비로 구호활동 및 선교활동을 하고 있다)선교에 참여하기도 했다. 그러던 중 박영진 선교사는 틈만 나면 전도하러 다니는 아버지를 지금의 엄마에게 소개했다. 엄마는 어떤 동기도 없이 뜨거운 가슴으로 전도하는 젊은 신학생 아버지를 보고 사모의 소명을 붙잡았고, 둘은 전도사 시절 결혼을 했다. 박영진 선교사는 총신을 졸업하고, 영국으로 선교사역을 떠났다. 우리 교회는 설립 이후에 그를 지속적으로 후원했다. 평생을 선교지에서 선교하던 박영진 선교사는 안타깝게 2019년 암으로 세상을 떠났다. 돌아가시기 전 한국에서 잠깐 투병 생활을 하는 동안 아버지는 참 마음 아파했다.

검단로교회

전도사시절 강서중앙교회(現 양천중앙교회), 금남교회를 섬기고, 결혼한 후에는 인천동암교회, 은석교회, 구월동교회를 섬겼다. 이를 거치면서 드디어 강도사 인허를 받고 개척을 준비하기 시작했다. 개척의 이유는 분명했다. 단순히 한 교회를 개척하는 것이 아니라, 불신자들이 복음을 듣고 난 후 지속해서 하나님의 말씀을 들으러 교회에 오게 하는 것이 제일 중요한 이유였다. 아버지는 맨션이나 아파트가 많은 대도시에서 목회할 자신은 없었다. 그렇다고 시골 교회도 자신이 없었다. 교회가 없는 서울 교외에 있는 지역을 찾았다. 그러다 검단에 도착했다.

> "다만 여호와를 거역하지는 말라 또 그 땅 백성을 두려워하지 말라
> 그들은 우리의 먹이라 그들의 보호자는 그들에게서 떠났고
> 여호와는 우리와 함께 하시느니라 그들을 두려워하지 말라 하나,
> 온 회중이 그들을 돌로 치려 하는데 그 때에 여호와의 영광이 회막에서
> 이스라엘 모든 자손에게 나타나시니라(민수기 14:9~10)"

여호수아와 갈렙에게 주셨던 민수기 말씀을 붙잡고 1988년 11월 17일 검단로교회 설립 예배를 드리게 됐다. 돈은 당연히 없었다. 수중에 있는 돈은 달랑 1천만 원이었다. 교회를 하면 딱 좋겠다고 생각했던 그 자리는 3,500만 원이나 됐다. 하지만 아버지의 중심을 아는 사람들이 도움의 손길을 주었다. 전도사 시절 주일날 밥도 해주고, 빨래도 해주던 박상철 장로가 선뜻 1천만 원을 빌려주었다. 아버지와 엄마가 결혼해 세 들어 살던 집주인 김명중 집사가 1천만 원을 빌려주었다. 그리고 엄마의 언니가 얼마를 보태, 그렇게 검단로교회가 세워졌다.

전도지 5천 장

1988년대 검단은 500~600세대 정도가 사는 작은 면 소재지였다. 넓게 보면 1천 세대 정도가 살았다. 아버지는 검단에 사는 모든 집에 다섯 번은 전도하러 가겠다는 각오로 전도지 5천 장을 인쇄했다. 그리고 5천 장의 전도지를 들고 전도하러 다니기 시작했다. 아버지는 매일 소방서로, 면사무소로, 병원으로, 사업장으로, 주택으로, 발길 닿는 곳이라면 어디든지 전도하러 갔다. 하루도 거르는 날이 없었다. 어린 기억에 동네에서 우리 아버지를 모르는 사람은 단 한 사

람도 없을 정도였다. 하지만 개척은 생각보다 쉽지 않았다. 당시 우리 교회 위치는 시내 사거리에서 멀고, 언덕에 있어 사람들이 교회에 오기 힘들어했다(지금도 언덕에 있기는 하다). 거기다 개척한 지 얼마 지나지 않아 동네에 검단순복음교회가 세워졌다. 검단순복음교회(現 검단중앙교회)는 여의도순복음교회에서 재정적 지원을 받아 상대적으로 좋은 건물에 자리를 잡았고, 여의도순복음교회 교인들이 매주 45인승 버스를 타고 와 지역 전도를 하러 다녔다. 아버지가 매일 전도하러 다닌 대상자들은 전부 검단순복음교회로 갔다. 순간 아버지도 목 좋은 건물로 교회를 옮겨야 하나 고민했지만, 다행인지 불행인지 수중에 돈이 없었다. 하나님은 전도밖에 할 수 없게 하셨다. 아버지는 처음 그대로 다시 전도지 5천 장을 들고 날마다 전도하러 다녔다.

그리고 1990년, 검단에 처음으로 아파트가 들어왔다. 목화아파트였다. 아버지는 목화아파트 입구에 서서 기도했다. "하나님, 목화아파트 300세대 복음화를 위해 준비하신 제자를 만나게 하소서." 하나님은 목화아파트 현장의 문을 여셨다. 그리고 처음 등록 교인이 생겼다. 불신자가 영접하고 첫 번째 성도로 우리 교회에 등록한 것이었다. 하나님은 이후로 계속해서 전도자 아버지의 발길을 축복하셨다. 300세대 목화아파트로 매일 전도하러 다니니 1년마다 15가정씩 등록하는 역사가 일어났다. 그리고 그다음 세워진 장미아파트 260세대에서 40가정이, 그다음 한일아파트 254세대에서 30가정이, 그다음 서해아파트 464세대에서 20가정이 등록했다. 날마다, 때마다 전도하러 가는 전도자에게 하나님은 응답을 계속 주셨다. 지역이 발전하면서 아파트가 새로 생길 때마다 등록하는 가정이 점점 늘어나고, 교회는 점차 부흥하는 역사가 일어났다. 어린 내 기억에 아버지는 매일 아침 운동을 하면서 항상 검단 지역의 모든 아파트 이름을 하나하나 구체적으로 외치며 기도했다. "하나님, ○○아파트 ○○○세대에 숨겨진 제자를 주시옵소서." 그렇게 그때 만난 전도대상자들은 하나둘 교회의 일꾼들로 세워졌고, 지금 우리 교회의 전도사, 장로, 권사가 되어 전도자로서 아버지의 목회와 검단지역 복음화에 헌신하고 있다. 처음 등록했던 1호 성도 이연순 권사는 지금까지도 우리 교회에 출석하고 있다.

교회 건축

교회가 부흥하면서 교회는 점차 비좁아졌다. 아버지는 젊은 시절 충현교회를 섬기며, 교회 건축하는 과정을 지켜본 적이 있었다. 목회자와 성도간의 의견 차이가 너무 커 건축하는 과정이 은혜롭지 못했다. 그래서 늘 기도했다. 교회가 차고 넘치면, 교인들이 스스로 교회를 건축하도록 하겠다고. 처음 개척 당시 3,500만 원으로 마련한 주택의 거실에서 설립 예배를 드리고, 이후 20평으로 증축하여 예배를 드리다가, 교회가 다시 좁아져 조립식으로 증축하면서 50평으로 확장됐다. 하지만 신축할 엄두는 못 내고 있었다. 1996년, 여전히 돈은 없었고, 교인들의 헌금도 많지 않았으며, 대출을 받으려고 해도 3천만 원이 나올까 싶었다. 하지만 교회 건축을 위해 700평의 대지를 사기로 작정했다. 마음이 앞서서였을까, 그만 사기를 당했다. 그 이후 다시 900평을 계약했는데, 그것도 사기를 당했다. 그러고 난 뒤 1998년 우리나라에 IMF가 찾아왔다. 안 그래도 없는 형편에 사기까지 당하고, 나라 경제까지 어려워지니 교회 건축에 대한 마음을 접어야 하나 낙심이 됐다. 하지만 2002년, 그 어려운 중에 전 성도가 성전 건축에 마음을 담고 작정 헌금을 드리기 시작했다. 아버지가 기도했던 그대로 하나님은 응답하셨다. 처음부터 가진 것은 없었다. 모든 것은 하나님이 하셨다.

성전 건축을 하기 위해 6개월간 머무를 임시거처를 얻었는데, 그 임시거처가 재개발지역이 되었다. 하나님은 그곳을 통해 1억이 넘는 큰돈을 마련해주셨다. 성전 건축은 건축할 비용을 마련하는 것도 어려웠지만, 건축하는 과정들도 쉽지 않았다. 교회가 공사를 시작하자마자 주변 지역 주민들의 반대가 심했다. 또 건축을 맡겼던 건축업체 사장이 중간에 돈을 가로채 인부들이 공사를 멈추고 떠나가 버리기도 했다.

건축 과정 동안 어려움이 계속됐다. 하지만 그럴 때마다 아버지는 그 어떤 말도 하지 않았다. 그저 하나님이 응답하실 때까지 공사를 멈추고, 오히려 온전히 내려놓고 기도했다. 하나님은 하나님의 시간표대로 절대주권 속에 인도하셨다. 아버지는 그렇게 교회가 건축되는 동안 때로는 현장을 직접 지키고, 때로는 공사를 직접 하며, 드디어 극적으로 준공되었다. 2003년 11월, 그렇게 검단로교회는 지금의 검단세계로교회가 되었다.

오직 전도

전도하는 전도자, 전도하는 교회를 만들고 싶었던 아버지는 날마다 교인들과 함께 전도하러 다녔다. 평일에는 전도팀을 구성하여, 지역의 아파트를 돌아다니며 전도지를 붙이기도 하고, 노방전도도 하고, 주일날은 2부 예배를 드리고, 저녁 예배 때까지 계속 전 교인이 전도하러 다녔다. 우리 교회는 어린이부터 할머니 권사들까지 모두 전도하러 현장에 나갔다. 아버지는 쉼 없이 교회 사역자들과 함께 전도훈련을 받으러 다녔다.

이슬비전도학교, 전도폭발 등등 전도를 배울 수 있는 곳이라면 어디든 갔다. 그러던 1992년 어느 날 신반포교회에서 농어촌지도자 세미나가 있었다. 훈련받는 도중 얘기를 듣다 보니 부산에 어떤 목사가 전도를 열심히 한다고 했다. 류광수 목사였다. 류광수 목사를 직접 만나고 싶어 부산을 가려고 보니 부산까지 갈 차비가 없었다. 마침 가까운 양수리수양관에서 류광수 목사 집회가 있었다. 하지만 회비가 7만 원이나 됐다. 당시 우리 교회 한주 헌금이 5천 원 나올 때였는데, 그 수련회를 어찌 가리. 마음은 굴뚝같았지만 차마 가지 못했다. 그때 마침 인천 부평 경찰학교 근처 형제교회에서 류광수 목사를 초청해 1만 원 회비로 전도집회가 열리게 되었다. 아버지는 비로소 류광수 목사 전도집회에 참석하게 되었다. 아버지는 집회 참석 내내 매일 하는 전도가 너무나 쉽게 느껴졌다. 그리고 그 자리에서 결단을 내렸다.

한걸음에 아버지는 합숙에 참석하기 위해 부산으로 내려갔다. 그때 받은 것이 다락방전도 1차합숙훈련 2기다. 그 이후로 김동권 목사(안양동부교회 담임목사), 김대은 목사(당시 동광교회, 現 경인임마누엘교회 담임), 박지온 목사(대구 송현교회, 現 하나교회 원로목사), 정은주 목사(예원교회 담임목사) 등을 교회에 모셔 전도집회를 열었다. 아버지의 전도에 대한 열정은 자연스럽게 전 교인을 전도중심의 다락방 훈련 속으로 이끌었다. 여담으로 아버지는 젊은 시절 경제적 어려움으로 마음껏 훈련에 참석하지 못하는 것을 돌이켜 우리 교회 소속 부교역자의 본부 훈련비를 적극적으로 지원하고 있다.

전도 전문성

시대가 변하면서, 전도를 위해 늘 가던 지역 아파트에 자유롭게 들어갈 수 없게 됐다. 전도대상자들을 만나러 현장 가기가 힘들어진 것이었다. 매번 아파트 입구에서부터 거절당하기 일쑤였다. 그러던 중 2000년에 지구촌교회 박상원 목사가 아버지께 기능을 가지고 전도하는 것을 제안했다. 그러면서 치유 전문성에 대해 알게 됐고, 교회 사역자와 성도들이 기능을 배우러 다니게 되었다.

오직 전도를 위해 온 성도가 두말없이 시간과 물질을 드려 기능을 배웠다. 치유사역을 위해 발 마사지, 카이로프랙틱, 봉침, 테이핑 요법, 호스피스 등 전문적인 교육을 받고, 자격증을 땄다. 그리고 그 기능을 바탕으로 검단 전 지역에 있는 50개의 노인정에서 치유 사역을 통한 전도가 이어졌다. 아버지와 우리 교회는 전도를 절대 멈추지 않았다. 그러면서 자연스럽게 교회에 치유전도학교가 열리게 됐다. 이후 다락방 본부에도 치유전도학교 시스템이 생겨났다. 그때 아버지는 검단·김포지역의 치유전도학교 지부장으로서 다락방 신문에 얼굴과 이름이 실리게 됐다. 이게 화근이 됐다. 후배들이 그 신문을 보고 아버지를 노회와 총회에 고발한 것이다. 당시 다락방은 이단으로 분류되었기 때문이다.

여기저기서 염려의 전화와 핍박이 몰려왔다. 아버지를 아끼고 사랑하는 많은 원로목사들과 동기들은 지금이라도 늦지 않았으니 돌아오라고 했다. 엄마에게도 아버지를 말리라며 만류가 끊이지 않았다. 멀리 믿음의 동역자 박영진 선교사까지도 걱정과 염려로 전화를 했다. 하지만 아버지는 전혀 고민이 없었다. 원래부터 오직 전도, 오직 복음만 생각했기 때문에 전도와 복음을 위해 맞다고 생각한 그 길을 가기로 했기 때문이었다. 아버지는 교인들에게 이런 사정을 알리고, 교회의 결의로 노회를 탈퇴했다. 그리고 그와 동시에 교단에서 제명되었다. 지금 보면 그때 교회 내부 교인들의 반대도 없었다.

참 감사하게도 우리 교회는 그 어떤 동기도 없었기 때문이었다. 전도를 위해 시간과 물질을 드려 기능을 배웠던 것처럼, 교회의 전 성도가 말씀이, 복음이 좋았고, 오직 하나님 앞에서 전도와 선교에만 집중하고자 했다. 당시 우리 교회에서 다락방을 이유로 교회를 떠난 교인은 거의 없었다. 또한 우리 교회의 치유전도학교는 다락방 내 전국에서 가장 마지막까지 운영됐던 치유전도학교였다.

북방선교의 길

농어촌선교회가 지구촌선교회가 되면서 아버지의 사역 범위도 점점 넓어졌다. 서울 강서노회, 일산노회 목회자들과 1년에 1~2회 전도하러 가자고 했던 모임은 1993년부터 우즈베키스탄과 카자흐스탄 알마티, 키르기스스탄을 중심으로 확대됐다. 동역자들은 생명을 거는 각오로 선교를 위해 헌신했다. 1996년 떠났던 러시아선교여행에서 너무나 사랑하는 故 류인택 목사(부평 화랑교회)가 소천하기도 했던 것이다. 그렇게 단기로 북방 지역에 가서 복음을 전하던 사역이, 뜻이 있는 목회자들이 함께 모인 북방선교회로 자리매김하게 됐다. 북방선교회는 중앙아시아를 선교 대상으로 하고 있었다. 북방선교는 쉽지 않았다. 워낙 땅이 넓다 보니 길게는 3주 이상 순회 캠프를 해야 하고, 비용도 많이 들 뿐 아니라, 러시아 사람들의 수준이 높다 보니 전도도 쉽지 않았다. 게다가 워낙 넓은 지역을 대상으로 하기 때문에 사역지간의 거리가 멀어, 이동 시간도 많이 소요됐다. 말도 안 통하고, 음식도 맞지 않는데, 선교지로 가기까지도 험난해서, 짐 검사를 당하고 돈도, 짐도 뺏기기 일쑤였다. 또 가는 길도 모르는 상황에 선교지에 선교비로 전달할 큰돈을 들고 가니, 불안해서 8시간씩 기차를 타고 가면서 편히 잠도 못 자고 웅크리고 있을 때도 많았다. 여비를 아끼기 위해 저렴한 비행기를 이용하다보면 고장난 비행기 속에서 몇 시간씩 대기하기도 했다. 아버지를 포함해 북방선교회의 많은 목회자들이 고생을 했다고 한다.

하지만 그 많은 어려움 속에서도 북방선교는 하나님의 절대주권 아래 지속되었다. 바울처럼 연고지도 없고, 아는 사람 하나도 없는 기차 안에서 손짓과 발짓으로 전도하고, 전도하다 만난 사람을 따라 그 지역에 내려 전도하고, 문이 열리지 않으면 다시 기차를 타고 하나님이 예비하신 다른 지역으로 제자를 찾아 전도하는 것이 반복되었다. 정말 대단한 일이었다. 내가 북방선교에 관심을 많이 두지 않은 것을 회개할 정도로, 아무나 할 수 없는 사역이고, 매우 귀한 발걸음이었다. 이렇게 하나님은 북방 현장에 전도문이 열리게 하셨고, 일꾼과 제자를 만나게 하셨다. 그 전도의 문은 러시아의 하바롭스크, 이르쿠츠크, 노보시비르스크, 블라디보스토크, 캄차카, 사할린과 알마티를 비롯한 카자흐스탄까지 이어졌다. 시간이 흐르고, 중앙아시아의 여러 나라를 순회 사역하면서 러시아의 시베리아와 모스크바, 상트페테르부르크, 그리고 우크라이나까지 전도의 문이 열렸다. 아무도 없던 그 현장에 매주 전도학교가, 신학교가 세워지며, 현지 신학생들이 현장의 시스템으로 세워지기 시작했다.

그러던 중 2001년 아버지는 북방선교회 회장을 맡게 됐다. 각 지역 신학교 중심으로 순회 사역을 다니고, 졸업한 학생들을 각 지역에 파송하는 일을 담당하게 된 것이다. 아버지는 특유의 성실함과 묵묵함으로 사역을 이어갔다. 아버지는 중앙아시아 선교 통역자로 쓰임 받던 마리나 교수가 건강 악화로 천국으로 간 뒤, 통역자로 석스베타 자매를 세워 사역을 지속했다. 그 즈음 우즈베키스탄을 비롯해 중앙아시아의 여러 국가 정부에서는 외국 선교사들을 추방하는 일이 잦아졌다. 이를 통해 아버지는 북방선교에 있어 언어보다도 현지 사역자를 세우는 것이 중요하다는 것을 다시 한 번 느꼈다. 그러다 우즈베키스탄 현지 신학생이었던 최알렉산드리아를 만나게 됐다. 아버지는 최알렉산드리아를 한국에서 신학을 공부하게 하고 말씀 훈련을 받게 하여 현지로 파송함으로써 러시아를 살리고자 했다. 그렇게 최알렉산드리아 신학생은 우리 교회의 후원 속에 한국에서 훈련을 받게 되었다.

그렇게 현지 사역이 어려워지는 가운데, 지역 사회를 돌아볼 기회가 생겼다. 가만히 보니 이미 우리 지역에도 러시아 및 중앙아시아 사람들이 많이 있다는 사실을 발견하게 되었다. 검단에는 산업단지들이 많이 있는데, 당시부터 그 산업단지에 외국인 노동자들이 굉장히 많이 일하고 있었다. 아버지는 교회 안에 다민족지원센터를 세웠다. 최알렉산드리아 신학생은 RTS를 졸업하고 목사안수를 받았다. 우리 교회에서는 최알렉산드리아 목사를 중심으로 다민족전도학교가 매주 월요일 열리고 있으며, 매주 주일 오후 1시 반 다민족예배가 러시아어로 드려지고 있다. 또한 지금도 북방 28개 나라마다 교회 내 중직자 부부들이 지정되어 북방선교에 헌신하고 있다.

후대, 선교원과 어린이집, 그리고 지역아동센터

아버지는 예전부터 아이들을 참 좋아했다. 처음 금성교회 주일학교 왕 선생이 된 이후로 계속 어린이 전도를 많이 다녔다. 처음 검단로교회를 개척하고, 1년 만에 어린이만 30명이 매주 예배에 참석할 정도로 아이들은 많이 모였다. 1995년 어느 날 아버지는 전도의 문을 열기 위해 지역 중학교로 전도하러 간 적이 있었다. 매주 꾸준히 현장에 복음이 선포되면서 교사다락방이 열렸다. 그러던 중 학교의 교장선생님과 만남이 이루어졌다. 교장선생님은 우연히도 아버지의 둘째 형과 교대 동기였다. 자연스레 복음을 전하며, 우리 교회 아이들에 관해 물었다. 복음 가진 아이들이라 다르리라 기대했던 아버지의 생각과 달리 아이들의 학업 상태는 엉망이었다. 매년 우리 교회에서 25명 이상의 신생아가 태어나는데, 아버지는 이대로는 안 되겠다는 생각이 들었다. 그길로 검단로선교원을 설립했다. 불신자들이 하는 학원, 교육기관이 아닌 하나님 앞에 온전한 아이들로 키우는 곳을 원했다. 그때 전국적으로도 선교원이 있는 교회가 많지 않았으며, 그 누구도 선교원을 운영해 본 경험이 없었기 때문에 쉬운 결정은 아니었다. 그럼에도 불구하고 복음 안에서의 교육은 아이들을 믿음과 실력을 겸비한 인재로 성장시켰고, 주변에 소문이 나기 시작했다. 선교원이 유명해지면서 불신자 아이들도 등록하게 됐고, 전도의 문이 자연스럽게 열렸다. 불신자 부모들이 아이를 통해 영접하고, 교회에 출석하는 일이 일어났다. 시간이 지나면서 주변 지역에 어린이집이 점점 많아졌고, 국가에서 출산장려를 위한 지원 제도들이 어린이집을 중심으로 다양해지기 시작했다. 하지만 선교원은 국가의 지원으로부터 제외됐다. 단지 선교원이라는 이유로, 좋은 교사들이 제대로 대우받지 못하고, 아이들도 혜택을 받지 못하자, 2003년 교회가 건축된 후, 2006년 선교원을 어린이집으로 변경하였다. 검단

세계로어린이집은 2021년 현재 16년차로, 총 250명 이상의 졸업생을 배출했으며, 올해도 여전히 하나님 앞에 렘넌트가 자라는 곳으로, 전도의 문으로 운영되고 있다.

아버지의 후대사역은 여기서 멈추지 않았다. 유치부에서 훈련받은 아이들이 유년부와 중고등부로 넘어가서도 계속해서 말씀 속에서 성장하도록 하는 시스템이 필요했다. 하나님은 아버지와 엄마, 그리고 황차남 전도사를 중심으로 검단지역아동센터를 준비하게 하셨고, 2009년 설립인가를 받았다. 검단지역아동센터에는 우리 교회 아이들뿐 아니라 여러 불신자 가정의 아이들이 모이게 되었다. 어려운 형편의 불신자 아이들은 복음을 듣고 그들의 삶에 눈에 띄는 변화가 일어났다. 선교원에서와 마찬가지로 아동센터 역시 아이들을 통해 불신자 부모들까지 영접하는 역사가 일어나기 시작했다. 선교원과 아동센터를 통해 말씀 안에서 양육되고 성장한 아이들은 어느덧 20대 중반의 청년들로 성장했고, 이제는 교회의 든든한 일꾼들로 쓰임받고 있다.

필요로 하는 곳이라면 그 어디라도

전도의 뜨거운 가슴을 가진 시골 작은 교회의 아이는 어느덧 나이를 먹어 60대 중반이 되었다. 나이는 들었지만, 여전히 전도와 복음에 대한 열정은 지금도 그 누구 못지않다. 60대 중반의 아버지는 매일 새벽 3시 30분에 일어나 기도와 말씀 묵상으로 하루를 시작한다. 젊은 시절 그때 그대로 하루도 게을리 하지 않고 언약의 여정을 이어

나가고 있다. 아버지는 전도자일수록 목회자일수록 더 부지런하고, 삶의 규모를 갖춰야 한다고 생각한다. 하나님 앞에서 일일, 주간, 월간, 연간 계획을 세우고, 사역을 게을리 하지 않도록 노력한다.

이제 제법 교회의 규모도, 시스템도 갖추어지고, 일꾼들도 세워졌지만, 여전히 날마다 교회를 돌아본다. 사실 아버지는 교회가 너무 좋아 아예 교회에 산다. 우리 가족은 개척 이후로 선교원 설립을 위해 1년 남짓, 교회 건축을 위해 6개월을 임시거처로 옮겨 지낸 것을 제외하고는 교회에서 떠나 살아 본 적이 없다. 물론 어린 시절 나는 그게 불만이었으나, 아버지한테 통하지 않았다. 아버지는 전도자가 필요한 현장이라면 그 어떤 일도 사양하지 않고 나서서 한다.

한번은 이런 일도 있었다. 우리 교회에 여자 집사님만 출석하는 가정이 있었다. 여자 집사님은 남편의 핍박 속에서도 신앙생활을 이어가고 있는 사람이었다. 한 날은 집사님 남편이 늦은 시간 아버지한테 전화를 걸었다. "목사님, 저 지금 나이트에서 술 한 잔 하고 있는데, 좀 만납시다." 아버지는 두말하지 않고 나이트로 갔다. 그 현장에서도 복음을 전했다.

북방선교도 마찬가지다. 이제는 북방선교의 긴 여정에 지칠 만도 하지만 20년째 선교지로 늘 순종하며 사역을 이어가고 있다. 오늘도 복음이 필요한 곳이라면 어디든 상관없이 현장으로 발걸음을 옮길 것이다.

인터뷰가 끝났다. 한 시간이면 되겠지 했던 인터뷰는 어느덧 식사시간을 넘어가고 있었다. 인터뷰하는 동안 나는 가슴이 너무 뜨거워졌다. 꼭 젊은 시절 아버지가 목회자가 되기 위해 결심했다던 엑스플로 74의 현장에 함께 있었던 것 같았다. 아버지는 그저 말씀과 하나님이 너무 좋고, 이 좋은 소식을 모든 사람에게 전하고 싶은 전도자요, 목회자였다.

어린 시절, 목사 딸, 교회에 살았던 나는 사실 알게 모르게 상처가 많은 아이였다. 우리 집이었지만 우리 집이 아니었고, 내 물건인 줄 알았지만 내 물건이 아니었고, 행동 하나하나가 조심스러웠다. 하지만 내 상태와 상관없이 어린 시절부터 아버지는 매일 아침, 내게 축복기도를 해주었다 "하나님, 우리 한나를 축복해주시옵소서. 지혜와 명철을 주시고……." 때때로 아버지의 일방통행에 화도 나고 불만도 많았다. 하지만 단 한 번도 강단 말씀을 우리 아버지의 말로 듣지 않도록 엄마는 호되게 양육했다. 그런 부모님 때문이었을까. 나는 지금도 교회 강단의 말씀 속에서 가장 큰 응답을 받고, 현장에서 IT 전문인으로 쓰임받고 있다. 나는 아버지만큼이나 우리 교회를 사랑하고, 반 목회자로 살아왔다.

지난 30여 년을 돌아보면, 수많은 목회자와 사역자들을 만났다. 모두 복음의 열정으로 뜨거웠지만, 아버지만큼 전도와 선교, 복음에 대해 일심, 전심, 지속하는 목회자를 본 적이 없다. 아버지는 딸인 내가 봐도 말주변도 없고, 요령도 없고, 거기다 눈치도 없다. 하지만 내 기준과 전혀 상관없이 하나님은 아버지를 시대의 전도자로 사용하셨고, 지금까지도 계속해서 놀라운 응답을 주고 계신다. 만약 전도자로, 목회자로서의 소명을 발견했지만, 하나님이 언제 어떻게 응답하실지 몰라 힘든 사람이 있는가? 섣부른 판단으로 지칠 필요가 없는 것 같다. 하나님의 절대주권 속에 하나님의 절대계획을 알고 있다면, 그저 지속하기만 하면 된다. 우리 아버지같이 말이다.

인터뷰가 끝날 무렵 나는 아버지에게 물었다. 마지막으로 아버지의 꿈은 무엇이냐고. 멋쩍게 웃으며 말한다. "내 꿈? 나를 필요로 하는 곳에서 사람들과 농사도 짓고, 맛있는 것도 먹고, 말씀 운동하는 것?"

이 글을 정리하는 내내 나는 신앙인으로서의 나를 돌아보게 된다. 사실 많은 사람들이 내게 목회자나 사모가 되고 싶지 않았느냐고 물어보고는 했다. 그때마다 적당한 핑계를 둘러댔었다. 하지만 이로써 분명해졌다. 하나님은 목회자를 가장 잘 알고, 빛의 경제를 통해 전도와 선교 현장에서 오직 복음을 지속할 수 있도록 돕는 일꾼이 필요하셔서, 나를 지금의 방향으로 인도하고 계신다는 사실을. 나도 오늘 하루 내 현장에서 빛의 경제 축복을 회복하고 237나라 살리는 일에 쓰임 받기 위해 일심, 전심, 지속으로 하나님 앞에서 기도한다. 마지막으로 글의 퇴고를 도와주신 우리 교회 김지영 집사님께 감사드린다.

아버지 박왕재 목사

금성교회 앞에서 목사님과 교회 일꾼들
(뒷열 오른쪽 두 번째가 아빠)

아빠와 신학생 동기들
(가장 오른쪽)

청년시절 아빠
(맨 앞줄 가장 오른쪽)

가나안농군학교 수료 기념

아빠와 엄마를 소개시켜주셨던
믿음의 동역자 박영진 선교사

초기 다락방
훈련 모습

아빠 환갑 때
교회 중직자들과

새벽 기도 후 운동을
다녀오는 길에

작가 박한나 PK

PK 박한나(1984년생)
박왕재 목사의 장녀
검단세계로교회 서리집사
㈜시옷 CTO
이름도 빛도 없는 70인 제자의 사명을 따라 인도받는 경제인
민호, 민서 두 아이를 키우는 워킹맘

어린 시절 아빠와 나
(동암교회 시무시절)

어린 시절 우리 가족

1988년 엄마와

우리 가족

첫째 민호

WRC에서 둘째 민서

아빠 졸업식에서 엄마와 아빠

검단로교회 설립 예배 모습

처음 교회가 세워졌던 우리집이자
우리 교회의 주일학교 예배 모습

1999년 우리 교회 첫 중직자 임직식 모습

1997년 교회 사역자전도훈련 후

전도 전문성을 위한 치유전문인 교육 후

교회 임시 거처에서 중고등부와 함께

2005년 교회 사역자전도훈련 후

건축 후 입당 감사 예배 모습

입당 감사 예배 모습(류광수 목사님이 강사로 참석)

교회 설립 후 20평 증축 후의 모습

2층을 증축 후의 교회 모습

교회 외벽 및 지붕 개선 공사 후 교회 모습

건축 후 현재 교회

2018년 우리 교회 장로님들과 아빠

최알렉산드리아 목사님 안수식에서

검단지역아동센터 모습

세계로 장학금 수여식(연 2회 중고등부, 대학생 대상)

검단세계로 중고등부 렘넌트

한남노회시절 지구촌 선교회 속 엄마와 아빠

북방선교지에서 엄마와 아빠

초기 다락방 훈련 모습

교회 신축공사 기공식 모습

아빠와 엄마(30주년 기념 예배 전 교회 앞에서)

러시아 사역자들과 함께

시베리아 옴스크 순회 사역 중

중앙아시아 카자흐스탄 알마타 아가페 교회 사역

검단로교회 부설 선교원 어린이들 소풍 모습

강단에서의 아빠 모습

최알렉산드리아 목사님과 아빠

우리 가족

강단에서의 아빠 모습

그의 하나님이
이제 나의 하나님이 되셨다

정현국 목사

강원도 원주 출생
수원임마누엘교회
말씀대로 서는 교회
렘넌트 3평생의 모델교회
이스라엘 살리는 교회
복음의 선한 전통 이루는 교회
언약의 약속: 사도행전 20장 24절

1995년 만세반석교회(현 수원임마누엘교회) 개척
現 수원임마누엘교회 담임
現 세계복음화전도협회 공무원선교국 제2대 국장
現 <개혁공보> 주필
現 <깊은샘> 복음칼럼니스트
렘넌트대학교(RU) 명예박사
누가목사의 「세계복음화 현장보기 시리즈」 시와 칼럼집 등 28권 출간

수원임마누엘교회 목양실에서

"안 돼! 갈 수 없어!"

"다리 부러지고 싶어서 그러냐?!!"

초등학교 4학년, 피아노 앞에 앉아 한 명은 연주, 한 명은 노래를 하노라면 시간이 가는 줄 몰랐던 우리 쌍둥이 자매. 동생은 주로 연주를 좋아하고, 나는 주로 노래 부르는 것을 좋아했다. 학교 선생님의 추천으로 도전한 YMCA 주최 동요 부르기 대회가 있었다. 수원 지역 예선에 나갔는데 본선 진출이라는 기쁜 소식을 들었다. 그런데 아뿔싸! 본선 대회가 주일이라고 한다. 부모님께서 허락해주지 않을 것 같다는 느낌이 들었지만, 아주 조심스레 묻는다. 예상했던 반응의 게이지보다 3배 정도 무서운 반응을 보였다. 아버지는 불호령을 내리며 절대 갈 수 없다고 한다. 주일에 예배를 빠지고 그런 것을 하러 갔다가 하나님께 무슨 벌을 받으려고 그러느냐는 것이다. 나에게 하나님이라는 분은 '주일에 예배에 빠지면 큰 벌을 내리시는 무서운 하나님', 신앙생활이라는 것은 '내가 하고 싶은 것 다 할 수 없고 꾹꾹 누르고 참아야 하는 것'이었다. 방 안에 들어와 동생을 붙들고 한참을 울었다. 나는 주일 예배를 지키느라 본선에 나가지 못했지만, 나와 같이 예선을 통과하고, 본선 진출권을 갖게 된 내 친구는 본선에 진출해 대상을 수상했다.

이렇게 율법과 경건에 사로잡힌 종교생활 속에서 목이 조이던 우리 자매였는데, 어느 날부터인가 예전과는 다른 이상한 변화를 느꼈다. 갑자기는 아니지만 아버지의 태도가 조금씩 바뀌고 있었던 것이다. 옳고 그름의 판단과 맞지 않는 현실에 불같이 화를 잘 내던 아버지가 한없이 온순하고, 너그럽고, 여유 있는 모습으로 차츰 변했다. 어린 마음에 이런 생각을 했다. "아빠가 말하는 다락방이 뭔지는 모르겠는데 우리 아버지를 보니 '아주 좋은 것' 같긴 하네?" "사람은 변하지 않는다는데 무엇이 우리 아버지를 변화시키고 있을까?" 하며 우리 자매는 신기해했다. 아버지의 변화되는 인생 여정, 그에게 역사하신 하나님, 그에게 임한 복음의 능력! 그의 하나님이 이제 나의 하나님이 되셨다. 어린 시절의 아프고 답답한 상처는 복음의 가장 좋은 도구가 되었다.

복음, 인생을 걸다

증조할머니는 염보살로 불렸다. 할아버지는 옥로주조 부사장으로 경제의 여유가 있었기에, 증조할머니는 과매기절이라는 경천사를 섬기며 절에 시주를 많이 해서 승려들이 나의 증조할머니인 염보살을 아주 좋아했단다. 일제 강점기 말기 정신대에 끌려가기 싫어 억지로 한 할머니의 결혼은 고통이었다. 전쟁통에 할아버지를 만나 새로이 가정을 꾸렸고 아버지를 낳았다. 할아버지는 비즈니스에 능했고, 할머니는 특별한 종교를 신봉하지는 않았으나 일반 가정에서 일상적으로 행하는 제사와 유교적 생활 풍습을 그대로 지켜왔다. 술을 좋아하던 증조할아버지가 친손자를 보자 이름 짓는 이에게 술을 사주며 받은 이름이 정현국(鄭鉉國)이었다. 이 이름 속에도 하나님의 천명이 숨어 있음을 아버지는 복음운동 하면서 찾아내었다. 성씨가 나라 정(鄭)인 것은 유다의 큰 나라로 하나님의 나라를 의미하고, 현(鉉)은 솥의 귀를 말하는 것인데 제사를 드리는 향로로서 제사장의 직분을 말하는 것이며, 나라 국(國)은 세상 나라를 의미하는 것이라고 한다. 세상 나라를 하나님의 나라로 드리는 제사장의 의미로, 세상을 살리는 전도자로 구분하신 이름이라는 자기 해석이었으니 재미있기도 하다. 하나님은 일제 강점기와 한국 전쟁 사이에서 가정의 고통, 가문의 전통적인 유교 제사문화와 점술, 불교사상 속에 있던 가정에 전도자를 보내셨다. 절대로 빛이 보이지 않는 가문이지만, 하나님의 절대 은혜가 임했다.

성장기, 소중한 만남과 강권적인 은혜로 살다

아버지의 유치 시절, 동네 형들을 따라 나가게 된 교회는 원주제일장로교회였다. 할머니는 가정신앙인 유교를 지켰으나 교회에 가는 것을 허락했고 한편으론 좋아했다. 교회에 가면 어린 아버지를 반겨주는 이홍래라는 여전도사님이 있었다고 한다. 쪽진 머리와 하얀 저고리에 까만 반치마를 입고, 교회에 온 아버지를 언제나 꼭 안아주며 "현국이는 나중에 훌륭한 목사님이 될거야"라며 사랑을 듬뿍 담아 격려해 주었다고 한다. 이렇게 동네 형들 손에 이끌려 교회를 다니던 것이 초등학교로 이어져서 계속해서 스스로 다녔단다. 교회에서는 출석, 헌금, 말씀 암송 검사를 하는데, 집에 성경책이 없으니 교회에 가서 다른 친구들이 암송을 하는 것을 따라하면서 본인 순서

가 올 때까지 그것을 들으며 재빠르게 암송을 한 기억이 아버지에게는 지금도 생생하다.

아버지는 주일학교 졸업식을 하고, 졸업하면 교회를 안가는 줄 알았단다. 광고를 잘 안 들었나보다. 1년 쯤 지나 예전에 이끌어주던 동네 형이 찾아왔다. "현국아, 요즘 왜 교회에 안 오니?" "저는 졸업했는디요?" "아 몰랐구나. 중등부가 있어." "에에엥? 정말요?" 그래서 가보니 친구들이 다 있더란다. 이때부터 한 번도 안 빠지고 다니며 그 해 말에는 중등부 회장이 되었단다.

교회를 다니지 못하던 1년의 공백기에도, 어린 나이였지만 영적인 사모함에 이끌려 혼자 삼천감리교회 부흥회가 있다는 소문을 듣고 참석했다고 한다. 부흥사 최복규 목사가 말씀을 전하는데 큰 은혜를 받고는 헌금하는 시간이 되었는데 주머니에는 동전이 하나도 없었다. 그러나 어쩐지 하나님께 드리고 싶은 마음이 가득했다. 마침 할아버지가 원주중학교 입학을 축하한다며 사준 한 달 밖에 안 된 세이코 일제시계를 차고 있었는데, 갑자기 시계를 찬 왼쪽 팔이 따뜻해지는 느낌이 들었단다. 헌금채가 다가오자 아버지는 무슨 마음인지 시계를 풀어 잠자리 채 같은 헌금바구니에 넣었다. 드리고 나니 마음이 너무 즐겁고 기뻤다. 아마도 자기 소유를 하나님께 처음 드린 이 놀라운 경험이 평생 하나님께 자신과 삶을 드리는 시작이었는지 모른다. 집에 오면서, 할아버지께서 시계가 어디 있느냐고 물을 것 같다는 생각이 들었다. 다음날 아침, 역시나 시계에 대해 묻는데, 대답을 얼버무리는 아들을 보고는 그냥 대수롭지 않게 넘어가 주었다. 학교를 갔는데, 마침 다른 반 친구이던 교회 목사 아들이 그 시계를 차고 있는 것이 아닌가! 그럼에도 기분이 하나도 나쁘지 않고, 하나님께 드린 기쁨으로 담담했던 기억이 있다. 며칠 후 할아버지가 차고 다니던 더 좋고 비싸고 두툼한 오리엔트 명품시계를 받게 된 것은, 아버지에게 새로운 응답을 체험하는 기회가 되었다고 한다.
전제관 장로님은 만난 적은 없지만 익히 많이 들었던 이름이다. 주일학교 중등부 지도교사인 전 장로는 불신 가정에서 혼자 교회에 다니는 주일학교 학생 현국이에게 미션을 주었다. '주 예수를 믿으라 그리하면 너와 네 집이 구원을 받으리라(행16:31).' 이 말씀을 믿고 계속 기도하면 하나님이 내 기도를 들어주신다는 말을 해 주었다. 아버지는 그것을 사실로 붙잡았는데, 이때가 14살이었다. 놀랍게도 14년 후에 아버지는 신학교에 가게 되고 정말로 가족 모두가 복음을 받고 가정복음화의 응답을 받게 되었으니, 하나님의 말씀은 살아있다는 증거를 얻었다고 한다.
고등학생 때 할아버지가 경영하던 사업이 어려워지면서 집안 경제는 쇠락하고 있었다. 학교에 월사금을 내지 못해 할머니가 불려가기도 했다. 가정형편이 어려워지니 공부에 집중하지도 못하고 학업에 관심을 둘 수 없었다. 미래를 위한 학업의 의미를 모르고, 미래를 기대하는 시간을 가질 수 없었다. 그럼에도 감사한 것은, 할아버지는 소년인 아버지에게 가끔 바를 정(正)자를 써주며 바른 삶을 살 것을 가르쳤는데, 다행히 어긋난 길로 가지 않고 교회의 신앙 활동과 청소년 적십자 봉사활동 쪽으로 마음을 의지한 것이다. 나중에 신학교를 가면서 학생 생활기록부를 떼어보니 고등학교 1학년과 2학년 때 미래 직업을 교사로 썼는데 3학년때는 목사라고 썼다. 목사가 무엇을 하는 사람인지도 몰랐지만 하나님은 어린 아버지를 영원 전부터 인도하시고 계셨던 듯하다. 청소년기에 목회자로서의 부름받은 것은, 평생 모르고 있었지만 중요한 계획 속에 인도받는 과정 중에 있게 하신 것 같았다. 대학 학업의 문이 열리지 않는 현실에서 나름의 도피, 회피를 했으나 그것이 신앙이었다는 것이 얼마나 감사한지, 지금에 와서 보니 정말 하나님의 은혜라고밖에 설명할 수 없다고 한다.

옛적 시골 교회에는 기도 사명자들이 많이 있었다. 무더운 여름이든 추운 겨울날이든, 교회에 이불 보따리를 지고 와서 잠을 자면서 기도하시는 권사들이 있었다. 새벽예배를 사모했던 아버지는 새벽에 집에서 나오면 어머니가 캐물을 것이니 걱정을 덜어주기 위해, 친구 집에서 잔다는 핑계를 대고 교회에 와 잠을 자며 새벽에 기도하며 지내곤 했다. 어느 여름날에는 교회 장의자에 누워 잠을 자는데 다리가 쓰라리면서 따끔하고 촉촉했다고 한다. 아침에 일어나 보니 자다가 의자에서 떨어지면서 나무 의자의 못에 걸려 옷이 찢기고 상처가 난 것이었다. 이 영광의 상처가 아버지의 왼쪽 허벅지에 지금도 남아 있다.

이렇게 은혜 속에 20대 청년이 되고, 대학에는 진학하기에 어려워진 상태라 취직을 했단다. 원주 중앙시장에서 장판지 파는 집에 취직을 했는데, 일은 재미가 있었으나, 물건을 주고 돈을 받을 때 이윤을 남기는 것이 마치 남을 속여 돈을 빼앗는 죄를 짓는 느낌이 들어, 양심과의 갈등을 이기지 못하고 그만두게 되었다. 출석하는 교회에 자신

(慈信)보육원을 운영하는 김기현 장로가 있었다. 청소년 적십자 봉사활동의 경험이 많고 평소 착한 심성인지라 여기서 생활보호사로 일하게 되었다. 5~6세 아이들 16명을 데리고 한방에 살았는데 불편하지 않고 재미있었다고 한다.

신앙심과 사랑의 실천인 봉사로 젊음을 불태우던 아버지는 군대에 가서 더 뜨거운 신앙생활을 하게 된다. 여느 어머니들처럼 할머니도 입대하는 아들의 팬티 고무줄에 꼬깃꼬깃한 돈을 돌돌 말아 비상금을 넣어 주었다. 논산 훈련소에 가서 예배를 드리는데, 갑자기 든 생각이 '돈이 왜 필요하지? 군대에서 먹여주고 재워주고 옷도 주고 다음 주에는 봉급도 준다는데 말이야' 하는 생각이 들자, 예배하면서 그 돈을 모두 헌금으로 드렸단다. 드리는 응답의 흐름을 만들어 가는 것 같았다. 자대에 배치되어 졸병이 교회에 간다고 하면 선임이 싫어했다고 한다. 그래도 "저는 가야합니다" 하고 우기다가 많이 혼나기도 했다. 군 생활을 하는 가운데 좋은 믿음의 형제들을 만났다. 찬양을 좋아하는 아버지는 교회에 가면 늘 찬양대를 섰고, 함께 찬양하는 형제들과 돈을 모아 교회 피아노도 구입했다. 피아노 연주는 도레미파 정도를 치는 수준이었지만 찬양이 너무 좋아 영외 거주할 때 하사관 봉급을 모아 당시로서는 귀한 아리아 오르간 풍금을 구입했다가 자취방에 두었다. 그러다 필요한 교회가 생기면 주려고 했는데, 마침 산정호수에 있는 교회의 오르간이 망가져 이것을 헌물했다고 한다. 아버지는 평생 사도행전 20:35 '주는 것이 받는 것보다 복되다'는 것을 즐겁게 실천하고 있다. 그래서 누군가에게 무슨 선물을 받았다 싶으면 어느새 다른 사람의 손에 가 있기가 일쑤였으니, 주는 기쁨이 더 크신가보다.

신학을 하고 목사가 되다

군 생활 하는 중에 청소년기에 받은 소명이 떠오르며 하나님께서 아버지에게 신학을 해야겠다는 마음을 주셨다. 봉급을 아껴 칼빈주석 등 신앙서적을 월부로 사서 모으기 시작했다. 총각집사로 38선 너머 운천중앙교회를 섬기면서 주일학교 교사와 찬양대 지휘자, 청년회 회장 등 여러 가지로 열심, 봉사하였다. 제대하면서 신학교에 바로 입학해 신학생이 되었고, 칼빈신학교에서 기도하는 팀을 만났는데 '예수의 아우들 기도팀'이었다. 화요일 밤마다 10여 명이 어울려 연예인교회를 지나는 삼각산에 올라 기도를 4년 정도 했다. 산기도할 때는 좋은데 집으로 돌아오면 그 충만함이 유지가 되지 않고 무엇인가 마음속이 더 복잡했었노라고 한다. 이런 경험이 영적문제를 찾는 기회가 되었다고 한다. 서리집사로 있던 운천중앙교회에서 바로 교육전도사로 사역을 시작하게 되었다. 찬양대 지휘와 주일학교 교육을 맡아서 사역하기 시작한 교역자 사역은, 수원 성도교회, 서울 충무로 한민교회, 경남 통영의 충무 충은교회를 지나, 서울 새성복교회에서의 부목사 사역으로 이어졌다.

다락방 전도운동, 제 2의 시작

아버지가 처음으로 예수님을 영접한 것은 20세에 CCC(한국대학생

선교회)를 통해서였다. 성경을 배우고 교회생활에 열심이었지만 예수님을 마음속에 인격적으로 영접하는 것은 이때 처음 경험했다. 그 경험으로 사영리를 통해 전도운동에 참여했다. 부교역자로서 교회를 섬기면서 전도에 마음이 끌려 크로스웨이, 벧엘, 두란노, 평신도 제자훈련 등 다양한 세미나를 다녔다. 전도훈련에 많은 관심을 가지고 있었는데 좋은 과정이었지만 이상하게 이것이 교회와 잘 접목이 되지 않았다고 한다.

어느 날 '다락방 전도운동'이라는 신문 광고를 보게 되었다. 양재동 횃불회관에서 한다고 하길래 가 보았다. 이때 시대적인 전도자 류광수 목사를 처음으로 본 것이다. 작은 체구의 다부진 몸매를 가진 그가 하얀 칠판에 "그리스도"라고 쫙 쓰고 그리스도를 설명하는데, 10분 정도 듣고는 딱 알아들었다. 말씀이 마음속에 쏙! 들어온 것이다. '아! 내가 이걸 몰랐구나! 신학대학원에서 그렇게 연구하고 그렇게 산에 가서 몸부림쳐 기도하고 애쓰면서도 해결되지 않는 문제 속에서 전도하고자 했는데 이걸 몰랐구나! 이것이 바로 영적문제 해결하는 복음이구나!' 이것이 충격이 되었다.

당시에 주말마다 아버지는 교회에서 준비한 수십만 장의 전도지를 길거리에서 혹은 가가호호 방문하며 전달하기도 하고, 새벽기도 후 아침 일찍 학교 가는 길목에서 학생들에게 주기도 했다. 한번은 청소부가 리어카를 끌고 오더니 모든 전도지를 달라고 하기에, 반가운 마음으로 "우리와 같이 전도하시게요?" 했더니 그 사람이 화를 벌컥 내면서 "여보시오. 눈을 돌려 이쪽을 보시오" 하는 것이었다. 보니까 우리는 오는 학생들을 바라보며 전도지를 나눠주느라 몰랐는데, 아이들이 전도지를 받자마자 길에 버려 놓아 전도지가 그만 길에 낙엽 떨어지듯 나뒹굴고 있었으니, 청소부가 열 받을 만도 했다. 우리 4명의 가족이 교회까지 전철을 타고 오갈 때는, 전도지를 초등학생인 우리들의 가방에 한 움큼씩 넣어주고 청량리에서 수원 오는 1호선 전철에서 나누어 주게 했다. 신설동에서 수원까지 가는 데 걸리는 55분의 시간이 우리의 전도지 나누는 시간이었다. 전철 양쪽에서 쌍둥이들이 조그만 손으로 전도지를 나누어 주었다. 누가 보면 껌팔이 소녀들 같았고 부모를 잘못 만난 앵벌이 소녀들의 모습이었으나, 그것이 최선의 전도라고 아버지는 생각했고 우리는 부끄러워하지 않고 순종했다. 그런데 성경적 전도의 되어지는 방법이 발견되면서, 하나님이 원하시는 것이 바로 이것이라는 확신이 왔다.

그 다음 주에 오포리 광림수도원에서 세미나가 있다고 해서 또 찾아갔다. 현장에서 강의를 다시 들으니 메시지가 마음에 꽂히고 너무 이해가 됐다. 현장이 이렇게 준비되어 있음을 확인했다. 강호인 목사가 노란색 「복음편지」를 들고 이 책으로 다락방하면 된다는 광고를 한다. 그 자리에서 10권을 사고, 그 다음 주에 바로 다락방을 8군데 열었다. 그때 만난 제자들이 지금 곳곳에 든든한 제자로 서 있다. 그동안 전도에 대한 많은 경험이 있었고 복음을 전하고 영접하는 것에는 능숙했지만, 영적인 사실을 정확하게 전달하지 못했다는 것을 깨달았다. 복음의 선명한 메시지를 통해 영적인 사실이 드러나고 현장에서 말씀운동이 일어나게 된 것이다. 성도들이 은혜받기 시작했다. 아직은 다락방이기보다는 「복음편지」 성경공부였다. 담임목사는 부목사인 아버지가 활발한 전도활동을 하기보다는 교회 내부를 잘 살피는 행정목사가 되어주기를 원했다. 그 흐름을 맞춰주면서 8군데 현장 다락방을 뛰는데 엄청난 영접운동이 일어났다. 그와 함께 청량리역에서 찬양전도 운동이 시작되었다. 류광수 목사는 현장에 나가기 전에 전도훈련 1단계, 들어와서 2단계를 하라고 했고, 이를 그대로 했다. 찬양팀과 영접팀이 구성되고 많은 영접의 열매를 보게 되었다.

어느 날 담임목사와 함께 목동 창대교회에 있는 다락방 전도학교에 참석했는데, 참석하고 난 뒤 '우리교회에서도 전도학교를 하자'고 해 깜짝 놀랐다. 양재동 다락방 집회 이후에 그동안 없던 저녁예배 시스템을 구축하게 되었고, 그때 「현장복음메시지」를 가지고 저녁예배를 시작했다. 신설동 주변에는 고시학원이 많이 있었는데 이때 와서 복음을 들은 사람이 LA의 안성일 목사, 임마누엘경인교회 권은주 전도사다. 우리교회에서도 다락방 전도학교를 할 수 있게 해 달라고 기도한 것이 이렇게 응답으로 다가온 것이다. 담임목사는 지부장, 부목사였던 아버지는 총무, 이렇게 '동대문 전도학교'가 시작되었다. 결국 새성복교회에서 류광수 목사의 전도집회를 열게 되었다. 그 후, 이병무 목사, 김성우 목사 등이 강사로 와서 전도학교를 인도하셨다. 그 당시 메시지는 그리스도의 3직만 계속 선포되었다.

6개월 정도 하니 담임목사가 이제 저기에는 메시지가 없는 것 같다고 그만하자고 했다. '들을 때마다 새롭고, 심장이 뛰고 생명이 역동

하는데, 이걸 그만하라고 하다니!' 충격이었다. 동대문 전도학교를 그만 둔다고 하니까 그동안 아버지는 평생 담임목사를 섬기며 목회하려던 마음이 바뀌어 전도운동 하고 싶은 마음이 불같이 일어나 개척의 각오가 생겼다. 그렇게 기도하며 인도받는 가운데 1995년 4월 부활주일에 만세반석교회(現 수원임마누엘교회)를 개척하게 됐다.

이즈음, 다락방은 이단시비가 붙게 되었다. 노회에서 다락방이 이단이니 관계하지 말라고 한다. 총회에서 이것을 결정했다. 그 결과를 보고는 성경적인 전도운동을 이단화시킨 합동측 교단을 탈퇴하겠다고 결정해서 노회에 서류를 보냈다. 대한예수교장로회 황동노회에서 박용배 목사와 함께 면직이 되었다. 그 후 더욱 본격적으로 말씀운동과 훈련, 핵심에 따라붙게 되었다. 매주 주일에는 부산을 건넌방 다니듯 했는데, 어떤 날은 동삼제일교회(現 임마누엘교회)에 도착하면 메시지가 끝나있기도 하고 그랬단다. 김동권 목사가 수원 전도학교 강사로 와 평신도 전도신학원을 가라고 했다. 안양동부신학원과 선교사훈련원으로 인도받으며 지금까지 20가지 성경적인 전도방법을 따라 훈련의 길을 걸어오게 되었다.

유일성의 응답, 복음칼럼니스트

우리교회 주보의 맨 뒷면을 장식하는 것은 〈누가목사의 세계복음화 현장보기, 복음 칼럼〉으로, 1995년 부활주일에 교회가 창립된 이후 지금까지 26년째 공백을 본 적이 없다. 아버지가 말씀을 받으며 확인되는 종교와 복음의 차이, 율법과 복음의 격차 등 여러 가지 느껴지는 것과 전도현장에서 일어나는 이런 저런 만남을 담담한 필치로 매주 공간을 채워 나가시는데 신기하기만 하다. 또한 13년째 매주 이어지고 있는 〈깊은샘〉의 칼럼 뿐 아니라 〈세계복음화신문사〉 사설과 현장르포, 세계전도캠프취재, 〈개혁공보〉 기사와 사설, 그와 연결된 28권의 책 출판 등 문서사역의 응답을 받고 있는 아버지. 그의 오늘이 있기까지는 인도하신 하나님의 세밀하신 손이 있었다.

달란트가 발견된 배경이 있다

그의 어린 시절, 별이 총총하던 여름밤 모깃불을 지펴 놓은 침상에는 동네 아이들이 '언덕이 할머니'의 옛날 옛적에 호랑이 담배 먹던 시절의 이야기를 들으려고 모여 들었다. 거의 비슷한 이야기이지만 언덕이 할머니는 아주 자연스럽게 옛날이야기를 들려주었다. 샘에서 물이 흘러나오듯 그 입에서는 언제나 줄줄줄 이야기가 나왔고 아이들의 눈은 반짝였었다고 한다. 할아버지는 〈동아일보〉 애독자였다. 당시의 신문은 한문과 한글이 섞여 나오는 것이었는데, 그 신문을 아버지는 할아버지와 함께 보며 그때 한자를 많이 알게 되었다고 한다. 그러던 중 소년동아일보를 보게 되면서 다양한 관심의 지평을 넓히게 되었고, 초등학교 때 할머니가 고가를 주고 구입한 「한국문학전집」이 집에 들어오면서 다양한 문학작품을 접하는 계기가 되었다고 한다. 밥상머리에서 할아버지는 다양한 이야기를 많이 해주었다고 한다. 아버지의 인생경험 이야기, 재미있는 옛 이야기, 세상 이야기, 장사하던 이야기 등을 들려주었는데 지금으로 말하면 할아버지는 스토리텔링에 능했던 것 같다. 생활 속의 지혜를 스토리로 엮어, 밥상머리 교육을 통해 재미있는 이야기를 많이 들었던 기억이 생생하단다. 그런 영향을 받아서인지 아버지도 스토리에 강하다. 이런 저런 상황에 한 번도 들어본 적 없는 예화를 즉흥적으로 적재적소에 잘 엮어 낸다.

한국 문학의 장편과 단편 소설을 접하고 중학교 가기 전에 나관중의 삼국지 5권을 모두 보게 되었는데, 아버지는 밥상머리에서 그 내용으로 묻고 답하는 것을 좋아했다. 이렇게 다양한 잡식문화를 접하다, 교회를 다니게 되면서 자연스레 성경으로 관심이 전향되었다. 교회학교에서 출석을 체크하며 외우는 요절 암송과 성경읽기를 하면서, 경건의 시간을 찾아 Q.T.를 시작하게 되었고, 고등학교 시절은 여기에 집중된 삶이 되었다. 〈매일성경〉, 〈오늘의 삶〉, 〈생명의 삶〉 등 이런 책들을 꾸준히 보며 오늘의 〈기도수첩〉까지 말씀에 이끌림을 받고 의미를 찾아내 적기를 시작했는데 이것이 복음 글쓰기의 바탕이 되었다고 한다.

나도 글을 쓸 수 있구나!

1989년 신학대학원을 졸업하면서 수원노회 전도사님들이 팀을 이루어 성지순례를 다녀왔는데, 그것이 아버지의 첫 해외여행이었다고 한다. 태국을 거쳐 약속의 땅 가나안을 순례하며 갈릴리 바다를 보는 감격은 남달랐다. 특히 갈릴리 위쪽, 요단강 발원지인 단 지역 샘의 근원지를 찾아갔는데, 거기서 깊은 샘이 솟아나오는 것을 보면서 '이 건조한 이스라엘 땅은 하나님이 주시는 은혜의 샘으로 사는구나!' 하는 것을 깨닫고 큰 감명을 받아, 여기서 '은혜 샘'이라는 호 은천(恩泉)을 찾아내게 되었단다. 가나안 현장을 바라보면서 가는 곳마다 마음 담긴 시가 써졌고, 성지순례를 하면서도 현장의 감흥으로 시를 몇 개 쓰게 되었다. 전에 써본 적이 없는 글을 쓰게 되는 결정적인 계기가 바로 성지순례였던 것이다.

용기를 넘어 작품의 응답

교육전도사로 부임하게 된 충무로의 대한극장 옆 한민교회에서는 당시에 일반적인 교회활동으로 문예지를 만드는 것이 유행이었는데, 중고등부에서도 회지를 만든다고 글을 요청했다. 그러나 당시에는 시만 간혹 쓰는 정도라서 장문의 글쓰기에 수줍었던 아버지는 머뭇거리다가 글을 써서 내자 학생들의 칭찬을 받게 되었다. 렘넌트들이 글 솜씨를 알아봐 주니 힘이 불끈 솟은 것이다. 그때부터 필요한 곳에 글을 실을 공간이 발견되었고, 차츰 글쓰기의 내공이 쌓이기 시작했다. 충무교회, 충은교회 시절 통영에서의 경험은 한려수도의 자연을 보며 시를 많이 쓰게 되므로, 인생 첫 시집 〈끝에서 부르는 노래〉를 출간하게 되었다.

서울 신설동의 새성복교회에서는 청년들을 지도하면서 수원에서 전철로 서울을 오가며 여러 책을 보다가 문득 글귀가 떠오르면 종이 여기저기에 시를 썼고, 청년들을 지도하는 만남 속에서 상담과 포럼을 하는 가운데 주로 책을 선물해 주었는데 그때마다 시를 써서 주었다. 그저 청년들을 위로하고 축복하려는 것이었는데 써 놓고 보면 글귀가 좋아 그것을 다시 옮겨 적어 두었다. 그 시를 모두 모아 〈점은 획이 되고, 빛이 되리라〉는 두 번째 시집을 내게 되었다.

암흑기 같지만 진짜 작품을 위한 황금준비기

성경적 전도운동인 다락방을 만나고, 오직 복음에 집중하다 보니 복음을 누리고 전하느라 어느새 시를 안 쓴지 오래됨을 발견했다. 복음의 깊은 맛을 보니 감성 충만한 작품보다는 영적인 집중의 시간을 사모하게 된 것이다. 시간이 지나 이제는 복음을 누리는 삶에서 나오는 진짜 작품을 남기는 새로운 인도를 받게 되었다.

문서사역, 하나님의 부르심

수원임마누엘교회(구 만세반석교회)를 개척, 담임하며 복음과 말씀의 흐름, 성도들의 삶, 현장을 글로 기록하기 시작했다. 글쓰기가 탄력을 받아가며 현장의 사실에 접근하는 글쓰기가 진행되면서 〈언약의 수수께끼〉라는 책을 내게 되었다. 오산체육관에서 수원전도집회가 있을 당시 류광수 목사는 아버지와의 만남 중에 "에세이가 있으면 글을 가지고 오라"고 했고, 주보에 그동안 실었던 글들을 보여주게 된다. 그리고 몇 년 뒤, 부천집회에서 만난 류광수 목사로부터, 출판되는 본인 책의 감수위원으로 수고를 해달라는 부탁을 받는다. 드디어 복음 문서 사역으로의 본격적인 발을 내딛는 시작의 날이었다.

그날 밤, 우리 집에는 지금 생각해도 오싹한 끔찍한 일이 벌어졌다. 복음문서 사역의 응답을 시샘하는 사탄의 공격이 나타나 날밤에 강도가 든 것이다. 중학교 2학년이었던 우리 자매가 자고 있는 방에 강도 2명이 들어와서는 칼을 들이대며 조용히 하라고 위협했고, 동생과 나의 손, 발을 끈으로 묶었다. 그리고 몇 분 뒤, 위기 탈출을 위해 과감히 문을 박차고 나간 아버지는 등과 목, 팔등 4군데에 칼을 맞았고, 피투성이가 되었다. 왼쪽 팔에는 칼이 깊이 박혀, 인대가 끊어졌고 신경이 많이 손상되었다. 지금도 날이 차거나 큰 힘을 쓰는 데에는 약간의 불편함이 있다. 아버지는 그 짧은 순간 '아, 죽을 수도 있겠구나' 하는 생각이 들었다고 한다. 그러나 이 시대에 회복된 복음운동을 글로 남기는 일, 이것은 생명을 위한 사역이라는 것, 이 일을 하다가 죽을 수도 있는 것이며, 그렇다면 복음을 위해 죽는 것은 옳은 것이라는 생명 건 헌신을 결단하는 밤이었다고 했다.

계속되는 증인문서와 작품

2007년, 덕평 렘넌트신학연구원(RTS)에서 목회대학원 겨울학기를 할 때 시대적 전도자 류광수 목사는 차동호 목사와 함께 아버지를 불러, 중직자 편지 〈깊은샘〉을 만들라고 했다. '복음을 한 페이지에 담으라!'는 미션이 주어진 것이다. 드디어 복음칼럼니스트로서 중직자들의 전도현장에 전도 증인 문서를 전달하는 사명을 받았고 지금까지 그 사명을 지속적으로 감당하고 있다.

주보에 매주 쓴 칼럼을 묶어 매해 칼럼집을 구성하고, 개혁공보 기사와 사설, 28권의 책을 써내고 출판하며 현장에서 하나님이 보이신 역사들을 작품으로 남겼다. 매년 선교대회 때마다 400권의 책을 만들어 선교사님들에게 나누어 주면서 세계 선교현장 곳곳에 말씀 성취의 작품들이 꽂혀있게 되었다.

전도와 선교의 여정

복음 세 천명

주 예수는 그리스도시요 살아계신 하나님의 아들이시니이다!

예수님은 사탄 꺾은 왕이신 그리스도이십니다.
나는 아담의 후손으로 구원받은 하나님의 아들 정현국입니다.

예수님은 죄와 저주에서 해방시키신 제사장이신
그리스도이십니다.
나는 하나님 떠난 12가지 영적문제, 재앙에서 해방된 신분,
권세 가진 남은 자 렘넌트입니다.

예수님은 하나님 만나는 길, 선지자이신 그리스도이십니다.
나는 수원임마누엘교회 담임목사로 흑암 꺾은 빛을 가진
시대 살리는 전도자입니다.

나의 천명은 수원임마누엘교회 전도목회와 공무원선교와
복음문서를 남기는 것과 이스라엘 살리며 요르단,
237나라 5000종족 세계복음화 하는 것입니다.

이 읊조림은 아버지의 복음 세 천명 고백이다.

우리 교회는 모든 성도들이 각자의 천명이 담긴 이 고백을 하루에도 수십 번씩 한다. 이 믿음의 고백을 되뇔 때 나타나는 힘과 은혜가 개인의 삶 속에 녹아들어 있다.

전도목회의 축복

성경적인 전도를 알고 나서는 그냥 목회가 아닌 전도목회가 되어야 한다고 생각했단다. 시대적인 전도자의 메시지 흐름 안에서 한 메신저, 한 메시지를 따라야 한다는 생각이 있었다. 아버지는 개척 초기에 오전 예배만 드리고 교회에서 사라졌다. '어딜 그렇게 바쁘게 매주 가시는 걸까' 싶었던 어린 시절이 떠오른다. 부산에 매주 훈련을 받으러 간 것이었다. 가보면 이미 핵심훈련이 끝나있던 날도 있었지만, 야간열차를 타고 그리도 다니셨다.

어느 날, 위성방송 시스템이 생겼다. 시대적인 전도자의 메시지 흐름을 교회가 같이 따라가기를 소원하는 마음에 바로 신청했고, 우리 교회는 1999년 3월 29일, 위성방송 1호 교회가 되었다. 지금 이루어지는 비대면 예배의 원조 격이다. 오전은 담임목사인 아버지가 설교를 하고, 2부는 위성으로 시대적 전도자의 메시지를 함께 받았다. 지금이야 대수롭지 않은 일이지만, 그 당시는 강단을 내어주고 성도들과 함께 말씀을 받는다는 것이 일반적인 일이 아닌 분위기였던지라 성령께서 주신 강권적인 은혜였던 것 같다. 고3 시절이 생각난다. 주일에도 학교에 나가야 하는 소위 빡센 고등학교를 다니면서,

나름의 영적싸움을 하며 학교에 얼굴도장 찍고 얼른 와서 말씀 듣고 했던 기억이 난다. 나를 살리고 영을 새롭게 하는 생명수의 말씀이 얼마나 달고 오묘했는지. 이렇게 성도 개개인에게 메시지가 전달되기 시작했고, 그 흐름이 지금까지 이어지고 있다. 메시지의 흐름에 따라, 교회 안에 20가지 전도시스템이 자리 잡히고 5기초가 깔리게 하는 사역에 몰두하셨다. 성도들의 집집마다 다락방, 팀사역, 미션홈, 전문사역, 지교회 응답의 메시지를 구체화시키며 받아나갔다. 구원받은 개인의 삶에 하나님이 역사하시는 시간표를 보며 걷고, 때로는 멈추고, 때로는 달리며 여기까지 온 것 같다. 지나고 보니 희미했던 그 사람이 든든한 전도자로, 불안했던 그 자가 살리는 전도제자로 한 명, 한 명 세워지는 모습을 보며 하나님이 하시는 역사에 뭉클해진다.

장로를 세우라!

말씀이 선포되면, 눈치 살피지 않고 바로 실천하는 아버지 목사님. 그래서 별명이 예광탄(曳光彈)사역이라 한다. 이해한 만큼, 은혜주신 만큼 먼저 실천해보자는 생각인데, 다소 급진적으로 보일 때도 있지만, 교회 성도들이 믿음으로 따라 주어 은혜롭게 여기까지 왔다. 때로는 바뀌지 않은 나의 옛 틀, 옛 안경으로 인해 그의 언약적인 판단을 이해하지 못하고 마음 속 어딘가에서 갱신을 거부하는 내적 갈등이 스멀스멀 올라오기도 했다. 그러나 지나고 보면 그가 맞았다. 아니, 말씀이 맞았다.

어느 날 '장로를 많이 세우라'는 말씀이 선포되었다. 중직자 시대가 열린 것이다. 교회 안에 성도가 10명이면 10명 다 장로 세우면 된다는 말씀이 선포되자, 아버지는 빅 "아멘!"을 했다. 첫 날만 개척교회인 것이지, 다음 날부터는 작은 교회라고 핑계 대고 싶은 생각의 틀을 깨는 말씀이 계속 선포되었다. 우리 성도들도 스스로 부족하다고 느꼈지만, 전도자의 언약 메시지가 위성메시지를 통해 계속 선포되니 그 의미를 전부 알아들었다. 성도들을 장로로 세우자고 했는데, 말씀이 흘러 들어가니 말씀화의 증거로 감사하게도 성도들이 한 마음으로 호응하고 뜻을 모았다. 세계복음화전도협회 상임위원을 모시고 18명의 장로를 세우게 되었고, 〈말씀대로 서는 교회〉라는 책을 내는 기회가 되었다. 그 책이 곧 첫 임직 받은 장로들의 간증과 신앙고백이 담긴 책이었다. 그 이후 청년이고, 처녀고 할 것 없이 언약가진 전도자는 장로가 되는 것이라는 말씀의 쓰나미에, 우리 쌍둥이 자매도 장로가 되었다. 교회의 행정적인 일을 담당하는 장로는 1명이면 된다. 그런 장로가 아닌 현장의 영적인 사령관으로서의 장로. 개인의 가정, 가문, 업, 현장에 아무도 할 수 없는 그 일을 하는 영적 서밋! 그 현장에서 기도의 불을 끄지 않는 파수꾼, 영적 의사, 그리스도의 대사로서 그 일을 할 장로를 세운 것이다. 수원은 3개 구에 56개 동이 있으므로 56명의 장로를 다민족과 함께 세웠고, 여러 지역에 영적 사령관으로 파송하였다.

레위 여자는 레위 남자를 만나게 된다는 언약 속에 처녀 장로인 우리들이 집사들을 신랑으로 만나게 되었다. 결혼의 중요성을 알고는,

미리 결혼 파송식을 준비하며 〈결혼 ABC〉로 4명의 결혼 당사자들이 아버지와 인터뷰를 하고, 한 번의 예배가 천년의 응답이라는 언약의 결혼 예배를 응답 받았다. 아버지는 우리 신랑들에게 언약적으로 물었다. "장로가 교회를 옮겨야 하는가? 집사가 교회를 옮겨야 하는가?" 장로의 자제들이었던 신랑들은 당연히 집사가 교회를 옮겨야 한다면서 우리 교회로 왔고, 곧 장로 임직을 받았다. 영적 서밋으로 미리 성공하는 자리에 들게 하는 아버지의 결단과 믿음대로 좋은 사위들을 만나 언약의 가문을 이루었다.

공무원 선교

아버지는 전도신학원에서 현장사역을 함께 하게 되면서 박용배 목사를 만나게 된다. 현장을 매번 나가는 중에 박 목사는 과천청사 공무원 현장을 같이 가보자고 했다. 또 본인이 사역하고 있는 언론인 전도학교도 데리고 갔다. 아버지를 충성되이 여겨, 본인은 맡고 있는 북한사역도 있고 하니 공무원사역을 맡아달라고 하였다. 그러면서 중앙청사의 공무원 다락방 한 개는 일반 다락방 천 개와도 바꿀 수 없는 의미가 있는 중요한 사역이니 지속하라는 미션을 주었고, 지금까지 그 미션은 24년 동안 지속되고 있다. 과천청사 장옥경 장로, 서울청사 홍혜숙 권사 이 두 분이 오늘까지 공무원복음화 현장의 자리를 지키며 루디아의 응답을 받고 있다. 개인이 그리스도의 비밀을 누리는 가운데 만남을 주셔서 준비된 사명자, 렘넌트와의 만남을 주시고 공무원선교국이 세워지고 헌신하는 목회자와 중직자들로 발전하면서 7차례 세계공무원선교대회까지 인도받게 되었고 해외까지도 그 사역이 펼쳐지고 있다.

기쁨의 RUTC

나의 할머니는 아들을 통해 늦게 신앙생활을 시작했지만, 항상 기도하고 교회를 사랑한 분이다. 성경을 몇 독인가 하시고 십계명과 열두 제자 이름도 줄줄 외우며, 자신은 전도하는 교회의 권사라면서 고령임에도 1차합숙훈련도 받았다. 자녀들이 주는 용돈을 쓰지 않고 모으고 모아, 교회가 필요할 때, 선교현장에 필요할 때 하나님께 기쁨으로 드리는 것을 수차례 보았다. 그 흐름을 따라 아버지가 받고 있는 응답이 있다. 목회자인지라 경제를 많이 운용할 수는 없지만, 내가 할 수 있는 헌신이 무엇일까를 항상 마음에 두고 있으셨다고 한다. 1980년 쯤 CCC수련회가 심천 미루나무 숲에서 있었다. 그때 김준곤 목사님이 북한에 대해 이야기하면서 "북한의 5천 곳에 교회를 세우자. 너희들이 기도하라"고 하고 작은 쪽지를 나누어주었다. 그 쪽지에 북한 5도의 읍, 면 단위의 주소를 적어 학생들에게 나누어 준 것이었다. 아버지가 받은 것은 평안남도 용강군 용강읍이었다. 이것을 가지고 생각하고 기도하다가, 시간이 지나면서 잊어버렸단다. 세계복음화를 두고 세계를 순회하면서 정작 가장 가까운 곳이나 땅 끝인 북한을 어떻게 살릴까 기도를 하다가, 옛 생각이 나서 기도수첩을 뒤적여 북한의 이 주소를 찾아내었다. '나는 어떻게 할 것인가?' 아버지는 그곳에 교회를 세워야겠다고 생각했다. 지금은 할 수 없지만 하나님의 시간표가 되었을 때 교회를 지을 수 있도록 건축헌금을 미리 모으자. 매달 5만 원씩 500만 원을 목표로 잡고 적금을 들었다. 8년 3개월 만에 500만 원이 모아졌고 이것을 보관하고 있었다. 북한은 들어가지 못하지만 몽골의 신학교 사역과 연결되어 그들의 현실과 상황을 보니 복음을 사랑하는 몽골 현장이 아름답게 보였다. 마침 강한성 선교사가 울란바토르 근교에 RUTC를 세울 부지가 생겼다고 했다. 그럼 아직 북한은 문이 열리지 않았으니, 일단 몽골 땅을 사는 일에 이 돈을 먼저 드리자고 생각했다. 500만 원을 드렸는데 1천만 원이 필요하다고 한다. 우리 교회에서 함께 사역했던 정금실 전도사가 어머니 박향순 권사의 장례를 치르고 남은 경비에 추가로 더하여 500만 원이 모아졌다면서, "담임목사님이 가장 필요로 하는 곳에 어머니를 기념할 수 있도록 쓰였으면 좋겠다"고 했고, 그 타이밍이 맞아졌다. 몽골의 그 땅을 샀으니 출입구는 '정현국 RUTC'로, 뒷문 출구는 '박향순 RUTC'로 하여 언약의 기념비가 되도록 부탁했다. 그 후에도 북한 용강 RUTC를 놓고 계속 선교적금을 5만 원씩 이어나가고 있다. 드리는 것도 미리 기쁨으로 준비하는 것이 몸에 배어 있으신 것이다.

선교

전도목회를 하는 가운데 신학원과 선교사훈련원 강사로 부름을 받게 되었다. 평신도 전도신학원, 선교사훈련원 강의를 하는 중에 문이 열려 중국의 대련, 심양, 연길 등의 지역에서 신학원 인도를 하게 되었다. 처음에는 위험했지만 한어 성경을 배달하는 일을 하였고, 나중에는 오로지 복음을 전하는 교수사역으로 일심하였다. 그러다 보니 태국, 필리핀 등 동남아 국가들로도 연결이 되어 말씀사역의 문이 지속적으로 열렸다. 복음은 문화를 타고 증거 된다는 사실을 알기에, 구원의 길을 중국 문화에 맞추어, 한문으로 복음칠자성어(福音七子成語)로 표현하기도 하였다.

2001년부터는 〈세계복음화신문사〉 사설위원으로 위촉이 되면서 세계복음화신문사와 함께 세계 캠프현장 취재가 시작되었다. 미국 전역을 순회하며 전도 캠프 취재를 22번 다녀오게 되었고, 현장르포를 하며 백두대간을 따라 명승사찰을 탐방하며 종교현장의 영적 사실을 확인하였다.

그렇게 세계 선교의 여정을 인도받으면서 2018년에는 교회가 단독으로 중동에 선교사를 파송하는 은혜를 주셨다. 만남을 중요하게 여기는 성품을 통해 오랫동안 중동을 가슴에 품은 신나라 선교사를 요르단으로 파송하게 됐다. 교회는 MEMO(Middle East Mission Oneness)팀을 조직해 물심양면으로 선교에 함께했다. 그러나 코로나(COVID-19)로 인해 신 선교사는 한국으로 돌아와 성경적인 전도를 재정립하고 중동복음화를 위한 보다 실질적인 준비를 하게 하셨다. 중동 모슬렘 복음화를 위한 전도학교와 RUTC를 준비하면서, 현지에 있는 제자들과 소통하며 아랍어 전도자료 번역팀을 꾸려 진행하고 있고, 선교총국과 함께 훈련의 시간표를 주셨다.

2020년 아버지는 세계복음화 전도협회 선교총국에서 이스라엘 나라담당자로 임명받고, 연 3회의 이스라엘 순회사역을 이어오는 가운데, 온 교회가 이스라엘을 놓고 기도하며 마음을 모으고 있다. 우리교회의 재정의 많은 부분이 선교비로 나가고 있다. 전교인이 전도와 선교에 마음을 모으고 드릴 수 있는 은혜를 주신 것이니 얼마나 감사한지 모른다.

가정과 후대

불신 가문에서 아브라함의 응답을 받은 아버지는 뿌리 깊은 신앙 가문의 여인인 어머니와 결혼하게 되었다. 나의 어머니 이미심 사모는 전라도에서 우리나라 초기 외국인 선교사에게 복음을 받은 가문의 4대손으로 태어났다. 나의 외할머니는 둘째 딸인 나의 어머니를 사모로 서원했고, 어머니는 아버지가 섬기는 운천중앙교회 장융 목사님의 중매로 만나 언약을 확인하고 결혼하게 되었다. 신앙 안에서 만났지만, 서로에게 있는 영적인 문제와 종교생활의 갈등으로 인해 어린 시절 부모님의 다툼도 꽤 많이 보고 자란 것 같다. 생활의 집중력이 남달랐던 어머니는 결혼 이후에 수원신학교도 졸업하고 우리들의 학업에도 깊은 관심을 기울여, 학업과 피아노 교육에도 관심을 가졌다. 어려웠지만 은혜 가운데 가정을 인도했고, 복음 안에서 훈련받는 동시에 한 사람, 한 사람을 말씀으로 치유하시고 세워나갔다. 이제는 감히 복음명가를 넘어 왕이신 그리스도가 주인 된 복음왕가라 주장하고 있다. 결국 목회자 가정이 복음 세 천명과 렘넌트 로드맵인 3평생식의 모델이 되어야 한다는 말씀에 아멘 하므로, 가문에 빛이 임하고 후대가 살아나는 하나님의 역사 앞에 아무도 막을 수 없는 복음 증인의 가문으로 인도받고 있다.

어머니의 인식 차이, 성령의 강권적인 역사

어머니 역시 뒤늦게였지만 신학을 공부했다. 수원신학교를 수석으로 졸업했다. 아버지가 다락방 전도운동을 시작하며 이단시비가 생기자, 어머니는 들은 지식을 따라 교단에서 어른들이 막는 것을 굳이 왜 하려고 하느냐며 처음에는 반대를 했다. 그럼에도 아버지는 집에 류광수 목사님의 설교 테이프를 거의 하루 종일 틀어놓았다. 생전 들어보지 못한 심한 부산 사투리에 억양도 말투도 센 설교를 하루 종일 들어야 하니 어린 시절 귀가 따가웠던 기억이 있다. 반대를 하면서도 어머니는 테이프 말씀을 들으며 복음의 거부할 수 없는 은혜를 받았던 것 같다.

우리 집에서 어린이 다락방이 시작되었고 아버지가 인도를 했다. 당시만 해도 어머니는 반신반의 하셨기에 적극적으로 도와주지 않았다. 오히려 집이 어린아이들이 오면 화장품을 만지니 더러워지고 먼지가 떨어져 귀찮다고 그랬던 것 같다. 하루는 아버지가 토요일 결혼식 스케줄이 생겨 어머니에게 한 번만 다락방을 해달라고 부탁했다. 어머니는 결혼 전 전라도 광주동명교회에서 아침 7시에 주일학교 교사를 하고 9시에 중고등부 교사, 10시 찬양대, 11시 예배를 드리던 철저한 모범 교사였음에도 불구하고 다락방은 못하겠다고 했다. 아버지는 어머니에게 지산옥 집사의 그림책을 보여주면서 읽어만 주라고 하고 갔고, 어머니는 마지못해 다락방을 진행하게 되었다. 그날따라 새로운 아이가 왔는데 책에 질문이 있길래 어머니가 그대로 읽어주었다. "악몽 꾸는 사람?" 했더니, 그 아이가 "저는 밤새 악몽을 꾸어요. 엄마가 나를 붕대로 칭칭 감아놓고 칼로 내리쳐요. 그럼 붕대가 다 풀려서 뱀이 되고 나를 막 깨물어요." 아이는 이렇게 말하며 무시무시한 꿈을 꾼다고 했다. 어머니는 그래도 들은 말씀이 갑자기 살아나, 아이에게 예수님만 영접하면 된다고 하고 같이 영접기도를 했다. 다음 주가 되자 영접한 아이가 어떤 변화를 겪게 되었는지 궁금해진 어머니는 이제 본인이 다락방을 하겠다고 했다. 드디어 그 아이가 왔다. "한 주간 어땠니?" 하고 어머니가 물었는데, 그 아이는 그 꿈을 계속 꾸었다는 것이다. 어떻게 된 것인가. 영접을 하면 귀신이 떠난다는데 이것은 무슨 일인가 싶었다. 이 아이에게 아직 복음이 충분히 전달이 안 된 것이었다. 아이가 아직 못 알아들은 것이었다. 그래서 그날 다시 복음을 설명하고, 아이는 다시 진실로 영접했다. 다음 주, 그 아이는 환한 얼굴로 다락방에 와서는 "저 그날부터 한 번도 나쁜 꿈 안 꿨어요"라고 말했다. 여기에서 어머니는 사탄의 역사와 영적 사실을 깊이 확인하고는, 이후로 다락방 통한 복음운동을 누구보다 열성적으로 했다. 간식준비, 찬양준비 등등 모든 방향을 여기에 맞추었다. 현장에서 한 아이를 통해 복음을 체험하고는 영접운동이 본격적으로 일어났다. 화서초등학교 캠프를 하면서 1년에 300명 영접운동은 자연스럽게 일어나고, 아버지처럼 부산을 즐겨 가는 사모님이 되었다. 드디어 우리 가정은 복음에 인생의 방향을 맞춘 언약 가정이 된 것이다.

후대의 성장

아버지와 어머니의 영적인 문제와 가문의 흐름 속에서 나타나는 갈등을 보고 자란 우리는 목회자의 자녀지만 창세기 3장의 실체를 볼 수 있었다. 초등학생 시절, 율법의 틀에 갇혀 생명력 없는 종교의 압박으로 신앙생활을 하던 우리는 초등학교 5학년 때 아버지가 개척을 하면서 가족들끼리 모여 예배를 드리게 되었다. 큰 교회 부목사로 있을 당시 그 교회에서 함께 뛰놀던 친구, 언니, 오빠, 동생들과 작별을 하고, 또래가 하나도 없는 재미없는 교회 생활이 시작되었다. 아버지를 따라 온 청년들이 몇 있었는데, 그들도 그때와 달리 문학적, 철학적, 사색적 메시지를 버린 예수생명의 원색복음만 선포되는 교회에 적응하지 못하고 떠나버렸다. 부모님에게는 응답의 현장이었지만, 우리에게는 답답한 곳이었다. 그러던 중 우리는 아버지의 강권으로 초등합숙을 가게 되었고, 박우영 사모와 지산옥 집사를 통해 생명력 넘치는 복음의 말씀을 듣게 되었다. 예수가 그리스도이신 이 복음에 드디어 우리도 눈을 뜨게 된 것이다. 학교 현장에서 이 복음을 가지고 전도운동에 응답받고 있는 또래들의 간증을 들으며 다른 세상이 있다는 것을 알게 되었다. 그러나 중고등학교 시절의 우리는 수련회나 훈련에서는 은혜 충만했으나, 집에 오면 노트만 언약을 잡고 있었다. 그러나 하나님의 인도하심은 기다려보아야 한다. 언약의 방향에 흔들리지 않는 교회 속에서 자란 덕분에, 대학시절 드디어 본격적인 은혜가 임했다. 본부 훈련과 대학선교국 시스템 속에 들어가면서, 귀에만 맴돌던 복음이 심장 속에 들어왔다. 그리스도가 내 인생 모든 문제를 해결하신 분임이 깨달아지고 믿어졌다. '아! 그래서 아버지가 복음운동 속에 올인하시는구나'가 이해되고, 복음에 대한 갈급함과 사모함이 넘쳐 말씀의 자리에 전투적으로 나아갔다. 아니, 그럴 수밖에 없는 은혜를 주셨다. 내게 복음이 누려지는 가운데 현장에 문이 열리게 되고, 생명 살리고 현장에 말씀운동을 펴는 응답을 조금씩 받아나가게 되었다. 믿음의 분량을 성장시켜주시는 가운데 이제는 교회의 중직자로, 가정에서는 언약의 어미로, 현장의 영적사령관으로 세우시고, 지금까지 은혜주시며 인도하시고 계신다.

하나님께 부요하게 드려라!

아버지는 하나님께 바쳐진 인생의 흐름을 따라 쌍둥이 딸들의 이름도 주애(主愛, 하나님의 사랑), 주리(主裏, 그리스도 안에)라고 지었고, '하나님의 사랑으로 주라'는 말을 많이 해왔다. 자신이 그렇게 살았고 할머니 역시 늘 헌금드림을 즐거워했다. 아버지는 어릴 때부터 헌금을 많이 강조했다. 돈을 쓸 때는 낭비 없이 신중하게 생각하고, 하나님께 드릴 때는 아낌없이 부요하게 드리라고 늘 말했다. 경제가 생기기 전에 심을 준비를 철저히 하라면서, 돈을 벌기 전부터 수입의 30%를 하나님께 바치라고 했다. 한번은, 먼저 경제활동을 시작한 약사 동생이 혼이 났다. 수입의 30%만 드려야 하는데 50%를 드린 것이었다. 렘넌트들의 모범이 되어야 하는데 지나치면 따라 하기 어렵다는 것이 이유였으며, 헌금도 규모 있게 지속하라는 지도였다. 하나님의 것을 하나님께 드리는 즐거움과 그 증거를 보고 자란 것이 참 감사하다.

후대와 렘넌트 3평생

하나님의 말씀을 가지고 예배와 헌금에 생을 건 유대인들이 전 세계의 문화와 경제를 장악했다면, 이 시대에 회복된 복음의 진수를 가진 우리는 우리의 렘넌트들을 어떻게 키워야 할 것인가? 여기에 한을 가진 아버지는 렘넌트 3평생식에 대한 말씀이 선포되자 가문과 교회 렘넌트들을 중심으로 RT 3평생식을 실천하며 인도하신다.

유대인은 13세에 성인식을 한다. 어릴 때부터 들은 복음이 나의 복음으로, 부모님의 언약이 나의 언약으로 고백되고 선포되어야 하는 시기, 부모에 의한 존재가 아닌 그리스도 안에서 자신이 스스로 시간을 결정하여 말씀을 찾고, 말씀에 응답받으며 영적, 정서적 '독립'을 해야 하는 시기, 달란트가 발견되어 하나님이 주신 나의 것을 향해 도전을 시작하는 시기, 경제를 운용할 수 있는 능력을 갖추는 시기에 성인식의 응답을 받아야 한다.

아이가 태어나서부터 출산하고 이름을 짓고, 50일, 100일, 200일, 돌, 생일, 어린이집 입학 및 졸업, 뒤집기 하기, 기저귀 떼기 등등 중요한 삶의 지점들이 있다. 이럴 때마다 나름의 파티, 예배 등으로 축하하는 문화가 있다. 이렇게 포인트가 되는 순간뿐 아니라 매일의 삶 속에 이루어지는 크고 작은 사건들이 있다. 아버지는 아이뿐 아니라 연령, 직분을 막론하고 성도들의 삶의 모든 부분에 언약을 고백하고 선포하는 것을 사명식으로 인도받으면 되겠다는 응답을 받았다. 그래서 그리스도의 3직분을 통해 주어지고 발견된 천명을 가지고 '복음 세 천명'을 정리했고, 이것을 교회가 한 흐름 속에서 인도받고 있다. 또한 삶에 있어서 중요한 지점들인 입대, 결혼, 임직, 취업 등은 언약 안에서 파송을 받는 시간표이다. 이때 언약이 확인되는 파송식이 이루어지는 것은 너무 당연한 것이다.

본 교회에서 8명의 렘넌트들의 성인식이 이루어졌다. RT 성인식은 양가 조부모와 일가친척을 모시고 부모님의 신앙, 자신의 신앙을 고백하고 언약 안에서의 삶을 결단하는 것이다. 그 렘넌트의 성인식은 정말 눈물 없이는 볼 수 없는 은혜의 장이었다. RT 성인식은 회를 거듭할수록 발전시켜주시는 은혜도 누리고 있다. 성탄절 등 교회 행사가 있을 때에 수년간 사명식 보드파티를 진행했다. 가정, 가문의 가계도를 그리며 우리 가문에 사탄이 뿌려놓은 그 흑암이 무엇인지 기도하며 그려보고 찾아보고, 그것을 통해 나의 가문천명을 발견하고 가문을 향한 하나님의 계획을 찾아보는 시간을 가지는 것이다. 가문의 숨은 정체가 드러나고 그리스도 이름의 빛 앞에 어둠이 꺾이는 귀한 시간이다. 결혼 파송, 임직 파송, 직업 파송식을 진행하면서 복음적인 결혼예배 등 문화 정복의 응답을 누리고 있다. 이런 내용을 총

망라하여 〈사명식 찾기〉라는 책을 출간하기도 했다. 그렇게 아버지와 교회는 렘넌트를 더 이상 실패의 자리, 어둠의 자리에 둘 수 없기에 어릴 때부터 달란트를 찾아 성인식을 준비하며 전문성 가진 사명식과 현장성 있는 파송식을 통해 의미 있는 아이로 키워내는 로드맵을 만드는 팀을 구성하여 진행하고 있다. 이런 사이 손주도 5명을 보게 되어 기도도 바쁘지만 손주들의 미래 성인식, 기부할 경제까지 미리 준비하셨다시니 우리로 하여금 긴장의 끈을 놓치지 않게 한다.

마치면서

렘넌트를 낳아 키우다 보니, 이제야 알게 되는 부모님의 사랑이 있다. 무엇보다도 그리스도의 언약을 삶의 중심 속에 담을 수 있었다는 그 사실, 이 대열에 있게 해주신 비밀이 놀랍고 감사하다. 부모님이 뿌린 그 기도의 씨, 믿음의 씨, 눈물의 씨. 다 알 수 없고 헤아릴 수 없으나 그 씨는 반드시 열매를 맺는다는 것을 이제야 아주 조금 느끼는 것 같다. 세상 그 어떤 보화보다도 예수 그리스도의 복음을 사랑한 아버지. 세상 그 누구보다도 하나님을 사랑하며 고백하기를 즐겨한 아버지. 이제는 그 아버지의 하나님이 나의 하나님이 되셨다. 그가 그의 평생을 드린 복음에 나의 인생을 드린다. 이 복음이 나의 후대, 후대의 후대까지 전달되길 간절히 기도한다. 나의 아버지, 감사합니다. 사랑합니다!!

"이는 그리스도 예수 안에서 우리에게 자비하심으로써
그 은혜의 지극히 풍성함을 오는 여러 세대에 나타내려 하심이라" (엡2:7)

2021년 원단기도회 정주애 PK 가정

수원임마누엘교회

아버지 정현국 목사

서울 정릉 숲에서
사촌 호영이와

국민학교 시절 예쁜 동생 현숙이와
(평생 부부교사로 살았다)

원주고등학생으로 JRC
(청소년적십자)회장

민족복음화운동에
나섰던 청년시절

광주동명교회에서 결혼
(12.18)

서울한민교회 전도사로
수양회 인도

YOUTUBE로
비대면 메시지 송출하다

기도 누리는 다락방 자전거
동호회 회장

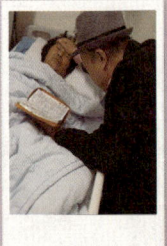
전도목회로 환우 심방

작가 정주애 PK

P.K. 정주애(1984년생)
정현국 목사의 쌍둥이 딸 중 첫째
수원임마누엘교회 장로
양천고등학교 교사
부부교사(남편 정선목 장로)로서
수빈, 다빈 두 딸을 두고
Gospel Forumist로 활동하고 있음

정주애 장로

미광미술학원 다녀온
쌍둥이와 함께한 딸 바보

서울 새성복교회에서
가족찬양

성탄절에 요셉가족을
연출하다

정주애 수학교사의
수업모습

놓치지 않는 WRC에서의
언약 확인

수빈, 다빈 두 딸과 함께한
PK 가족

1984년. 태어나서 첫 번째 맞이하는
쌍둥이 성탄의 주애, 주리

2005년 11월 11일. 쌍둥이를 잘 돌보아 주신
복음의 어르신 박능안 권사가 노인대학 졸업 기념

아낌 없이 사랑을 주시고 기도해주시는
할머니 박능안 권사님과 함께한 정주애 PK

수원임마누엘교회 임직감사예배에 류광수 목사님과

2008년 5월 12일 교회 체육대회 후에
진주에서 온 가족들과 함께 하였다.

렘넌트 사명식 - 신재명, 정주리 장로의
아들 하진 렘넌트의 첫 생일 사명식

RU 명예박사 수여식에서 아내와 함께

복음왕가로서 5명의 외손주들의 세배를 받았다.

성찬식으로 임마누엘을 확인하다.

2008년 5월 12일 노회 연합체육대회

성탄 CVDIP 보드파티에서
배하준, 하빈 렘넌트를 축복하고 있다.

수원임마누엘교회 정슬한과 정 건 성인식 후 함께

파송식 - 장로임직감사예배로 현장에
영적사령관을 파송하다.

렘넌트 성인식 - 이영희, 김은미 장로의
맏딸 수아 렘넌트의 성인식

2016년 세계렘넌트대회 참석

매년 WRC에 미국 시카고임마누엘교회
렘넌트들이 수원임마누엘교회로 온다.

세계렘넌트대회에서 공무원제자들이
렘넌트 인턴십을 매년 진행하고 있다.

함양 렘넌트지도자학교(RLS)에서
북 콘서트를 한 후

2007년 9월 11일 세계복음화신문사에서
백두산 현장르포하는 중에 맑은 날씨를 맞았다.

필리핀 다락방대학교에서

수원노회 중동순회캠프중 요르단 와디럼에서

이스라엘 아쉬켈론 전도캠프

남태평양 바누아투 캠프에서
현지 장로들과 함께한 전도자들

몽골 울란바토르 전통가옥 게르에서 전도캠프

이스라엘 나하리야의 알렉산드르 샤샤 목사와
나타샤 사모(왼쪽 위) 와 함께한 전도자들

미국 중화 순회전도캠프를 시애틀에서

이스라엘 예루살렘 마가다락방에서

복음칼럼니스트로 세계복음화 현장보기를 통해
28권의 책을 응답 받았다.

러시아 블라디보스톡 신학교 강의 중

팔라우 전도캠프

C국 전도캠프에서

뉴질랜드 오클랜드 전도캠프에서

하나님이 아시는 사람

이진식 목사

1951년 7월 17일 경상남도 사천시 출생
1971년 삼천포공업고등학교 졸업
1979년 성결대학교 졸업
1988년 장로회신학대학 대학원 졸업
1993년 계명대학교 교육대학원 사회교육학과 수료
1990년 목사안수
1994년 태성교회 개척, 담임목사(現)

아내 박정희 사모
장남 이남현 목사, 며느리 안드레 사모, 손자 이효인 렘넌트
장녀 이예원 사모, 사위 故 김도영 준목, 손녀 김미지 렘넌트, 김미주 렘넌트, 김미서 렘넌트
차녀 이지원 사모, 사위 이승윤 목사

좌우명: 경천애인 (敬天愛人, 하나님을 경외하고 사람을 사랑하라)
언약의 성경구절: 이사야 43:1

들어가면서

40대 초반이 된 내게, 최고 최대의 만남의 축복은 당연히 우리 주님을 만난 것이다. 종교생활 속에서 멸망했어야 할 내가 그리스도이신 예수님을 만나고 전도자로 살게 된 것이 얼마나 놀라운 행복인가. 그 다음의 만남의 축복은 바로 아버지, 어머니를 만난 것이다. 목회자의 가정에서 태어나 하나님 외에 다른 신이 없음을 어릴 때부터 알 수 있었으며, 예수님이 누구신지를 듣고 성경을 사랑하면서 자랄 수 있었다. 마침내 전도자 류광수 목사를 만나서 복음을 듣게 된 것도 부모님의 강권에 의한 것이었으니, 나는 육신의 생명, 영혼의 생명 모두 부모님에게 한량없는 빚을 진 셈이다. 다 갚을 수 없는 평생의 은혜를 다시 돌아보고, 하나님이 아시는 전도자인 아버지 이진식 목사와 어머니 박정희 사모의 사역을 짧은 글로 정리하려 한다. 대부분의 내용은 아버지 이진식 목사의 회고에서 나온 것임을 미리 밝힌다.

그 은혜에 감격하여

양반 가문에서 복음 가문으로

할아버지는 1893년에 태어났다. 둘째아들이었지만, 학문을 익혀 종중(宗中)의 일을 맡아보았다. 양반 가문이라 하여 할아버지에게 시집을 온 할머니는, 그러나 종중의 대소사를 책임지느라 가정은 전혀 돌보지 않는 할아버지 때문에 이루 말할 수 없는 고생을 해야 했다. 그러던 어느 날, 할머니의 아버지가 가가호호로 다니며 신약성경을 나누어주는 선교사님의 책을 받아서 집에서 읽어보다가, 온 몸이 뜨거워지도록 성령을 받고 읍내 예배당을 나가시게 되었다. 그리고는 고생하는 딸에게, "나하고 같이 야소(耶蘇 : 예수)나 믿자!" 하여 딸을 데리고 예배당에 갔다. 할머니는 처음 예배당에 들어설 때, 꼭 하나님이 품에 끌어안아주시는 느낌을 받고 한없는 눈물을 흘리며, '내가 살 길은 이 길 뿐이구나.'하고 결단했다. 집에 돌아온 할머니는 할아버지에게, "이제부터 임자 없이는 살아도 야소 안 믿고는 못 살겠다."는 선포를 하고, 매주일 자식들을 데리고 예배당을 다니게 되었다. 이후에 태어난 아버지 이진식 목사는, 할머니의 뱃속에서부터 예수를 믿었다. 종중의 어른 집안에서 예수를 믿는다는 것은 핍박이 없을 수 없었지만, 사생결단한 할머니의 가정 복음화를 위한 기도는 마침내 응답되었다. 할아버지가 돌아가시기 한 주 전에 스스로 도포를 입고 갓을 쓰고 예배당에 가서 예배를 드리고 난 뒤, 자식들에게 "내가 죽으면 목사님을 모셔다가 믿는 식으로 초상을 치르고, 빈소를 차리지 말라."고 유언한 것이다.

성령 세례를 받고 주의 종으로 부르심을 받다

할아버지가 가문의 일을 하는 통에 가세는 기울어졌고, 아버지의 집은 찢어지게 가난했다. 그러나 아버지의 가정은, 매일 할머니가 새벽기도를 마치고 오면 온 가족이 큰아버지의 인도 하에 돌아가면서 성경 한 장을 호롱불 밑에서 읽고 하루 일과를 시작하는 독실한 기독교 가정이 되었다. 그러나 너무 가난하여 제대로 먹지 못하고 일을 하면서 왕복 10km가 되는 중학교를 매일 걸어서 다니다보니, 아버지는 백일해 기침에 걸리게 되었고, 보건소에서는 이런 상태로는 공부를 더 이상 할 수 없으니 휴학을 하고 요양하라는 진단을 했다. 나중에서야 알게 된 것인데, 폐병에 걸렸던 것이었다.

휴학 도중에 삼천포 시내에서 제일 큰 교회였던 삼천포 성결교회에서 김충기 목사의 부흥회가 열렸다. 아버지 교회 목사님은 교회의 중학생들을 데리고 10리를 걸어 집회에 참석했다. 마지막 날 저녁 설교 후 통성기도 시간에 기도를 하는데, 갑자기 등에 불을 갖다 놓는 것처럼 온몸이 불덩이가 되었고, 방언과 함께 기도가 터져나왔다. 그길로 기침을 비롯한 모든 질병이 깨끗하게 고쳐져, 아버지는 병원 신세를 지는 일이 없이 오늘에 이르게 되었다.

그날 밤, 하나님의 음성처럼 들리는 말씀이 아버지의 마음에 들려왔다. "내가 이렇게 너희 가정을 다 구원하였는데, 너희들은 왜 한 사람도 내게 바치지 않느냐?" "하나님, 형님들은 각 가정을 꾸려야 할 책임이 있고, 저는 어린 막내이지 않습니까?" 하나님은 아버지의 마음에 다시 말씀하셨다. "다윗도 막내요, 요셉도 막내나 다름없었고, 예레미야도 어릴 때 불렀느니라." "그러면 저라도 쓰시겠다면, 제가 여기 있나이다. 사용하시옵소서(사6:8)." 이렇게 답변을 하고 가정예배 시간에 선포했다. "막내도 자식이라 어머니를 부양할 의무가 있지만, 저는 이제 우리 가정의 대표로 하나님께 드려진 레위지파이니, 형님들이 대신 어머니를 모셔 주십시오."

믿음의 동역자들과 함께 했던 학생 시절

아버지가 다녔던 교회는 선명회 소속 고아원 기관교회였다. 그러나 민간인이 이 교회를 다닐 수 있었던 것은, 교회가 고아원 밖에 있었기 때문이다. 교회에는 보통 전도사님이 부임했다가 안수를 받으면 조금 더 있고, 후에 도시의 다른 교회로 옮겨가는 것이 보통이었다. 당시 시무하던 목사님은 아버지의 친구의 아버지이기도 했는데, 이 목사님은 여러 주변 지역을 다 다니면서 복음을 전했다. 30, 40분씩 걸어가야 하는 다른 마을까지 다녔던 것이다. 그렇게 다녔던 다른 마을에, 배를 가지고 고기를 잡는 것을 생업으로 하는 집이 있었다. 문제는, 이 가정의 장남이 뱃멀미를 심하게 하여 배를 탈 수 없었던 것이다. 이 때문에 집이 가난해지는 것은 어쩔 수가 없었다. 그리하여 가세가 기울자, 그 아내가 바다에 가서 굴, 조개, 낙지 등을 잡아 시장에 가져다 팔아서 생계를 이어나갔던 것이다. 이 부부는 딸 셋을 낳은 후 아들을 얻었는데, 귀한 아들은 천연두를 앓은데다, 피를 자주 토했다. 아들이 사람 구실을 제대로 못할까 두려웠던 그의 어머니는, 그렇게 못 사는 중에도 아들을 위해 미신을 따르며 정성을 지극히 쏟아 굿을 자주 했는데, 전속 무당이 있을 정도였다. 그런 아들에게, 목사님이 먼저 전도한 친구가 '나 따라 교회 가자.'고 권유를 한 것이다. 그 아들이 바로 어머니 박정희 사모의 오빠였다. 그는 교회를 나오자 바로 하나님을 만났다. 세상의 모든 원리가 하나님의 말씀인 성경 속에 있음을 깨닫고, 세상에서 인간 대접을 제대로 받을 수 없는 상황에 있던 자기가 이 세상 어느 누구도 부럽지 않은 하나님의 자녀가 된 것이 너무나 기뻐서 찬송을 입에서 뗄 수 없었다. 그 먼 거리에서도 새벽기도에 매일 나와서 교회 종을 울릴 정도였다. 새벽 3시 반이면 일어나 달리다시피 하여 공동묘지를 지나 교회로 와서 새벽종을 쳤던 것이다. 그렇게 했는데, 피를 토하는 원인모를 병이 깨끗이 사라지고, 병을 모른 채 지금까지 건강하게 살고 있다. 천연두를 앓았던 얼굴도 날마다 기쁨에 충만한 삶을 살게 되니 활짝 펴져, 천연두를 언제 앓았는지 모를 정도로 깨끗해졌다. 그가 여느 때와 다름없이 교회에서 예배를 마치고 집으로 돌아갔는데, 집에서 굿을 하는 소리가 들렸다. 북을 치고 꽹과리를 울리는 것이다. 당장 뛰어들어가 굿판을 뒤집고, 누가 이따위 짓을 하라고 그랬느냐고 하면서 무당을 쫓아보냈다. 그리고는 외할머니에게 다시는 이런 짓을 하지 말라고 하고, 교회를 나가자고 했다. 외할머니는 "아들이 좋아하는데 무엇을 못하겠느냐?" 하면서 그길로 신앙생활을 시작했다. 이렇게 신앙생활을 시작한 외할머니는, "목사님 설교를 듣고 보니, 입 썩고 코 썩고 다 썩은 조상에게 제사를 지내봐야 아무 소용없는 것이었다. 그렇게 빌어도 못 고치던 아들의 병을 예수 믿고 고쳤으니, 누가 뭐래도 나는 이제 제사 안 지내고 예수 믿겠다."고 결단하고 그 많은 제사를 딱 끊어버렸다.

모든 병을 치유받은 어머니의 오빠, 즉 외삼촌과 아버지는 여섯 살 차이였지만, 같은 교회를 섬기며 뜨겁게 신앙생활을 했다는 점에서 통하는 점이 많았다. 사천에서 제일 높은 산이었던 해발 801m의 와룡산에 목사님이 혼자 기도하러 갔다는 이야기를 듣고, 두 사람이 토요일 오후에 같이 산을 올라 밤새 찬송하고 기도하다가 돌아올 정도였다. 아버지는 친구 다섯 명과 함께 중등부 학생회를 조직하고 회장이 되었는데, 이윽고 중등부는 수십 명이 모일 만큼 부흥하게 되었다. 그 중에서 총무를 맡았던 친구가 갑자기 귀신이 들려서 발작하게 되었는데, 씨름 장사였던 친구의 가족들도 도저히 제어를 할 수 없는 판국이었다. 그랬던 것을 목사님과 함께 예배를 드리면서 기도하고, 아버지는 아예 교회에서 귀신들린 친구와 같이 잠을 자면서 흑암을 꺾기도 했다. 외삼촌도 교회에 올 때마다 이 일을 함께 했다. 그렇게 수 주 동안 하자 마침내 귀신은 떠나가고, 친구는 나중에 목사가 되었다고 한다. 아버지의 형의 친구가 귀신에 들렸을 때도, 목사님은 아버지와 외삼촌을 데리고 심방을 가서 흑암을 꺾었는데, 그도 석 달 만에 완쾌되었다. 중학생 때부터 하나님은 아버지에게 영적인 현장을 치열하게 인식하게 하셨던 것이다.

하나님께서 열어 주신 신학 공부의 문

몸이 좋지 않아 휴학을 한 해 했던 까닭에, 아버지는 친구들이 진학한 인문계 고등학교 대신, 박정희 대통령의 지시로 새로 생긴 공업고등학교에 1회로 입학하게 되었다. 고등학생 시절에 아버지는 지역 고등부 연합회를 조직하고, 교회마다 순회하여 헌신예배를 드리며 사업을 펼쳤다. 그렇게 신앙생활을 하며 고등학교 3학년 5월에는 공장 실습이라는 명목으로 취직을 하게 되었고, 졸업 후에는 섬기던 교회 담임목사의 소개로 대도시 부산의 좋은 회사에 취직을 하게 되었다. 그러나 아무리 돈을 모아도 그것이 서울에 가서 공부를 할 수 있는 경제가 되지는 않았다.

그런데 하나님께서는 생각지도 않은 응답의 문을 여셨다. 이웃 성결교회 의사 안수집사님이 믿음의 아들을 신학 공부를 시키고 싶다고 하면서, 감리교에서 자랐던 아버지가 진학하기를 원했던 감리교 신학대학 대신 성결교 신학교에 진학할 것을 권유해온 것이다. 이것이 하나님의 계획이었다. 서울에 와서 보니, 감리교 신학대학은 이미 자유주의 신학에 물들어 있었던 것이다. 자유주의 대신 보수주의 신학을 가르치는 성결교 신학대학에 진학하게 된 것은 하나님의 정확한 인도였다. 이후 성결교 교단이 갈라진 후에도 아버지는 보수 신앙을 견지한 성결교 신학대학을 지켰다. 그러나 의사 후원자와는 교단이 달라진 탓에 후원이 끊기게 되었고, 학비는커녕 생활비도 여의치 않는 상황에 몰리게 되었다. 그러나 아버지는 근로장학생으로서 한 학년을 공부했고, 그 이후에는 총학생회장이 된 까닭에 전액 면제를 받아 신학 공부를 마칠 수 있었다. 모든 것이 하나님의 은혜였다.

사모를 만나다

앞에서 이야기한대로, 어머니 박정희 사모는 아버지의 학생 시절 동역자 형의 동생이었다. 교회 목사님은 주말마다 중학생이었던 아버지를 데리고 심방을 다녔는데, 그렇게 해서 어머니의 집에도 방문하게 되었다. 그러나 어머니는 당시에 손님들을 만나는 것이 부끄러웠던지, 목사님이 불러도 인사만 하고는 바로 건넌방으로 숨어, 예배를 마치고 갈 때까지도 나오지 않았다. 아버지와 어머니는 나이가 동갑이었지만 그때는 아버지보다 어머니가 키가 더 컸고 성숙했기에, 아버지는 어머니가 친구뻘이 된다는 것을 몰랐다고 한다. 주일예배 때에도 아버지는 맨 앞자리에 앉았고, 어머니는 맨 뒷자리에 앉았다가 예배만 끝나면 바로 줄행랑을 쳤기에 서로 친분을 쌓을 계기가 없었다. 그러다가 어머니는 대구로 취직하여 직장생활을 하게 되어 두 사람은 더욱 멀어졌다.

그런데 하나님은 대구에서 어머니에게 큰 은혜를 부어 주셨다. 시골에 있는 아버지 교회에 박정희라는 이름으로 대구에서 십일조 헌금이 도착했다. 시골 교회에는 엄청나게 큰 액수의 헌금이었다. 목사님이 특별히 이것을 알리며 축복기도를 해 주었다. 추석을 맞아 집으로 내려온 어머니는 고향 교회 주일예배에 참석하여 특송까지 하게 되었는데, 정말 멋진 숙녀가 되어 고향으로 금의환향한 모습에 아버지는 놀랄 수밖에 없었다. 그렇게 신앙이 없었던 그가 지금은 장로교 합동측인 대구 원일교회를 열심히 다녔고, 저녁마다 교회에 가서 기도하다가 자고 새벽기도까지 한 후 자취방으로 돌아오는 열정적인 신앙인으로 바뀌어 있었던 것이다. 부흥회에는 늘 참석하여 성령의 역사를 체험했고, 섬유공장에서는 간부까지 되면서 전도가 저절로 되어, 교회에서 목사님이 산업선교회를 조직해 줄 정도가 되었다. 전도를 하면 바로 십일조부터 가르쳤고, 목사님을 섬기는 일은 앞장서서 했기에, 시골의 교회까지 섬기게 되었으니, 귀한 인물이 아닐 수 없었다.

그러던 중에 교회에 어려운 일이 생겨서, 이것 때문에 아버지는 어머니에게 편지를 써서 보냈다. 이 편지가 계기가 되어 믿음의 소통이 오고가게 되었다. 두 사람이 다 주의 종으로 부름받는 꿈을 꾸면서 하나님이 짝지어주신 것이 아닌가 생각을 했으나, 아버지가 너무 가난했기에 외할머니는 어머니와 아버지의 결혼을 반대했다. 이렇게 연락이 끊기게 되었고, 아버지는 이미 어머니가 다른 사람과 결혼을 했을 것이라고 생각한 채, 부산에서 일을 하다가 신학 공부를 위해 서울로 올라가게 되었다.

그런데 아버지가 전도했던 친구가 어머니의 소식을 알렸다. 어머니는 결혼하지 않았고, 여전히 대구에서 직장생활을 하고 있었다는 것이다. 어머니는 대구에서 교회 유년부 부장을 맡아 부흥시켰고, 기도 대장으로서 온 교회의 칭찬을 받고 있었다. 교회 장로들이 며느리를 삼겠다고 하던 상황이었는데, 어머니에게는 장로 며느리가 되기 전에 아버지를 먼저 만나봐야 한다는 결심이 있었다. 어머니의 직장 동료 중 아버지를 좋게 보았던 분이 있었다. 후에 어머니의 오빠와 결혼하게 된 이 분이 강하게 어머니를 설득했다. 그리하여 아버지의 친구와 어머니의 직장 언니, 두 사람의 연결로 7년 만에 편지 소통이 재개되었다. 아버지가 군 생활을 하고 있을 때였다. 꼭 찾아서 만나보고 할 이야기가 있다고 하여 어머니가 아버지를 찾아 군대로 면회를 왔고, 두 사람은 분명히 하나님이 창세 전에 짝지어주신 배필임을 확인하고 결혼하게 되었다.

장로교 통합측 목사가 되다

어머니가 직장생활을 하던 경북 선산의 선산읍교회에서 결혼을 하게 되면서, 아버지는 선산읍교회의 제의로 신학대학원을 통합측 장로회 신학대학으로 진학하게 되었다. 감리교, 성결교를 거쳐 장로교에서 목회를 하게 된 것이다. 칼빈주의 개혁 신앙을 확립하여 자녀들에게 전달할 수 있도록, 하나님께서 응답의 문을 여셨던 것이다. 이후 아버지는 부산, 경북 영주, 경북 봉화 사역을 하면서 신학대학원을 다녔고, 선산에서 내가, 부산에서 동생 이예원 사모가 태어났다. 나와 동생이 어린 시절을 보냈던 곳은 경북 봉화군 춘양면 애당리의 애당교회였다. 버스도 하루 몇 차례 안 다녔던 작은 산간농촌 마을에서, 우리는 내가 초등학교 1학년이 될 때까지 5년을 살았다. 아버지와 어머니는 곳곳을 다니며 복음을 전해서, 작은 시골 교회가 백 명이 넘게 모이도록 부흥했다. 여름성경학교를 하면 마을의 어린이들이 다 몰려들었던 기억이 지금도 남아있다.

아버지는 장신대를 졸업함과 동시에 교수님의 추천을 받아 경남 거제 새장승포교회의 부교역자로 부임했다. 여기에서는 막내 이지원 사모가 태어났다. 이곳에서 2년 남짓 사역하다가, 대구의 큰 교회로 임지를 옮기게 되었고, 여기에서 목사 안수를 받아 나름대로 인정받는 목회의 길을 가고 있었다.

어쩌다가 우리가 이 축복을 받게 되었는가!

인생의 전환점

섬겼던 교회의 담임목사는 교단 내에서 총회장 물망에 오를 정도로 유명한 분이었다. 그러나 교회 성전 건축을 두고 교회가 분열될 양상을 보이자, 그는 자신에게 반대하는 이들이 구심점으로 삼을 수 있는 싹을 미연에 방지하려고 했다. 교회 안에서 인정을 받고 있던 아버지를 내치겠다는 것이었다. 부모님은 대구에서 개척을 하기로 마음을 먹었지만, 그마저도 담임목사는 강하게 반대하며 아버지를 어렵게 했다. 개척을 하지 못하도록 노회법을 바꾸기도 했고, 말도 안 되는 법을 만들기도 했으며, 또 만든 법을 폐기하기도 했다. 그러한 고난 속에서도 하나님은 대구 외곽의 칠곡 택지개발지구에 문을 여셨고, 내가 중학교 2학년이었던 1994년 7월에, 부모님과 삼남매, 다섯 명이 20여 평 상가 지하에서 바닥에 앉아 태성교회라는 이름으로 첫 예배를 드리게 되었다. 큰 어려움 속에 있었지만, 하나님은 우리 다섯 식구에게 인생 최대의 축복을 준비해 놓고 계셨다.

개척을 하기 전, 교구의 새신자 할머니가 암에 걸려 돌아가시게 되었다. 아버지는 이분에게 임종 전에 복음을 전해야겠다고 생각하여, 병원을 찾아가 확실한 복음을 전하고 영접기도를 하도록 도와주었다. 그런데 그 모습을 동광교회(現 마가다락방교회) 서미경 집사(現 LA 마가다락방교회 목사)가 이모 병문안 왔다가 보게 되었다. '저 목사님은 부목사로 계시지 말고 개척을 해서 다락방을 하면 참 좋겠다.'고 생각을 했었다는 것이다. 그 후, 서 집사는 정말 아버지가 개척을 했다는 소식을 듣고 찾아와서, "성동교회에서 부흥집회가 있는데 꼭 한번 참석해 보세요."라는 권유를 해 왔다. 아버지는 '부흥회는 이제 유행이 지나갔는데.' 라고 생각했다. 이전의 교회만 해도 담임목사가 통합측 부흥사회 단장이었고, 교회 내부에서도 1년에 두 번씩 초교파적으로 유명한 부흥강사를 초빙해서 부흥회를 열었었다. 그러나 그런 부흥회에도 주일예배 인원의 3분의 1도 모이지 않는 형편이었다. 내키지 않았지만, 인사치레로 집회 시작 시간인 10시 30분에 성동교회를 찾아갔다. 그랬더니 이미 본당은 문이 잠겨서 들어갈 수 없게 되어 있었다. 너무 많은 사람이 왔다는 것이다. 교육관으로 쫓겨나서 집회 말씀을 듣는데, 모든 사람들이 열심히 메모를 하고 있었다. 그리고 말씀을 듣는 아버지도 메모지를 찾아 필기를 하기 시작했고, 집회를 마친 후에는 진열된 모든 책과 테이프를 전부 구입했다. 그리고 그 테이프를 들으면서 큰 충격을 받게 되었다. 이것이 아버지가 류광수 목사와 다락방 전도운동을 처음 접하는 순간이었다.

이후 아버지는 서미경 집사의 권유로 동광교회 목요일 오전 전도학교에 참석하여 큰 은혜를 받았고, 전도신학원을 다니면서 말씀을 듣는데, 들어오는 강사들마다 그 어떤 유명한 부흥강사보다 훌륭했다. 이윽고 1차합숙훈련을 갔더니, 통합측 교단에서는 사람 취급도 하지 않는 교육전도사가 강의를 하는 것이다. 그가 백운규 교육전도사(現 임마누엘교회 부목사)였다. 말씀을 듣는 내내, '목사인 나는 무엇을 했는가?' 라는 생각이 떠나지 않았다. 이번에는 말을 더듬는 김 종구 집사(現 임마누엘교회 은퇴목사)가 전국에서 온 목사들 앞에서 강사로 서게 되었다. 아버지는 은혜를 받기 위해서 제일 앞에 앉았었는데, 고개를 들 수 없었다. 쳐다보면 더 말을 못할까봐 염려가 되어서였다. 그 정도로 김 집사는 말을 더듬었는데, 시간이 지나면서 그의 입에서 터져나오는 간증은 아버지가 목사라는 사실을 너무도 부끄럽게 만들었다고 한다. 강의가 끝나고 제일 먼저 달려나가 악수를 청하고, 너무너무 큰 은혜를 받았다고 인사를 건넸다.

합숙을 마치고는 교회의 새신자들에게 선언했다. "이 다락방 전도운동은 제2의 종교개혁입니다. 마르틴 루터, 장 칼뱅, 츠빙글리가 성경을 완전히 새롭게 해석하여 기독교가 탄생한 것처럼, 이 운동은 먼 훗날 기독교 역사에 기록될 것입니다. 이 말씀운동은 성경만을 가지고 사도 바울처럼, 예수가 그리스도라는 복음을 정확하게 전달하는 운동입니다. 저는 하나님의 소원인 세계복음화의 언약을 붙잡고, 류광수 목사님의 말씀에 온전히 생명을 걸 것입니다."

핍박 속에서 목사 면직 · 제명이라는 훈장을 얻다

그러나 이때부터 핍박이 닥쳐왔다. 이것은 역시 예전에 있던 그 교회의 담임목사로부터 시작되었다. 최삼경, 박진규 등이 총회에서 다락방이 이단이라는 주장을 꺼낸 상황이었지만, 그는 사실 교회를 부흥시킬 수 있지 않을까 하는 희망으로 자기 교회 부교역자들을 전도학교에 보내어 교육을 받게 하고 있었다. 그러나 아버지가 다락방 전도운동에 참여하게 되었다는 이야기를 들은 그는, 당장 자기 교회 부교역자들을 다락방 전도훈련으로부터 철수시키고, 노회에서 이단대책위원회를 구성했다. 이윽고 이대위 서기에게서 아버지에게 전화가 걸려왔다. 다락방을 하느냐고 해서, "네, 합니다. 목사님은 다락방을 아십니까?" 그랬더니, 서기 목사는 아버지보다 먼저 경주 집회에 참석을 했다는 것이다. "어떻던가요?" "참 좋습디다." "네, 그래서 저도 참석합니다." 그랬더니, "우리 총회도 전도학교를 하는데 가보시지요. 나는 노회 전도부장 때 한번 훈련을 받았는데 그것도 좋습디다." 그래서 물었다. "전도가 잘 됩니까?" 그랬더니 그는, "우리 교회는 규모가 작아서 적용이 잘 안 됩니다." 하는 것이다. 그래서 아버지는 다시 물었다. "전도 안 되는 전도학교에는 왜 갑니까? 저는 류광수 목사님을 만나서 전도에 대해 해방을 받았습니다." 이 전화 한 통이 이단 조사의 끝이었다. 노회는 재판국을 설치하고 아버지를 소환해서 재판을 치렀다. 집회를 참석해야 했기에 첫 번째 소환에는 응하지 않았고, 두 번째는 작정하고 찾아가서 '다락방이 무엇이 이단인지, 모든 것을 물어보라'고 했지만 그들은 대답하지 않았다. 재판국원은 증경노회장들로 구성되었는데, 그 중에는 장로 두 분이 있었다. 감히 원로목사들에게는 물을 수 없어서 아버지는 장로들에게 물었다. "장로님, 전도가 잘 되십니까?" "아, 어렵습니다." "저는 전도에 대해서 해방을 받았습니다. 지금 저와 함께 전도를 나가보실까요? 교인 하나 없는 개척교회 목사는 전도밖에 할 것이 무엇이 더 있습니까?" 그랬더니 재판국장은, "다락방에 대한 것을 잘 들었습니다. 아무리 좋아도 총회에서 하지 말라고 하면 그만 하시지요. 다음에 한 번 더 부르겠습니다. 그때 임동호 목사(칠곡 임마누엘교회)와 함께 한 번 더 재판국에 오시지요." 아버지는 대답했다. "저는 오늘 다 말씀을 드렸기 때문에 다음번에는 전도하기 바빠서 못 올 것입니다. 저는 이렇게 생각했습니다. 전국 노회 가운데 우리 대구동노회가 제일 먼저 모범적으로 이단대책위원회를 구성했으니, 각 분야별로 나누어 테이프를 조사하고, 간행물을 조사하고, 직접 집회에도 참석하여 류광수 목사의 설교를 철저히 성경과 대조하고, 질문도 직접 하여, 조사를 철저히 한 후 틀리면 이단으로 규정하고, 맞으면 너무 좋은 전도방법이니 우리 통합측은 적극적으로 지지해야 한다고 총회에 헌의하기를 바랐습니다. 그런데 전화 한 통화로, 그것도 류광수 목사가 아닌 저에게 '다락방 하는가?'라는 전화 한 통화로 조사를 다 마쳤다고 하고, 재판국을 열어서는 하지 말라고만 하시니 너무 안타깝습니다." 이렇게 이야기하고 자리를 떠났다. 그 결과는 통합측 교단 제1호 제명 처분이었다. 이것으로 우리 가족은 통합측과 완전히 결별하게 되었다.

내부의 어려움

아버지, 어머니는 다락방을 만나기 전에도 전도에 열심이었고, 교회는 개척 1년 만에 성도 60여 명이 모일 정도로 부흥되어 있었다. 상가 지하의 좁은 공간이 빼곡하게 들어차는 것을 보며 감탄했던 기억이 난다. 그러나 대부분이 새신자였던 성도들은, 교회가 다락방 전도운동을 시작하게 된 것이 무엇을 의미하는지 잘 이해하지 못했다. 주변의 교회에서는 이미 태성교회가 이단 사이비 교회라는 소문을 파다하게 만들어냈고, 성도들을 포섭하여 교회를 옮기게 하는 실정이었다. 많은 성도들이 그러한 회유와 협박을 못 이기고 교회를 떠났고, 아버지와 어머니는 처음부터 다시 시작하는 심정으로 현장을 밟아야 했다.

또 하나 문제가 되는 것은 가족, 정확하게는 나였다. 어머니는 아버지와 함께 훈련을 받으면서 곧바로 은혜를 받아 다락방 전도운동을 결단하고 계속 말씀의 흐름을 탔지만, 기존교회에서 경배와 찬양 운동에 크게 영향을 받고 있었던 나는 이런 말씀운동의 분위기에 적응하지 못했다. 친구들이 좋아서, 주일오전예배를 마치면 버스를 타고 예전의 교회에 가서 오후에는 중등부 예배를 드리는 실정이었다. 이러한 기행은 개척한 후 넉 달이 지나서야 끝이 났지만, 나는 여전히 다락방 운동에 흥미가 없었다. 아버지의 강권으로 참석했던 류광수 목사 집회에서는 메시지를 제대로 듣지도 못한 채 딴청을 피웠고, 복음편지 메시지, 새생명새생활 메시지를 교회에서 읽는 것도 재미가 없었다. 찬양 콘서트를 따라다니던 내게, 메시지 중심이었던 다락방 문화는 시시하게 느껴졌기 때문이었다. 그러나 하나님께서는 정확한 시간표와 사건 속에서 우리 가족을 인도하고 계셨다. 구원의 확신도, 기도의 응답도, 전도의 체험도 없었던 내가, 열심으로만 하던 신앙생활의 한계에 마침내 부딪히게 된 것이다. 계속 떨어져가는 성적과 스트레스로 인해 늘 불안에 시달리던 중에, 부모님의 강한 권고를 이기지 못하고 1995년 여름 전국 중·고 다락방 수련회에 참석하게 되었다. 이때 나는 비로소 처음으로 류광수 목사의 메시지를 처음부터 끝까지 집중해서 듣게 되었고, 나도 모르게 은혜를 받으면서 다락방 전도운동이 하나님이 원하시는 운동이었음을 깨닫게 되었다. 교회 안팎에서 다락방 전도운동을 막으려 하던 사탄의 발악과, 그것을 깨뜨리고 더 큰 은혜를 주시는 하나님의 역사를 보며 나는 결론을 내렸고, 어머니의 팀 사역을 받고 복음메시지를 정리한 후 동생과 함께 합숙훈련을 다녀오면서 전도운동의 대열에 동참하게 되었다. 마침내 온 가족이 다락방 전도운동에 참여하게 되면서, 하나님의 은혜가 우리에게 집중적으로 임하기 시작했다.

마음과 뜻과 힘을 다하여 전도 현장으로

되어지는 전도와 기적들

아직 교단을 탈퇴하기 전, 아버지는 친구였던 통합측 영남신학대학 교무처장을 통해서 교육전도사 한 분을 소개받게 되었다. 교회 봉사는 열심히 잘 했으나 다락방에는 거부감을 느끼고 있었던 그를, 아버지는 1차합숙훈련에 보냈다. 그는 합숙훈련을 다녀온 이후에 완전히 달라졌고, 아버지가 전도한 태권도 체육관 관장과 결혼을 하게 되었다. 3년 동안 아이가 없었지만 기도하여 아이도 얻게 되었는데, 얼마나 합숙훈련에서 은혜를 받았던지, 아이 태명을 합숙이라고 지을 정도였다. 부부는 교회에서 충성스럽게 사역하며 현장을 돌보았고, 남편은 렘넌트신학연구원을 졸업하고 목회자가 되었다. 이들이 대구 반석교회 이진우 목사, 박미정 사모 내외다.

아버지가 현장에서 만난 대상자들 중에는 결혼을 한 후에도 아이가 없는 사람들이 많았다. 그 햇수가 보통 3년이었고, 5년 혹은 8년이 된 이들도 있었다. 낙심에 빠진 그들에게, "복음이 없는 사람이 자식을 얻는 것은 세상 죄 덩어리가 하나 더 생겨나는 것이요, 부모에게도 원수 덩어리가 되는 것이다. 왜냐, 부모가 사탄의 자녀이기 때문이다. 먼저 구원을 받아야 한다. 그리고 나면 달라고 하지 않아도 하나님이 아이를 주실 것이다."하고 복음을 전했다. 그렇게 하여 복음을 받은 가정에서 아이를 낳지 못한 사람이 없었다. 심지어는 새신자 옆집에 사는 기존 교회에 다니는 권사님의 딸이 결혼을 했는데, 3년이 되도록 아이가 없다고 하여 그 권사님이 기도를 부탁해왔다. 기도를 해 주겠다고 하고 먼저 복음부터 점검하여 정확히 전하고, 영접하고 다락방을 했더니 아이를 갖게 되었다.

축호전도를 하던 중, 어느 교회 여전도회 회장을 세 번이나 지내고, 남편도 남선교회 회장과 성가대 대원을 하고 있는 권사님의 집을 가게 되었다. 그 권사님은 그렇게 열심히 교회에 봉사하고, 자녀들도 교회에 충실히 다니고 있는 모범적인 신앙 가정이었다. 그런데 어느 날 감기가 와서 몸살인가 하고 앓아누운 것이 2년 동안 자리에 누워서 일어나보지 못하는 상황에 처하게 되었다. 아예 누워서 방향을 돌려서 눕지도 못하게 되어 버렸다는 것이다. 병원에서는 감기 바이러스가 척추 신경을 갉아먹어 움직일 수 없게 된 것이라고 진단했다고 한다. 남편이 출근하면서 창문 쪽으로 얼굴을 돌려놓고 가면 하루종일 그쪽만 바라보아야 한다는 것이다. 70대 노인인 친정 아버지가 와서 밥만 떠먹여주고, 대소변을 받아내고 있었다. 소망과 기쁨이라고는 도무지 찾아볼 수 없는 가정이었다. '이렇게 교회 일을 열심히 하고 모범적으로 봉사했는데 왜 내게 이런 일이 닥쳤는가, 하나님이 계신다면 이럴 수는 없다.' 일주일에 한 번씩 본교회 목사님이 심방을 오는 것이 유일한 신앙생활이었지만, 그것도 너무 오래 되자 빠질 때가 많다고 했다. 방에 들어서서 병명을 듣고는, 현대 의학으로서는 해결할 수 없는 절망 가운데 있음을 알고, 지금 죽으면 천국 갈 자신이 있느냐고 질문을 던졌더니, 1초의 망설임도 없이 "못 가지요."라고 답변하는 것이다. 그에게 복음을 전하기 시작했다. "부활하셔서 지금도 살아계신 예수님은, 눈에 보이지 않게 보혜사 성령을 보내 주셨습니다. 마음의 문을 열고 그분을 불러서 영접하면 우리 마음 속에 들어오셔서 하나님 자녀의 권세를 얻게 하시고, 영원히 떠나지 않고 함께 계시며 천국 갈 때까지 인도하십니다." 영접기도를 하고 구원의 확신을 주고 다락방을 계속 했더니, 구원의 길을 마치고 복음편지를 마칠 무렵에는 일어나 밥상에 앉게 되었고, 마침내 교회까지 걸어서 나오는 건강한 사람이 되었다. 얼마 전까지만 해도 도무지 가망이 없었던 사람이라고는 상상도 못할 정도였던 것이다. 그후 창녕 친정 부모님에게도 복음을 전해달라고 하여 다락방을 했다.

이런 일들은 너무 많았다. 한 가정을 구원하면 시집에도, 친정에도, 형님에게도, 오빠에게도 전해달라고 하여, 부산, 거창, 천안, 청도, 경산, 밀양까지, 아버지와 어머니는 아무리 먼 곳이라도 복음을 전하러 다녔다. 그 바쁜 걸음걸음이 아직도 기억에 생생하다.

친정 여동생을 전도하여 제부까지 교회에 출석하게 되었는데, 그는 미숙아를 조기 출산하게 되었다. 그때만 해도 한국 의학계에서는 이런 미숙아를 성공시킨 일이 없다고 하는 상황이었다. 600g 정도 되는 아이인데, 인큐베이터에 넣어두고 양육을 하지만, 살 확률은 희박하고, 혹시 산다고 할지라도 지체장애인으로 살아갈 것이라고 했다. 그런 정도인데도 20년 전 당시에 월 450만 원의 진료비가 들어가고 있었다. 그럴 것 같으면 퇴원을 시키는 것이 차라리 낫지 않느냐고 했더니, 의료법으로는 생명이 붙어있는데 인큐베이터에서 꺼냈다가 죽게 되면 의사가 살인자가 되므로 그렇게 할 수 없다는 것이었다. 그 여동생에게 다시 복음을 확립하고, "예수 그리스도는 죽었던 자도 살리셨고, 하나님 아버지는 자식에게 좋은 것만 주신다. 생명이 의학으로 안 될 것 같으면 물질이 더 이상 손해보지 않게 생명을 빨리 거두실 것이고, 아니면 건강하게 자라게 하실 것이며, 혹시 장애인으로 자라게 하신다면 그 장애로 크로스비나 헬렌 켈러, 양정신 박사처럼 더 위대하게 그리스도의 증인이 되게 하실 것이다. 이제 걱정할 것은 하나도 없다. 내가 확실한 언약을 가진 하나님의 자녀가 맞느냐, 그것이 문제일 뿐이다."라고 했더니, 그 아이가 의료 역사에 다시 한 번 기록을 세우는 기적을 나타내어, 건강하게 자라서 교회 예배시간에 돌아다닐 정도가 되었다.

아버지가 AUC(現 RU) 공부를 하러 미국에 간 사이에, 어머니가 혼자 전도하러 가서 불신자 상태 여섯 가지를 전했다. 그 집은 작지만 그래도 경제적으로는 안정적인 생활을 하는 집이었는데, 사출기를 만드는 기계 공장을 경영하는 사장이었다. 남편의 사업과 아들, 딸을 위해서 그는 열심히 정성을 쏟아 단군신전을 집에 모시고 살고 있었다. 개천절이 되면 서울 사직단에 가서 많은 돈을 바치며 열심으로 단군을 섬겼고, 유명하다는 절도 다 찾아다녔으며, 무속인이나 역술인들을 자주 만나서는 좋다고 하는 부적은 다 사들였다. 아들에게 꼭 잘 넣어서 다니라고 하면서 너무 자주 사다주니, "엄마, 지갑이 터지겠어요." 할 정도였다. 유명한 스님들의 글씨나 그림도 몇 백만 원씩 주고 사다가 집에 장식해 놓았다. 이렇게 하던 부인에게 불신자 상태 여섯 가지에 대한 말씀을 전했는데, 그때가 정확한 하나님의 시간표였다. 이 부인은 가슴을 치며 펄쩍펄쩍 뛰면서 "큰일났네. 큰일났네. 이제 남은 것은 쫄딱 망하고 귀신을 자식들에게 물려주는 것밖에 없네." 하는 것이었다. 이런 그에게 구원의 길 그리스도이신 예수님을 전하고, "그분이 우리를 사로잡아 멸망의 길로 끌고 가는 사탄 마귀, 귀신을 완전히 쫓아내시고 성령으로 찾아오셨는데, 그분을 기도함으로 영접할 수 있습니다." 하면서 손을 붙잡고 기도했더니, 그가 도리어 더 꽉 잡는 것이었다. '이제는 모든 문제가 해결되었고, 예수님이 마음속에 계시니 하나님이 자기 딸로 삼으셨다. 이제는 하나님을 아버지라고 부르는 기도를 할 자격이 있으니 아버지'라고 부르기만 하면 다 알아서 해 주신다.'고 했더니, 너무 감격해서, '한두 시간 후에 다시 한 번 오셔서 우리 친정어머니에게도 전하여 영접을 시켜 달라.'는 것이었다. 그 어머니도 영접을 하자, 또다시 사정을 하며 부탁했다. 이번에는 밤에 남편, 딸, 아들이 다 있을 때, 낮에 안 온 것처럼 해서 한 번 더 와 달라는 것이었다. 그래서 어머니는 권사님 한 분을 대동하여 집을 방문했다. 집안의 영계는 이 부인이 확실히 꽉 잡고 있어서, 복 받는 일이라면 가족들은 영적 지주인 부인의 말에 잘 순종하여 귀를 기울였다. 천지창조부터 시작하여 복음을 설명해 나가는데, 숨소리도 안 날 정도로 말씀을 빨아들였다. 권사님도 큰 충격을 받았다. 온 가족이 예수님을 영접한 후, 그들은 지금까지 속아서 섬겨왔던 단군 신전을 들어내고, 우상들과 액자, 염주, 부적들을 다 떼내어 버렸다.

아버지는 미국에서 돌아와 이야기를 듣고 그 집의 심방예배를 마친 후에, 그의 친정 둘째남동생의 집을 방문했다. 큰형이 도시개발로 졸부가 되었다가 주식투자의 실패로 순식간에 모든 재산을 잃게 된 바람에 제사를 모실 수 없게 되었다. 그래서 사업을 하는 둘째 동생이 조상의 제사를 지내고 있었던 것이다. 그랬던 집을 방문하는 것이었다. 복음을 먼저 받은 큰누나는 시집을 갔지만, 자형이 사업을 하여 잘 살고 있었기에, 동생들을 통솔할 수 있는 힘을 가지고 있었다. 그는 누나가 이야기하자 문을 쉽게 열어주었고, 가족들은 고넬료의 집안처럼 말씀을 들을 준비가 되어 있었다. 복음 메시지를 들은 그는 지금까지 누나와 함께 온갖 우상을 섬기고 형님이 모시지 못하는 제사까지 모셔서 복을 받겠다고 했던 것이 결국 더 멸망을 자초하는 길임을 깨달았다. 예수님을 영접하고 제기를 전부 지방과 함께 내어놓은 것이다. 이것도 역시 교회 승합차에 가득 실어서 직접 버렸다.

이 집에서 처음 복음을 받은 부인에게는 남동생이 있었고, 그에게는 초등학교 1학년 아들이 있었다. 아이 엄마가 큰고모를 따라 각양각처를 다니며 우상을 숭배했으니, 아들도 이상한 돌만 봐도 "엄마, 여기 절할까?" 할 정도였다. 그랬던 아이가 얼마나 복음을 정확하게 알아듣고 우상과 싸우기로 결심했던지, 학교에 가서 공책에 시를 지어왔다. "돌, 돌, 무슨 돌. 사람같이 생긴 돌. 어디어디 있나, 갓바위에 있지. 절하면 안 돼. 퉷!" 큰딸 한 사람으로 인해 19명이나 되는 네 가정이 주님의 품으로 돌아온 것이다.

대구 중심가인 동성로에는 유명한 컬렉션 디자인 숍이 있었다. 여성 의류 전문 컬렉션이었다. 어머니가 그 앞을 지나는 중에, 성령께서 갑자기 '들어가 보라'는 감동을 주셨다. 혼자 불쑥 들어가, "하나님께서 이 집에 들어가서 복음을 전하라고 하셔서 왔습니다." 하고 복음을 전했다. 알고 보니 이 사장은 패션쇼를 1년에 두 번 정도 따로 개최할 정도의 유명한 디자이너였는데, 한 달에 열두 군데의 절을 순회하며 불공을 드리는 사람이었고, 전속 스님을 따로 둘 정도로 열심인 불교신자였다. 사장은 갑자기 복음을 듣고 너무 어안이 벙벙하여 도무지 정신이 없다고 했다. 오늘은 일단 여기까지 하고 가겠다고 하여 나왔다. 3일 후, 아버지가 어머니와 함께 가서 그림을 그려

가면서 정확한 복음을 전하고, 두 손을 붙잡고 영접기도를 했다. 대구의 옷 잘 입는다고 하는 사람은 다 그의 가게의 단골이었다. 그중에는 많은 교인들, 권사님들도 있었다. 그러나 그들은 한결같이, '허 사장이 예수 믿을 줄은 몰랐다.'고 했다. 그들은 자신에게 교회에 가자는 이야기는 했으나, '나는 절에 다닌다.' 하는 한 마디에 입을 다물더라는 것이다. "목사님, 이번 패션쇼의 배경음악을 헨델의 '메시아'로 하도록 지시를 했습니다. 기도해 주세요." 감격적인 일이었다. 이리하여 부부가 난생 처음으로 패션쇼에 초대를 받아 귀빈석에서 관람을 하게 되었다. 어머니는 부티나는 의상으로 대접을 받았다. 이 모든 것이 그리스도 덕분이었다.

한독화장품이 인기가 있을 때 어머니가 샘플을 얻으러 갔다가, 대리점 지점장을 만나게 되었다. 그의 아내는 피부관리실을 운영하는 원장이었다. 경락까지 하는, 아주 기술이 좋은 유능한 원장이라 배우는 사람도 많았고, 밑에서 일하는 직원들도 거느리는 분이었다. 샘플을 얻으면서 첫 느낌에 아이가 없는 것 같이 보였다. 그래서 슬쩍 "결혼한 지 얼마나 되었습니까?"하고 물었더니, 8년이 되었다고 했다. 아기에 대해서 물었더니, "노력을 해도 되지 않아서 이제는 포기했습니다."하는 것이다. 그래서 종교를 물었더니, 피부관리실 직원의 권유로 천주교 성당을 나가고 있다고 했다. 아기가 없으니 사는 재미가 없어서, 저녁이면 밥을 먹은 뒤에 꼭 직원들과 노래방을 다녔다고 하는 것이다. 이 대화를 통해 문이 열리게 되어, 부모님이 그 집에 들어가 복음을 전했다. 예비된 사람이었다. "아기는 하나님이 주시는 것이다. 하나님이 창조주시기 때문이다. 왜 안 주셨는가? 가나안 농군학교 김용기 장로님은, 우리 인간이 태어나는 것은 세상과 지구를 오염시키는 주범이 하나 더 태어나는 것이라고 했다. 그러므로 생일을 축하할 것이 아니다. 생일을 축하받으실 분은 지구상에서 단 한 분, 예수 그리스도 그분밖에 없다. 그러니 하나님을 만나지 못했을 때 아기가 없는 것은 다행한 일이다. 그러나 이제는 예수 그리스도의 사람이 되었으니 아이를 낳는 것이 복이다. 하나님의 자녀가 태어나기 때문이다. 그러니 하나님이 아이를 주실 것이다." 부부가 예수를 믿고 신앙생활을 시작했는데 정말 아이가 생겨, 태명을 축복이라고 지었다. 나중에 '호적에 올려야 하니 이름을 목사님께서 지어 달라.'고 하기에, 예수님의 은혜로 태어났으니 '예은'이라고 지어 주었다. 그는 숍을 팔아 예배당 인테리어까지 하며 말로 다할 수 없는 충성을 했고, 마침내 렘넌트신학연구원을 졸업하여 목사가 되었다. 그가 대구노회에서 사역하고 있는 남상요 목사로서, 후에 교회를 개척하여 지금도 복음을 위해 헌신하고 있는데, 교회의 이름도 예은교회라고 지었다.

자녀들에게 주시는 응답

아버지와 어머니가 치열하게 현장을 파고들고 곳곳을 누비며 전도운동을 하는 동안, 하나님께서는 우리 삼남매를 축복하셔서 복음 안에 있는 응답을 누리게 하셨다. 나는 평일에는 새벽부터 밤늦게까지 학교에 있었기에 부모님과 함께 현장을 밟을 수는 없었다. 대신 토요일 오후가 되면, 대구핵심요원훈련을 마치고 가족이 같이 귀가하여, 다음날 예배를 위해 교회를 청소하고, 주보를 만들며 주일을 준비하느라 바빴고, 주일 아침에는 주일학교 예배부터 시작하여 오후예배까지 봉사했다. 동생도 마찬가지였다. 나는 주일학교 교사와 피아노 반주를 맡았고, 동생도 교사 일을 하면서 반주로, 찬양대로 섬겼다. 주일 점심식사를 마치고 학생회 예배를 드린 후, 오후예배를 이어서 드리고는 승합차 한 대에 성도들과 함께 타고 바로 부산으로 향했다. 부산핵심요원훈련에 참석하기 위해서였다. 빨리 가면 주일 5부예배까지 부산에서 드릴 수 있었기에, 아버지는 교인들을 데리고 바삐 움직여야 했다. 고속도로가 지금처럼 많이 뚫리지 않을 때여서, 영도로 가는 길이 쉽지는 않았다. 그래도 멀리 강원도에서, 서울에서 오던 사람들처럼, 고속도로가 막히면 밤 10시 30분의 핵심훈련에도 참여하지 못하고 끝날 때에야 도착하는 정도는 아니었기에 감사했을 따름이다. 5부예배를 드린 후에는 흩어져서 전문별 모임에 참석했고, 핵심성가대가 조직되자 어머니와 나, 동생이 함께 들어가 섬기며 은혜를 받았다. 전국의 전도자들이 복음을 사모하여 생명을 걸고 모인 부산핵심요원훈련 시간의 그 분위기는 평생 잊을 수 없을 것이다. 심지어 전날 들었던 메시지를 다시 듣는 것인데도, 그 말씀은 또 새로웠다. 꿀보다, 송이꿀보다 말씀이 더 달다는 것이 얼마나 실감이 나던지 모른다. 핵심훈련을 마치고 밤 12시쯤이 되어 동삼동을 떠나면, 새벽 2시가 되어야 집에 도착했다. 우리야 차에서 잠을 청할 수 있었지만, 우리를 데리고 대구, 부산 거리를 옆집 드나

들듯이 다녔던 아버지의 수고는 말로 할 수 없었다.

나는 1996년이 되어서야 전도운동을 시작하게 되었다는 것이 너무도 안타까웠다. 많은 이들이 그랬겠지만, 종교생활 속에서 속고 있었던 것에 대한 분한 마음과, 이 복음을 깨닫게 된 것에 대한 감격이 24시간 그치지 않았다. 그 마음으로 학교 현장에서 정시로 기도하다가 하나님이 전도 문을 열어주시는 응답을 받았고, 학교에서 작게나마 영접운동, 다락방운동이 열리는 것을 체험하게 되었다. 그 속에서 무너졌던 학업은 회복되는 정도를 넘어 선생님들과 학교를 놀라게 할 만큼 열매로 나타났다. 내가 다락방 전도운동을 하는 요원이라는 사실이 얼마나 자랑스러웠던지, 모든 교과서와 참고서에 '다락방전도 세계복음화'라는 문구를 써놓고 다닐 정도였다. 한 반 전체가 복음을 듣기도 했고, 기독교 동아리 수십 명 학생들이 일시에 복음을 듣고 영접을 하기도 했다. 어떻게 나에게 이런 일이 일어날 수 있을까 하는 감격이 그치지 않았다. 나에게 가장 행복한 시간 중 하나는, 야간자율학습을 마치고 나를 데리러 온 아버지와 어머니를 만나, 집으로 돌아가는 승합차 안에서 그날 있었던 전도운동을 서로 포럼하는 것이었다. 부모님도 부모님대로 내게 일어나는 응답을 두고 감사하셨고, 나는 나대로 부모님을 통해 역사하신 하나님을 보며 놀라움과 감동을 경험했다.

이 복음은 우리 가정을 총체적으로 치유했다. 복음이 계속 들려지자, 어렸던 남매들 사이에 있었던 갈등들이 사라졌고, 동생들도 나름대로 중학교에서, 초등학교에서 복음을 누리고 전도 문을 열게 되었다. 서로를 비난하고 무시하던 문화 대신, 세계복음화의 주역으로 축복하는 문화가 나타났다. 막내의 학교 과제였던 가족신문의 내용이 완전히 변화된 것은 나에게 잊을 수 없는 응답 중 하나다.

스위스 선교를 책임지다

1999년 초, 대구 충만교회의 손태수 목사가 아버지에게 전화를 했다. 유럽 선교를 위해서 기도모임을 가지려 하니 와 달라는 것이었다. "우리는 개척교회고, 전부 새신자밖에 없어서, 해외선교까지 눈을 돌릴 여유가 없습니다."했더니, 지금 당장 해외로 가자는 것이 아니고 기도를 하자는 것이었다. "기도야 당연히 해야지요." 그래서 모였더니, 달서중앙교회 임도수 목사가 유럽 전체의 지도와 각 나라별 지도, 각국의 국기와 수도, 인구와 종교, 인종 등의 중요 사항들을 조사해 왔다. 이렇게 해서 각 교회 목회자들이 나라를 맡아서 기도하기 시작한 것이다. 그 중 아버지가 맡게 된 나라가 스위스와 리히텐슈타인이었다. 스위스는 면적은 남한의 절반 정도였고, 인구는 700만 명 정도였으며, 수도는 베른, 종교는 천주교와 개신교로 분포되어 있었다. 리히텐슈타인은 스위스 옆의 작은 나라로서, 인구는 5만 명에 불과했지만, 국민소득은 세계에서 손꼽힐 정도로 높은 수준이었다. 국민 1인당 기업을 하나씩 가졌다고 할 정도였다. 세계에서 제일 잘 사는 이 두 나라를 태성교회가 책임지게 된 것이다.

교회에서 보고를 하고, 두 나라를 위해서 기도를 하도록 부탁했다. 참으로 좋은 방법이었다. 한 달에 한 번씩 각 교회들이 돌아가면서 유럽 선교를 가는데, 한 사람이 가면 유럽 전체 나라를 돌아보고 메시지를 하도록 했다. 그러면 유럽에서는 한 달에 한 번씩 다락방 목사님들이 와서 전도학교, 다락방, 팀 사역 등을 하게 되어 전도운동을 펼칠 수 있었다. 1년에 한 차례 유럽 순회사역을 한다는 것은 그 자체로도 쉽지 않은 일이었지만, 특히 초신자들이 대부분인 태성교회에서는 더욱 엄두를 내기 힘든 일이었다. 그런데 손태수 목사는, "12월에는 태성교회 이진식 목사님이 한번 다녀오는 게 어떻겠습니까?" 하는 것이었다. 불어, 독일어는커녕 영어도 할 줄 모르는 사람이 가이드도 없이 유럽에 간다는 것은 불안한 일이었다. 게다가 "목사님들이 혼자 다녀오시니 사모님이 선교를 잘 모르신다. 이진식 목사님은 사모님과 같이 다녀오면 좋겠다."고까지 권유했다. 각 나라들은 먼저 씨가 뿌려져 있었기에 가면 영접해줄 사람들이 있었지만 스위스는 당시까지 다락방 불모지였다. 그래서 더욱 두려움이 컸다. 감사하게도, 자주 유럽을 방문해서 사역했던지라 현지 상황을 잘 알았던 손 목사가 스케줄을 다 구성해 주었다. 독일 프랑크푸르트, 뒤셀도르프, 에센을 거쳐 스위스, 이탈리아 로마, 프랑스 파리, 러시아 모스크바까지, 11박 12일의 빈틈없는 시간표를 짜준 것이다. 다른 곳은 전부 메시지를 할 시간과 픽업을 나올 사람이 다 정해져 있었기에 시간을 맞추어 비행기나 열차를 이용했지만, 스위스에는 앞서 말했다시피 연고자가 아무도 없었다. 이런 사정을 이야기했더니, 손 목사는 스위스 땅만 한번 밟고 오라고 하는 것이었다. 다른 목사들도 아무도 스위스는 가보지 않았기 때문이었다. 스위스는 물가도 비싸서 한국 유학생조차도 드물었고, 심지어 유럽 다른 나라로 간 유학생들이 여행도 잘 가지 않는 나라이니, 땅만 밟고 와도 잘 하는 것이라며 격려를 해 주었다. 그리하여 부모님의 생애 첫 유럽 여행이 시작되었다.

프랑크푸르트에서 한동훈 장로를 만나 교제했고, 뒤셀도르프에서는 음악 지휘자로 유학을 하고 있는 김동준 집사 내외를 만나 말씀을 나누었다. 이어 김 집사의 경차로 에센에 도착하여, 그곳에서 성악가로 활동하고 있는 김경국 집사(現 장로) 가정을 방문하여 교제했다. 다음날 스위스로 가기로 했는데, 아는 사람이 없으니 비행기 표를 예약하지 않았던 곳이라, 승용차로 가기로 했다. 그래서 김경국 집사의 큰 승용차를 빌려서 김동준 집사 내외가 운전하여 같이 가기로 했다. 부모님은 김경국 집사 댁에서 말씀을 나누며 밤을 보냈고, 김동준 집사는 뒤셀도르프에 갔다가 여행 가방을 챙겨서 다음날 에센으로 돌아오기로 했다.

그런데 아침에 눈을 떠 보니 눈이 너무 많이 내렸던 것이다. 김경국 집사는 "아무래도 갈 수 있는 상황이 안 될 것 같습니다. 여기에서 대학생과 청소년들 팀 사역을 하시고 로마로 바로 가시는 것이 좋겠습니다. 아무래도 이번에는 하나님이 스위스를 허락하시지 않는 것 같습니다."하고 권유해 왔다. 그런데 약속시간이 조금 지나서 김동준 집사 내외가 스위스에 갈 준비를 하고 에센에 도착한 것이다. 이미 김경국 집사는 부모님 일행이 스위스에 가지 못할 것이라 생각하고 차를 가지고 직장에 출근한 뒤였다. 그러나 김동준 집사는, "태성교회 교인들이 얼마나 스위스 선교를 위해 기도를 많이 하고 있겠습니까. 그런데 눈이 온다고 해서 안 가보시고 그냥 떠나신다고 하면 얼마나 실망이 되겠습니까. 죽으면 죽으리이다 하고, 작은 고물차라고 할지라도 제 차로 갑시다." 하는 것이다. 아버지 역시 그렇게라도 스위스 땅을 밟는 것이 도리라고 생각했다. 이렇게 해서 김동준 집사의 경차로 네 사람이 스위스를 향해 출발하게 되었다. 부모님의 캐리어도 트렁크에 넣을 수 없어 뒷좌석을 조금 굽혀서 겨우 실었다. 돈을 절약하기 위해서 조리 도구를 따로 챙겼다. 차가 늘어날 정도로 짐을 잔뜩 싣고, 허리를 구부려 8시간을 운전해서 달려갔다. 속도도 많이 낼 수 없었고, 스위스의 숙박비가 비싸니 스위스 국경 가까운 독일 유학생들의 기숙사에 가기로 전화를 하여 허락을 받았다. 그곳에서 저녁밥을 해 먹고 말씀을 나누고 잠자리에 들었는데, 한국의 손태수 목사로부터 전화가 들어왔다. 아버지가 스위스로 선교를 간다는 소식을 듣고, 충만교회 집사 한 분이 자기 삼촌을 한번 찾아봐 달라고 했다는 것이었다. 너무도 감사한 마음으로 전화번호를 받고 뒷날 아침 조심스럽게 전화를 걸어 12시 정도에 찾아뵈어도 되겠는가 하고 말씀을 드렸더니 쾌히 승낙을 했다. 가르쳐준 주소로 길을 찾아서 가는 도중 눈이 내리기 시작했다. 차가 밀려 20분 정도 늦게 도착했더니 그곳은 스위스 대사관이었고, 그 삼촌은 주 스위스 한국 대사였던 권순대 대사였다.

직원의 안내를 받아 관저로 들어갔더니 점심식사를 양고기로 풍성하게 차려놓았다. 자리에 앉고 인사를 나누었는데, 시간이 한참을 지나도 김동준 집사 부부가 들어오지 않았다. 그들은 목사님 내외만 가시는 것으로 약속이 되어 있어서 차안에서 기다리고 있었다는 것이다. 그래서 '걱정하지 말고 들어오라, 외국에서 우리 대사님은 한국 유학생들에게 부모와 같으신 분이다, 어려운 일이 있으면 말씀드려서 도움도 받고 해야 한다. 이럴 때 밥 한 그릇이라도 얻어먹는 것이 아니냐?'고 했다. 대사 내외도 역시, '아니, 같이 왔으면 같이 들어오지 않고 왜 추운데서 떨고 있었느냐'고 하면서 함께 식사를 잘 했다. '대구의 목회자들이 유럽을 맡아, 예전에 선교를 받던 대한민국이 이제는 신앙의 불이 꺼져가는 유럽에 역선교를 하기로 결의하고 나라를 책임진 가운데, 스위스와 리히텐슈타인을 내가 맡게 되었다. 아는 이가 아무도 없어 스위스 땅만 한 번 밟고 가자고 해서 독일 뒤셀도르프에서 어제 차로 출발해서 왔다가, 충만교회 집사님이 작은아버지가 계신다고 한번 들러달라고 해서 오게 되었다.'고 소개했다. 권 대사 내외는 '이제 다음에 오시면 대사관저에서 주무시고 관광도 하시면 된다, 자주 오시라'고 했다. 참으로 너무 놀라운 일이었다. 김동준 집사 내외의 죽을 각오의 헌신으로 스위스에 큰 문이 열리게 되었다. 그리하여 첫 유럽 선교여행은 정해준 스케줄을 따라 이탈리아의 로마와 폼페이, 프랑스 파리와 러시아의 상트페테르부르크, 모스크바를 거쳐 사역을 마치고 돌아오게 되었다.

2차 선교여행 때에는 권 대사가 베른역으로 직원을 보내어 영접해 주었다. 부모님은 베른에서 숙박을 하면서 대사 부부에게 복음을 전하여, 독실한 천주교인이었던 대사 사모님이 영접을 했고, 이들을 통해 스위스 한인교회도 알게 되었다. 또 권 대사는 스위스의 관광지를 소개하면서 제일 아름다운 설산 융프라우를 다녀오도록 티켓을 끊어주었고, 베른역까지 직원을 보내어 차로 안내케 하였다. 예수 그리스도 그분을 증거한다고 하는 목적만 가지고 와도 이렇게 대접을 받고, 신혼여행 한 번 제대로 못한 부부가 세계에서 제일 아름다운 나라를 여행한다는 것이 얼마나 감사했는지 모른다.

지금은 천국에 간 고창의 이병희 목사가 자기 누나가 제네바에 있다고 하여 전화번호를 가지고 찾아갔지만, 하룻밤 대접은 받았으나 전도의 문을 열어주지는 않았다. 한인교회 예배에도 참석해서 축도까지 했으나, 담임목사와 연결은 되지 않았고, 몇몇 교인들만 만났다. 수많은 사람들을 만나서 복음을 전했고, 복음을 들은 사람들은 다 충격을 받았으나, 현지인 남편들과 자녀들 때문에 다락방이 열리지는 않았다. 한인교회에서는 이단의 침투를 막기 위해 신경을 곤두세우며 경계를 철저히 하고 있었다. 그러다가 취리히 한인교회를 통하여 생갈렌에 사는 이현자 집사(現 권사)를 만나게 되면서 드디어 지속할 만남을 가질 수 있었다.

이현자 집사는 대구 출신으로, 간호전문대학을 졸업하고 스위스에 간호사로 갔다가 현지인 공무원과 결혼하여 삼남매를 둔, 성실한 스위스의 한인 교포였다. 남편은 조그마한 도시의 부시장으로서, 매우 안정된 모범적 가정을 꾸리고 있었다. 이 집사는 민박 운영도 하고 있었고, 한인들을 위한 한국 식료품을 판매하는 유통업 사업 자격증도 가지고 있었다. 대구에 계신 부모님의 안부와, 부모님이 딸에게 보내는 짐들도 아버지, 어머니가 스위스 사역을 갈 때마다 전달해 주어 아주 긴밀한 관계가 형성되게 되었고, 이 집사의 집에는 스위스 지교회가 세워지게 되어, 이 집사는 인터넷으로 영상 예배를 드리게 되었다. 직분 임명도 하고 성찬식도 거행했다. 국제면허증을 가지고 가서 이 집사의 안내로 남편의 차를 운전하여 수많은 사람들을 만나 복음을 전하고 다락방도 열게 되었다.

태성교회 교인들도 유럽 집회 참석차 방문하여 함께 스위스 관광을 가기도 했고, 태성교회 성도를 포함한 평신도 일곱 명과 총회의 목회자들까지 11명을 인솔하여 5개국을 다니기도 했다. 경비를 절약하기 위해서 쌀과 밑반찬을 준비해 가지고 갔고, 민박이나 호텔에서 솥을 빌려 밥을 해서는 주먹밥을 김에 말아 각자 나누어서 역전이나 공원에서 먹었다. 잊을 수 없는 추억의 선교 여행이었다. 다녀와서 포럼을 들은 총회 목사님들이 너도 나도 스위스에 가겠다고들 할 정도였다. 이렇게 해서 6년 동안 한 해 세 차례 이상, 총 19번에 걸쳐 스위스 사역을 펼쳤다. 이후 본부에서 이현자 집사 가정과 직접 소통하게 되면서 부모님의 스위스 사역은 막을 내리게 되었다.

전도자의 인생 후반전

나는 스물한 살의 나이로 서울에 올라왔다. 그때부터 지금까지 서울에서 지내며 대학을 졸업하고, 부모님의 오랜 기도대로 목사가 되어 섬기게 되었다. 그동안 대구에서 아버지와 어머니가 받았던 많은 응답과, 또 감내해야 했던 수많은 어려움의 자리에 나는 같이 있지 않았던 것이 죄송할 때가 많았다. 그 무게는 부모님과 함께 두 동생이 고스란히 짊어졌던 것이다.

스위스에서의 전도운동이 본부로 이관될 때쯤, 교회는 원치 않은 소송에 휘말리게 되었다. 이것은 교회에 크나큰 타격이 되었다. 아버지는 목회와 현장 사역, 소송을 병행하며 고된 하루하루를 보내야 했고, 성도들은 점차 흩어지게 되었다. 현장에서 찾아내어 훈련시켰던 두 분의 목회자들은 파송을 받아 자립하여 교회를 세웠고, 아버지는 다른 다락방 교회로 옮겨가는 성도들을 막지 않았다. 이후 아버지와 어머니의 인생은 현장에서 처절한 영적 싸움으로 진행되었다. 확장 이전하여 상가 지하에 예쁘게 리모델링을 해 놓았던 성전에서도 나와야 했고, 훈련을 받을 경제가 없어 어려움을 겪어야 했다. 어떤 면에서는 살아남기 위한 싸움이었다.

그러나 도저히 방법이 없다고 할 때쯤이면 하나님은 새로운 문을 여셨다. 물이 없어 마른 땅을 가다가 지칠 때가 되면 반석에서 샘물이 나게 하셨으며, 사역이 막힐 때가 되면 구원받을 사람을 보내사 또다시 복음을 전하게 하셨다. 그 고난의 세월 속에서 자녀들은 장성했고, 각자 전도운동의 대열에 서게 되었다. 나는 참사랑교회를 거쳐 임마누엘교회 부목사로 섬기게 되었으며, 이예원 사모는 대구 초대교회에서 교회 안팎을 돌보며 사역하고 있다. 막내 이지원 사모는 남편 이승윤 목사와 함께 프로스퀴네오 워십 팀으로 찬양사역을 위해 헌신하는 중이다. 아버지와 어머니는 지금도 현장에 대한 한을 가지고, 전도운동을 위해 하나님이 새롭게 여실 챕터를 위하여 기도

하고 있다. 조용히 훈련의 흐름을 타는 가운데, 다른 한편으로는 나라를 살리기 위한 기도와 헌신을 경주하고 있고, 아버지는 개혁총회 안에서 규칙부원으로서 총회를 돕기 위하여 헌신하고 있다. 부모님을 통해서 복음을 받은 성도들은 여러 다락방 교회에서 신앙생활을 하고 있으며, 두 분의 목회자 제자들도 전도운동과 렘넌트운동에 쓰임받고 있다. 후회 없는 전도자의 삶인 아버지와 어머니의 언약의 여정은 지금도 하나님의 시선 안에서 계속되고 있다.

마치면서

다락방 전도운동에 참여한 전국과 세계의 목회자들 중에는 많은 증거와 응답, 부흥의 열매를 가지고 활발히 사역하시는 분들이 많이 있다. 그러나 눈에 띄는 큰 증거가 없음에도 여전히 현장을 지키며, 아무런 대가 없이 믿음으로 하나님의 소원을 위하여 사는 분들도 많이 있다. 경제적으로는 미자립일지언정, 영적으로는 응답과 상관없이 날마다 불신자 현장으로 파고들어 조용히 살려내는 참된 부요함을 누리는 이들도 많이 있다. 많은 열매를 가지고 누리는 이들도, 열매를 이 땅에서 많이 누리지 못할지라도 하늘의 상급을 바라보고 매일을 사는 이들도, 전부 세계복음화를 위한 소중한 주역들임을 나는 확신한다.

로마를 복음화한 주역들 중에는 바울과 같은 지도자가 있었고, 브리스가 부부와 같은 성공자가 있었으며, 이름이 한 번 언급된 제자들도 있었다. 그리고 아예 이름이 기록되지 않은 숨은 제자들도 있었다. 그들은 대부분 당대에 세상에서는 알려지지 않은 인물들이었다. 그러나 그들은 하나님이 가장 소중하게 보시는, 하나님이 아시는 인물들이었다. 사랑하는 나의 아버지 이진식 목사와 어머니 박정희 사모는 하나님이 아시는 그 사람들의 모델이다. 하나님을 사랑하고, 복음을 사랑하고, 교회를 사랑하여 모든 것을 그를 위해 드린 하나님의 사람이요, 현장의 영혼을 사랑하고, 생명을 걸고 복음을 전하며, 제자를 남기기 위하여 눈물과 기도로 모든 것을 드린 전도자들이다. 하나님은 그런 두 분을 통하여 지금까지 일하셨고, 지금도 일하고 계시며, 앞으로도 더 큰 일을 행하실 것이다.

이제 부모님을 잘 모셔야 할 때인데도 아직 그렇게 하지 못하는 것이 부끄럽다. 문안인사라도 자주 드려야 하건만, 효도가 몸에 배지 않은 무뚝뚝한 아들은 며칠에 한 번이나 겨우 전화를 하는 수준이다. 그런 아들에게 아버지는 똑같이 멋적은 목소리로 포럼을 전한다. 집회가 있어 버스로 상경하는 도중에 옆자리에 앉은 분과 대화를 나누었는데, 고물상을 하시는 분이었다고. 나라를 참 사랑하는 분인데, 이분에게 복음을 전해서 영접했다고. 뭐라고 답을 하기도 전에 이미 아버지는 통화 종료 버튼을 누르신 모양이다. 지금도 하나님은 우리 가족에게 은혜를 이렇게 주시고 계신다. 아무도 알아주지 않는 그곳에서 복음을 위하여 사는 이들의 언약의 여정은 얼마나 자랑스러운 것인가. 가장 존경하는 아버지 어머니와, 다락방 전도운동의 최전선 현장을 지키는 모든 이름없는 영웅들에게 찬사를 드리며, 우리 역시 그 언약의 대열에 서서 이 복음을 지키고, 전도자로 살아갈 것을 다짐한다.

"많은 사람을 옳은 데로 돌아오게 한 자는 별과 같이 영원토록 빛나리라." (단12:3)

아버지 이진식 목사

작가 이남현 PK

이남현(1980년생)
1999년 영신고등학교 졸업
2010년 한양대학교 법학과 졸업
2013년 렘넌트신학연구원 졸업
2014년 목사 안수
참사랑교회 부목사
임마누엘교회 부목사(現)

일본 교토에서

충남 태안에서

아들 이남현 목사의 결혼예배 때

아들 이남현 목사 부부, 손자 효인이와 함께

아들 이남현 목사의 안수식 때
(좌로부터 김도영 준목, 이예원 사모, 박정희 사모, 이남현 목사, 김미지 렘넌트, 이진식 목사, 김미주 렘넌트, 이승윤 목사, 이지원 사모)

딸 이지원 사모 부부와 함께

2018년 세계렘넌트대회에서

이진식 목사, 박정희 사모 가족

박정희 사모의 원일교회 시절 산업선교회

애당교회 시절

애당교회 어린이들과 함께

애당교회 성도들과 함께

새장승포교회 시절

태성교회 야외예배

태성교회 입당예배

태성교회 임직예배

태성교회 청년들과

태성교회 렘넌트들과

스위스 사역

스위스 사역

스위스 사역

스위스 사역

스위스 사역

스위스 사역

알프스에서

러시아 상트페테르부르크 전도신학원 강의

러시아 사역 중 김승환 목사와 함께

상트페테르부르크에서 김동권 목사를 비롯한 전도자들과 함께

유럽전도집회 중

AUC 박사원 강의 중

유럽캠프

유럽캠프

누가목사의 복음칼럼

PK의 눈물

사람들은 누구나 영적문제를 가지고 있다. 그것은 우리가 태어날 때 하나님을 떠난 상태로 태어나기 때문이다. 살면서 우리의 생각은 존재하는 흑암에 사로잡혀 판단력이 흐려진 상태로 살아간다.

우리의 마음은 자기 자신의 마음임에도, 마음을 치고 들어오는 주변의 상황에 상처받으며 살아간다. 이것이 결국 인간의 뇌에 자리 잡으므로 그것이 인생의 품격이 되고 가치로 자리 잡는다.

결국 가문에서의 흐름이 자녀들에게 정확하게 전달되는 흐름이 나타나므로 고통스러운 현실을 확인하면서 확실하게 고백한다. "나는 늘 엄마와 우리를 괴롭히는 아빠처럼은 안 살 거야!"라든가 언제나 굴종적이고 헌신하여 자기 것은 실 한 오라기도 없는 불쌍한 엄마의 모습을 보면서 "나는 이 다음에 엄마처럼은 안 살 거야!" 하는 것들이다.

그러나 살아보면 놀랍게도 그 아들은 아빠처럼 되어 있고 그 딸은 엄마처럼 반드시 살고 있다. 결국 복음으로 인생을 바꾸지 않으면 사탄이 꾸며 놓은 운명의 쇠사슬을 빠져 나올 수 있는 존재는 이 지구상에 어디에도 없다.

그런데 여기 놀라운 그룹들이 있다. 기독교라는 종교 속에서 갈피를 못 잡던 이들이 한 시대의 전도자를 만나 그 삶을 말씀과 기도에 집중시켜 전도자의 삶으로 변환시켰다. 급작스러운 시대의 변화를 맞은 당사자인 목회자는 사명을 받았다고 하지만 그 상황을 잘 모르는 철없는 아이들의 현실은 너무나도 힘이 들었다.

당연히 집에 있어야 하는 어머니는 전도현장 간다고 나가 계시고, 아버지는 무슨 전도훈련받는다고 며칠씩 집에 오시지도 않는다. 필요한 경제는 충분히 채워지지 않았고, 삶은 여전히 어려운 가운데 쳇바퀴를 돌았다. 그런데 이상한 느낌은 분명했다.

가난하여 부족하였음에도, 두려움보다는 이상한 자부심이 있었고 평안한 복음의 자유로움이 삶을 싸안았다. 그러나 현실은 현실이었고 그렇게 세월이 지났고 우리의 자녀들, 곧 목회자 자녀들(Pastor's kids)과 선교사 자녀들(Missionary's Kids)도 시간을 탔다.

그리고 이제 돌아보니 그 힘들었던 시간을 보낸 아이들이 장성했고, 어른이 되었고, 가정을 꾸렸고, 자녀를 출산하여 가장이 되고 이제 그들도 그 부모들의 시대를 맞이하고 있었다. 그것이 그냥 그런 줄 알았다. 서로 표현하기 어려운 상황이기 때문이다. 그런데 목회자의 인생 회고록이 지체되는 사이, 그 자녀들인 아픈 손가락들이 당당히 아버지의 전도 여정이었던 언약의 여정을 글로 써서 증인 문서로 남기겠다고 나섰다.

맞다. 그들은 바라보는 자들이 아니라 그 삶 속에, 그 눈물 속에, 그 기쁨 속에 함께 머물던 자들이다. 그들이 작고 낮은 위치에 있었기에 사실을 정확하고 분명하게 볼 수 있던 참 증인들이다. 그들 중 13명이 마음을 모아 각자의 필치로 글을 쓰고 사진을 모아 증인문서집을 책으로 묶는다.

<천대 축복의 시작>이라고 그들이 이름 지었고, 그들은 기꺼이 "우리는 아버지처럼 살 거야!"라고 소리 지른다. 조금 엉성하지만 그래서 더욱 진솔함이 느껴지는 PK, MK들의 글을 보며 울컥 눈시울을 붉힌다.

우리의 아픈 삶에 증인이 되어줘서 기쁨을 주니 정말 고맙구나. 사랑한다.

천대 축복의 시작 _{PK의 증언록}

초판 1쇄
2021년 6월 7일

초판발행
2021년 6월 7일

글쓴이
이은성 이영아 천수혜 김지선미 권서인 변용의 이현희
주향기 김보림 강반석 박한나 정주애 이남현 정현국

제작
옌아트출판
서울시 강남구 테헤란로 507 13층 108호
yenart7@naver.com

ISBN 979-11-89578-09-1 [03230]

ⓒ 이은성 이영아 천수혜 김지선미 권서인 변용의 이현희 주향기 김보림 강반석 박한나 정주애 이남현 2021

이 책은 저작권법에 따라 보호를 받는 저작물이므로 무단전재와 복제를 금지하며,
이 책 내용의 전부 또는 일부를 사용하려면 반드시 저작권자의 서면 동의를 받아야 합니다.
잘못된 책은 바꾸어 드립니다.